« Ce livre nous insuffle une force mentale inédite et salutaire pour affronter la surcharge de travail qui caractérise l'entreprise moderne. »

The Wall Street Journal

« Mon seul regret, ne pas l'avoir lu plus tôt. »

un lecteur

Du même auteur, aux éditions Alisio

Tout accomplir sans effort, 2010.
Prêt pour l'action, 2009.

Titre de l'édition originale :
Getting Things Done: The Art of Stress-Free Productivity

Traduction de Michel Edéry

Onzième impression (janvier 2015)
17, rue du Regard
75006 Paris – France
ISBN : 978-2-84899-209-9

DAVID ALLEN

S'ORGANISER POUR RÉUSSIR

GETTING THINGS DONE

ALISIO

Sommaire

Préface de Philippe Bloch 7
Avant-propos 11

Partie I
L'ART DE BIEN FAIRE LES CHOSES 15
1. Nouvelle réalité, nouvelles pratiques 17
2. Diriger votre vie : cinq étapes pour maîtriser le flux du travail 37
3. Mettre en route des projets : les étapes de la planification de projet 67

Partie II
LES PRATIQUES DE PRODUCTIVITÉ SANS STRESS 95
4. Préparatifs : temps, espace et outils 97
5. La collecte : regrouper vos affaires en suspens 115
6. Le traitement : vider votre boîte d'entrée 131
7. L'organisation : établir les bonnes catégories 149
8. L'examen : garantir la bonne marche de votre système 191
9. L'action : faire les bons choix 201
10. La planification verticale des projets 221

Partie III
LES PRINCIPES FONDAMENTAUX ET LEUR IMPACT ...235
11. L'impact des pratiques de collecte 237
12. L'impact de la décision sur la première action 249
13. L'impact de la focalisation sur le résultat 263

Conclusion 271
Index 273
Table des matières 279

Préface

LA PRODUCTIVITÉ SANS LE STRESS ! Autant dire un rêve inaccessible à tous ceux qui croulent sous les sollicitations en tout genre et ont le sentiment de ne jamais venir à bout des tâches à accomplir...

Chaque dimanche soir, j'essaie ainsi de ne jamais aller me coucher sans avoir intégralement vidé la boîte de réception de ma messagerie Outlook, et répondu à tous les emails non traités pendant la semaine. Louable intention, mais désastre hebdomadaire ! À peine mon dernier message envoyé que déjà me parviennent les réponses de mes interlocuteurs partageant sans doute la même obsession que moi. De guerre lasse, j'abandonne généralement le combat vers une heure du matin et éteins mon PC, seul moyen de stopper momentanément la déferlante.

À l'époque du « tout urgent mondialisé », impossible de ne pas s'interroger sur notre efficacité personnelle et notre relation aux nouvelles technologies déversant à haut débit dans nos vies une multitude de demandes et de problèmes à résoudre. « Je t'ai envoyé un mail il y a cinq minutes, et tu ne m'as pas encore répondu ! » semble ainsi être devenu la pire des insultes. Plus un comité de direction qui ne se tienne désormais sans que ses membres ne tapotent sur leur Dell ou leur Blackberry, sans même regarder ceux qui s'adressent à eux. Le plus souvent encouragés par leur Président, lui-même gagné par la fièvre du courrier électronique en toute circonstance, les voilà décomplexés au point de se comporter d'une façon qui n'aurait jamais été tolérée il y a peu.

Inquiets de ces dérives, des ingénieurs d'Intel ont lancé aux États-Unis une opération baptisée « Zero email Fridays » consistant le vendredi à se parler de vive voix à chaque fois que c'est possible, et de limiter ce jour-là au strict nécessaire l'envoi de mails. D'autres victimes de cette « tyrannie » high-tech ont symboliquement choisi de déclarer leur boîte mail « en faillite », incapables de résorber le trop-plein, et préféré en ouvrir une nouvelle, aussitôt embouteillée.

Le courrier électronique n'est pourtant pas notre seule source de stress. Dans notre vie professionnelle et personnelle, l'urgence a cessé d'être l'exception pour devenir la règle. Le recul et la réflexion ont fait place au stress et à la pression. Dont acte. Les nouvelles technologies nous libèrent bien plus qu'elles ne nous asservissent. Ne menons pas de combats perdus, mais apprenons à repérer les véritables urgences de celles qui n'en sont pas. Forçons-nous à dire « non » aussi souvent que nécessaire. Révisons régulièrement nos priorités, et acceptons de ne plus faire un certain nombre de tâches chronophages, peu importantes et peu urgentes.

Nouvelle intention louable, mais dont la mise en œuvre est assurément complexe. Et c'est bien là l'intérêt du livre de David Allen que de nous aider à y parvenir, en alliant pédagogie et pragmatisme. À sa lecture, chacun comprendra vite que la contrainte crée le talent, et qu'il n'y a pas plus efficace qu'un individu à qui on en demande toujours plus. À condition toutefois qu'il sache repenser son mode de fonctionnement, et qu'il soit capable de modifier le regard qu'il porte sur les choses. Une petite annonce parue dans un quotidien régional avait un jour attiré mon attention : « Curé de campagne recherche mère de famille nombreuse pour donner des cours de catéchisme. » Étrange paradoxe, ou clin d'œil humoristique ? Ni l'un ni l'autre, mais plutôt une bonne dose de bon sens ! Car chacun sait qu'une mère de six enfants développe des talents d'organisation insoupçonnés, lui permettant de s'offrir le luxe de la disponibilité et de la générosité.

J'ai moi-même affronté mille fois dans ma vie d'entrepreneur cette contradiction, dont je sais aujourd'hui qu'elle n'en est pas une : obligé de tout faire moi-même au début de l'aventure, confronté à mille tâches simultanées, contraint chaque jour d'importer de l'angoisse tout en exportant de l'enthousiasme, je n'ai finalement jamais été débordé, ni même fatigué. À la clé, une organisation rigoureuse (héritée de mon seul et unique « patron », Jean-Louis Servan-Schreiber, auteur de L'Art du Temps dans les années 1980 et inventeur de la méthode « Templus »), une grosse capacité de travail, et surtout la passion que donnent l'esprit d'entreprise et la concrétisation d'un rêve qui prend forme.

En découvrant *S'organiser pour réussir*, j'ai pourtant pris conscience du chemin qui me restait à parcourir sur la voie de l'efficacité et de la sérénité. Au fur et à mesure de sa lecture, j'ai appliqué un par un les conseils avisés de David Allen, et j'ose à peine imaginer ce que je vais pouvoir réaliser dans les années qui viennent si je continue à progresser sur la voie de la « Méthode GTD » (Getting Things Done, d'après le titre américain du livre). Gageons que celui que ses lecteurs surnomment le « gourou de l'efficacité personnelle » saura séduire les Français comme il a conquis les Américains…

Philippe Bloch

Fondateur de Columbus Café, animateur sur BFM, co-auteur de *Service compris* et auteur de *Bienheureux les Fêlés… Tout le monde peut créer son entreprise* (Robert Laffont), www.bookeetown.com

Avant-propos

TRAVAILLER SEREINEMENT, en faire plus sans multiplier vos efforts : tel est l'objectif des conseils et des stratégies que je présente dans ce livre. Vous faites peut-être partie de ces personnes qui, comme moi, aiment faire les choses jusqu'au bout, mais qui souhaitent en même temps savourer chaque moment de la vie. Et cela peut vous sembler difficile, sinon impossible, à réaliser quand votre charge de travail devient trop écrasante. Ces deux aspirations ne sont pourtant nullement contradictoires. Il est tout à fait possible de travailler efficacement tout en vivant pleinement le moment présent.

L'efficacité est une bonne chose. Il se peut que votre travail soit important, intéressant ou utile ; il se peut aussi qu'il ne le soit pas, mais que vous deviez tout simplement le faire. Dans le premier cas, vous aimeriez que le temps et l'énergie que vous consacrez à vos tâches produisent des résultats optimaux. Dans le deuxième cas, vous aimeriez passer le plus rapidement possible à autre chose sans pour autant bâcler votre travail.

Dans les deux cas, vous souhaitez probablement être plus détendu et certain de faire la bonne chose au bon moment – qu'il s'agisse de prendre un verre avec des collègues, de répondre à un mail ou de parler de la pluie et du beau temps avec un client potentiel.

Le principal objectif de ce livre est de vous apprendre à allier détente et efficacité.

Que faire, *quand* le faire et *comment* le faire ? Comme bon nombre d'entre vous, j'ai longtemps cherché réponse à ces questions.

Pendant vingt ans, j'ai conçu et mis en œuvre de nouvelles méthodes de gestion de la productivité personnelle et organisationnelle. Pendant vingt ans, j'ai exploré les avenues du développement individuel. Et j'en suis venu à la conclusion qu'il n'existe pas de réponse unique et définitive. Aucun logiciel, séminaire, tableau de planification ou énoncé de mission ne simplifiera votre travail ou vos prises de décisions. Pire encore, à peine aurez-vous appris à tirer votre épingle du jeu qu'on vous confiera des responsabilités et des décisions nouvelles.

S'il n'y a pas de formule magique pour devenir plus productif et pour mieux organiser votre travail, certaines pratiques *peuvent* vous faciliter la tâche. Celles-ci amélioreront de façon notable votre capacité de gérer de manière proactive et constructive les réalités quotidiennes.

Ce livre est le bilan de découvertes s'étalant sur plus de vingt ans sur la productivité personnelle. C'est un guide pour maximiser nos résultats et minimiser nos efforts, alors même que notre travail devient de plus en plus volumineux et de plus en plus complexe. J'ai passé des milliers d'heures à former des cadres sur le terrain pour les aider à traiter et à organiser leurs affaires en cours. Les méthodes que nous avons mises en œuvre se sont révélées extrêmement efficaces dans tous les types d'organisations, dans tous les types d'emplois, dans toutes les cultures et même dans les milieux scolaires. Après avoir accompagné et formé certains des cadres les plus brillants et les plus productifs du monde, j'ai acquis la certitude que les entreprises ont désespérément besoin de telles méthodes.

Les dirigeants cherchent aujourd'hui à normaliser la pratique de l'exécution « sans faute ». Ils se l'imposent aussi impitoyablement qu'ils imposent aux autres. Mais ils savent, et je le sais aussi, que quand la journée de travail s'achève et que les lumières s'éteignent, il reste encore des appels auxquels on n'a pas répondu, des tâches qu'on n'a pas déléguées, des questions stratégiques qu'on n'a pas résolues, des responsabilités personnelles qu'on n'a pas assumées et des dizaines de mails qu'on a laissés sans réponse. Beaucoup de ces gens d'affaires réussissent parce que les crises qu'ils résolvent et les possibilités qu'ils exploitent l'emportent sur les problèmes qu'ils laissent s'amonceler. Mais avec l'accélération de notre rythme de vie et de travail, cette attitude sera inévitablement remise en question.

D'une part, nous avons besoin d'outils fiables pour aider les équipes à canaliser leur énergie de manière stratégique sans rien omettre de leurs tâches. De l'autre, nous avons besoin de milieux de travail et de compétences qui empêcheront les cadres les plus dévoués d'être victimes d'épuisement professionnel. Nous devons instituer des modes de travail qui attireront et fidéliseront les cadres les plus motivés et les plus brillants. Nous savons que ces conditions font cruellement défaut dans l'entreprise. Une nouvelle approche est tout aussi nécessaire dans les écoles, où nos enfants ne savent toujours pas analyser l'information, se concentrer sur un but et poser les gestes qui leur permettraient de l'atteindre. Et elle l'est aussi pour chaque individu, parce qu'elle lui permettra de tirer profit des possibilités qui se présentent à lui pour donner sens, valeur, richesse et stabilité à sa vie.

La force, la simplicité et l'efficacité des principes présentés dans *S'organiser pour réussir* se dévoilent surtout en tant qu'*expériences* vécues dans le monde réel, en situation et en temps réels. Par la force des choses, j'ai dû adopter un format linéaire pour présenter la plus grande partie de mes propositions. J'ai néanmoins tenté de les structurer de façon à vous offrir tantôt une vision d'ensemble du processus, tantôt un aperçu des résultats immédiats qu'il vous permettra d'obtenir.

Ce livre est divisé en trois parties.

Dans la première partie, je décris sommairement les pratiques de productivité actuelles. Ensuite, je présente brièvement ma méthode en expliquant en quoi elle se distingue des autres et pourquoi elle trouve des applications pertinentes à notre époque. Je résume ensuite les processus eux-mêmes.

Dans la deuxième partie, je reprends ces processus un à un et vous guide pas à pas dans leur mise en application.

Dans la troisième partie, je décris les effets plus profonds et plus subtils qu'entraîne l'intégration de ces processus et modèles à notre vie personnelle et professionnelle.

Je vous invite à me suivre. Je vous demande de mettre ces principes à l'épreuve. Je veux que vous constatiez par vous-même que ce que je promets est non seulement possible, mais immédiatement accessible. **Ces modèles sont *faciles à appliquer* et ne demandent aucune compétence particulière.** Vous savez déjà comment concentrer votre attention, prendre des notes, vous fixer un objectif et décider d'une action. Vous savez comment évaluer vos options et faire des choix. De plus, vous avez adopté, instinctivement ou intuitivement, des comportements qui sont souvent fort judicieux. Dans ce livre, il s'agira tout simplement de mieux exploiter toutes ces aptitudes afin d'atteindre un nouveau degré d'efficacité.

Tout au long du livre, je mentionne mes activités de coaching auprès de cadres, et je fais allusion aux ateliers que je consacre à cette méthode (à laquelle on a donné le nom de méthode GTD). Je travaille depuis une vingtaine d'années comme « conseiller en gestion » à titre individuel ou en petits partenariats. Seul ou avec mes collègues, j'ai accompagné plus d'un millier de gestionnaires et organisé plusieurs centaines d'ateliers publics. C'est dans ce travail que je puise mes expériences et les exemples que je donne dans ce livre.

L'un de mes clients décrit ainsi comment ma méthode a rempli ses promesses : « L'application quotidienne de cette méthode m'a *sauvé* la vie… mais son application fidèle l'a carrément *changée*. Ces pratiques sont un vaccin contre le stress causé par les situations de crise chroniques et un antidote au manque d'équilibre qui caractérise la vie de tant de gens. »

Partie I

L'ART DE BIEN FAIRE LES CHOSES

1

Nouvelle réalité, nouvelles pratiques

MÊME SI L'ON A UNE QUANTITÉ PHÉNOMÉNALE de travail à abattre, on peut rester détendu, productif et maître de la situation. C'est là une belle façon de vivre et de travailler, et un excellent moyen d'atteindre des sommets d'efficacité et de rendement. C'est aussi un style opérationnel que l'on exige de plus en plus des cadres de haut niveau.

Vous avez déjà toutes les aptitudes requises pour atteindre ce degré de performance. Mais, comme la plupart des gens, vous devrez peut-être exploiter ces compétences de façon plus opportune et plus systématique si vous voulez contrôler les situations au lieu de les subir. Les méthodes que je propose dans ce livre, inspirées par le simple bon sens, revêtent une immense valeur pratique. Afin de les mettre en application, toutefois, il vous faudra sans doute modifier quelques-unes de vos habitudes de travail.

Ces méthodes reposent sur deux grands objectifs :

1. Recenser *toutes* les tâches que vous avez à accomplir (maintenant, plus tard, un jour), quelle qu'en soit l'ampleur, et les intégrer à un système cohérent auquel vous pourrez vous fier. De cette façon, elles n'accapareront plus votre esprit.
2. Prendre sans délai des décisions à propos de toute nouvelle tâche qui vous incombe. De cette manière, vous disposerez d'un cadre

vous permettant d'orienter vos actions futures (cadre que vous pourrez mettre en œuvre ou modifier quand bon vous semble).

Ce livre propose une méthode établie pour gérer avec efficacité votre volume de travail. Il présente aussi des outils, des conseils, des techniques et des astuces utiles pour la mettre en pratique. Comme vous le constaterez, ces techniques peuvent être utilisées dans tous les domaines de votre vie, tant personnelle que professionnelle[1]. Comme beaucoup d'autres l'ont fait avant vous, vous pourrez vous servir de ce livre pour adopter un style opérationnel plus dynamique face aux défis de tout ordre qu'il vous faut relever. Ou vous pourrez tout simplement vous en servir comme d'un guide pour reprendre le contrôle de situations qui vous échappent.

Le problème : des ressources insuffisantes pour répondre aux nouveaux besoins

Presque toutes les personnes que je rencontre en ce moment semblent se plaindre d'avoir trop de choses à faire et pas assez de temps pour les faire. Au cours d'une même semaine, j'ai eu pour clients l'un des associés d'une importante société financière et une directrice des ressources humaines qui se débattaient avec ce problème. Le premier craignait que les nouvelles responsabilités professionnelles qu'on lui confiait ne compromettent lourdement ses obligations familiales, tandis que la deuxième, qui devait répondre à plus de 150 mails par jour, parvenait à peine à se libérer durant les week-ends.

Tel est le paradoxe de ce nouveau millénaire : les gens ont amélioré leur qualité de vie, mais n'ont jamais été aussi stressés au travail. Cette situation décourage à peu près tout le monde, et personne ne sait vraiment comment s'en sortir.

1. J'emploie le mot « travail » dans son sens le plus universel, c'est-à-dire comme l'ensemble des activités que nous souhaitons ou devons entreprendre pour gérer et faire progresser notre vie. Contrairement à beaucoup de gens, je ne fais pas de différence entre le « travail » et la « vie personnelle ». Selon moi, travailler, c'est aussi bien cultiver son jardin ou réviser son testament qu'écrire un livre ou coacher un client. Toutes les méthodes et stratégies décrites dans ce livre reposent sur cette conception du travail.

Les frontières de notre travail s'estompent

Pourquoi cette flambée du stress dans notre société ? En grande partie, parce que la nature du travail a évolué tellement rapidement que nous peinons à nous y adapter. Au cours de la seconde partie du xxe siècle, les sociétés industrialisées ont été marquées par le déclin de la production en série (où les activités suivaient un schéma de type « production-distribution »). C'est durant la même période qu'a émergé l'économie du savoir, pour reprendre l'expression de Peter Drucker, véritable gourou du management.

Autrefois, personne ne se posait de questions sur le travail à faire. Il fallait labourer les champs, traire les vaches, expédier des boîtes et faire fonctionner des machines. Tout le monde savait parfaitement en quoi consistaient ses responsabilités et quand il s'en était acquitté.

Aujourd'hui, la plupart de nos projets n'ont pas de frontière bien définie. Les gestionnaires ont très souvent une multitude de tâches urgentes à exécuter presque simultanément et, même s'ils pouvaient y consacrer leur vie entière, ils n'auraient probablement pas le temps de les faire aussi bien qu'ils le voudraient. C'est peut-être votre propre dilemme. La conférence que vous organisez sera-t-elle aussi intéressante que vous l'espérez ? La réunion des employés motivera-t-elle suffisamment le personnel ? La restructuration de votre entreprise sera-t-elle une réussite ? Et quelle sera l'information disponible pour mener à bien ces projets ? À cette dernière question au moins, on peut répondre qu'elle sera infinie, et généralement facilement accessible par Internet.

Sur un autre plan, l'absence de frontières peut créer une somme de travail supplémentaire pour tout le monde. Beaucoup d'activités organisationnelles reposent aujourd'hui sur la collaboration de divers services et sur une communication sans faille entre chacun d'eux. Dans nos organisations désormais décloisonnées, personne ne peut se permettre d'ignorer un seul des innombrables mails circulant de service en service.

Nos fonctions changent

La désintégration des frontières qui délimitaient les projets et le travail en général est déjà assez éprouvante. Il faut malheureusement ajouter à cela les changements constants apportés aux définitions de poste. Durant mes séminaires, je pose souvent aux participants une question toute simple : « Qui, parmi vous, fait uniquement le travail pour lequel il a été engagé ? » Il est très rare que quelqu'un lève la main. C'est que ce type de stabilité est devenu un luxe pour les deux raisons suivantes :

1. Les entreprises semblent être en constante transformation. Leurs produits, leurs associés, leurs clients, leurs marchés, leurs technologies, leurs dirigeants, tout change. Et cela ne peut qu'ébranler les structures et les formes organisationnelles, ainsi que les rôles et les responsabilités de chacun.
2. Le cadre moyen est beaucoup plus polyvalent qu'il ne l'était auparavant. Il change de carrière aussi souvent que ses parents changeaient d'emploi, et ce, même passé la quarantaine ou la cinquantaine. Sa mobilité est favorisée par la culture d'entreprise ambiante, laquelle vante inlassablement le « perfectionnement professionnel » et le « développement des cadres ». Malheureusement, ces formules passe-partout signifient simplement que les membres d'une organisation ne continueront pas à faire ce qu'ils font pendant très longtemps.

Nous ne savons plus clairement en quoi consiste exactement notre travail ni jusqu'où nous devons aller pour l'exécuter de manière convenable. Nous recevons une énorme quantité d'informations et de communications de l'extérieur, et nous créons à l'intérieur de nos structures un volume tout aussi important d'idées et de responsabilités qui nous lient aux autres. Or, nous sommes mal préparés pour gérer une telle quantité d'engagements « internes » et « externes ».

Les modèles traditionnels sont inopérants

Presque tous les projets peuvent être exécutés avec plus d'efficacité. Nous disposons pour cela d'une quantité infinie d'informations.

Rien ne nous permet réellement de répondre aux nouvelles exigences qui nous sont imposées – ni notre formation universitaire, ni nos modèles traditionnels de gestion du temps, ni la pléthore d'outils mis à notre disposition pour nous aider à mieux nous organiser (planificateurs personnels, Microsoft Outlook, assistants numériques, etc.). Quiconque s'est déjà servi de ces outils sait très bien que leur utilité est limitée par la complexité, la rapidité et le changement de priorités inhérents à notre travail. Pour être efficaces, détendus et maîtres de notre travail en cette époque fertile mais turbulente, nous devons nous doter de nouveaux moyens de penser et d'agir. Il nous faut aussi de nouvelles méthodes, technologies et habitudes de travail.

Les approches traditionnelles de la gestion du temps et de la planification personnelle étaient pertinentes en leur temps. Elles fournissaient des repères utiles à une main-d'œuvre qui émergeait tout juste d'une société industrielle axée sur la production en série et entrait dans un univers où elle devait faire des choix quant à ses tâches et décider du moment où elle devait les faire.

Quand le temps lui-même est devenu une composante du travail, les agendas personnels sont apparus comme des outils de travail indispensables. (Jusqu'à la fin des années 1980, de nombreux cadres voyaient dans le calendrier journalier la base même d'une vie professionnelle organisée, et l'agenda reste encore pour beaucoup d'entre eux un outil de gestion essentiel.) En même temps qu'il fallait gérer le temps, il fallait ordonner les tâches à accomplir. On a alors adopté de nouvelles techniques, dont les principales étaient les codes de priorité « alphabétiques » et les listes de choses à faire quotidiennes, pour aider les gestionnaires à classer et trier leurs activités de manière intelligente et efficace. Si ces derniers avaient la liberté de décider de ce qu'ils allaient faire, ils avaient aussi la responsabilité de faire des choix pertinents en fonction de leurs priorités.

Ce que vous avez pu constater, toutefois, c'est qu'un agenda, aussi important soit-il, ne permet de gérer efficacement qu'une petite portion des activités à organiser. Quant aux listes de choses à faire quotidiennes et aux codes de priorité simplifiés, ils s'avèrent tout simplement inadéquats en regard du volume et de la diversité des activités dont doit se charger tout professionnel. Il n'est pas rare qu'un gestionnaire doive lire des dizaines, sinon des centaines, de mails par jour sans pouvoir ignorer la moindre demande, réclamation ou commande. Rares sont ceux et celles qui réussiront, dans de telles circonstances, à se concentrer sur des priorités ou des tâches fixées d'avance sans qu'une quelconque interruption réduise à néant tous leurs efforts.

La vision d'ensemble et les petits détails

La priorité accordée aux valeurs *ne simplifie pas* votre vie. Elle lui donne sens et direction... et la rend beaucoup plus compliquée.

De très nombreux ouvrages, modèles, séminaires et gourous privilégient « la vision d'ensemble » pour venir à bout des problèmes de notre monde complexe. En dégageant des valeurs et des objectifs premiers, on se doterait d'une ligne de pensée directrice qui conférerait de l'ordre et du sens à notre travail.

En pratique, toutefois, l'exercice bien intentionné qui consiste à subordonner les activités aux valeurs donne rarement les résultats escomptés. J'ai personnellement vu beaucoup de ces initiatives échouer et ce, pour l'une ou plusieurs des raisons suivantes.

1. Les gens sont beaucoup trop absorbés par leurs responsabilités quotidiennes pour pouvoir se concentrer sur des questions de plus grande envergure.
2. Quand ils sont inefficaces, les systèmes d'organisation personnelle génèrent une résistance inconsciente au lancement de projets ambitieux. Dans de tels cas, on présume que ces projets seront mal gérés et qu'ils provoqueront encore plus de stress et d'interruptions.
3. Quand nous réussissons à dégager des valeurs et des objectifs de première importance, nos normes deviennent plus sévères. Nous constatons alors qu'il y a infiniment plus de choses à changer que nous le pensions. Nous réagissons déjà de manière négative au

volume écrasant de travail qui nous attend. Or, qu'est-ce qui crée en premier chef le plus gros de notre travail ? Nos valeurs !

La compréhension des valeurs et des enjeux de base demeure un exercice important. Mais elle ne diminue en rien les tâches à accomplir ni les défis à relever pour les accomplir correctement. Au contraire : elle ne fait que hausser la barre de nos objectifs au jour le jour.

Dans le monde du travail né de l'économie du savoir, il manque un élément : un système basé sur une série de comportements et d'outils cohérents qui fonctionnent réellement au niveau où le travail se fait. Ce système devra allier une vision d'ensemble et une attention aux moindres détails. Il devra tenir compte de priorités définies à de multiples niveaux et faciliter la gestion des nouvelles données qui nous parviennent chaque jour. Il devra représenter une importante économie de temps et d'efforts (même quand on tient compte de ceux requis pour sa mise en œuvre). En deux mots, il devra nous permettre de réaliser plus facilement ce que nous avons à faire.

La promesse : l'état de « mise en condition » des praticiens d'arts martiaux

Imaginez ce que serait votre vie si vous pouviez vous fier entièrement à votre système d'organisation personnelle – à tous les instants et sur tous les plans. Si vous pouviez choisir de consacrer toute votre attention à telle tâche, sans craindre la moindre interruption.

La capacité de libérer votre énergie est directement proportionnelle à celle de vous détendre.

C'est chose possible. Vous pouvez rester détendu et maître de toute situation, tout en vous acquittant de vos responsabilités personnelles et professionnelles avec un minimum d'efforts. Dans votre environnement complexe, vous pouvez atteindre ce que les praticiens d'arts martiaux appellent « l'esprit comme l'eau » et les grands athlètes, « la zone » – en fait, vous y êtes sans doute arrivé à l'occasion.

C'est là une manière d'être, d'agir et de travailler où l'esprit est totalement libre et où les événements constructifs se produisent naturellement. C'est un état d'esprit auquel tout le monde peut accéder et qui sera de plus en plus nécessaire pour affronter notre vie complexe du XXIe siècle. C'est même une condition que les cadres s'imposeront de plus en plus pour maintenir l'équilibre qu'ils recherchent dans leur vie et atteindre un niveau de productivité riche et constant au travail.

L'image de « l'esprit comme l'eau »

Tout ce qui provoque chez vous une réaction excessive (ou trop timide) tend à contrôler votre vie.

En karaté, on se sert d'une image évocatrice pour définir l'état de préparation parfaite : l'esprit comme l'eau. Imaginez que vous lanciez un caillou dans un étang. Comment l'eau réagit-elle ? De manière parfaitement proportionnée à la force et à la masse du caillou. Ensuite, elle revient au calme. Elle ne réagit ni plus ni moins qu'il ne le faut.

En karaté, la puissance du coup dépend de la vitesse et non du muscle ; elle vient de l'impact d'un mouvement en fouet sur un point ciblé. Voilà pourquoi des personnes de petite constitution peuvent apprendre à briser des planches ou des briques avec leurs mains. L'épaisseur de la peau et la force brute ne jouent aucun rôle ; tout est dans la capacité de toucher rapidement un point précis. Or, un muscle tendu est un muscle lent. La pratique des arts martiaux exige par conséquent un équilibre et une détente de tous les instants. Le calme de l'esprit et la souplesse deviennent des atouts essentiels.

Tout ce qui provoque chez vous une réaction excessive (ou trop timide) tend à contrôler votre vie. Qu'elle concerne vos mails, votre équipe, votre patron, vos projets, les documents que vous devez lire, les tâches qu'il vous reste à faire, toute réaction inadéquate compromettra l'efficacité que vous visez. C'est justement parce qu'ils ne possèdent pas un « esprit comme l'eau » que tant de gens accordent trop d'attention aux choses négligeables ou, inversement, trop peu d'attention aux choses importantes.

Pouvez-vous passer en « mode productif » quand il le faut ?

Pensez à la dernière fois où vous vous êtes senti hautement productif. Vous étiez parfaitement détendu et totalement concentré sur ce que vous faisiez. Le temps semblait s'être évanoui et vous sentiez clairement que vous progressiez rapidement vers les résultats à atteindre. Aimeriez-vous connaître plus souvent cet état de grâce ?

Et êtes-vous capable de retrouver cet état quand vous constatez que vous vous en éloignez – quand vous commencez à vous sentir débordé, stressé, ennuyé ou coincé ? C'est là que la méthodologie de *GTD* aura le plus d'impact dans votre vie. Elle vous aidera à retrouver « l'esprit comme l'eau » et à exploiter pleinement vos ressources et vos aptitudes.

Le principe : gérer efficacement ses « engagements internes »

Toute question étrangère à la situation que vous vivez à un moment précis de votre vie est une « question non résolue » qui accapare votre attention.

Une évidence m'est apparue clairement au cours de mes vingt années de pratique en coaching et en formation : la majeure partie du stress que subissent les gens naît d'une mauvaise gestion des engagements qu'ils prennent ou qu'ils acceptent. Même lorsqu'elles n'ont pas conscience d'être stressées, les personnes dans cette situation deviennent invariablement plus détendues, plus concentrées et plus productives lorsqu'elles apprennent à gérer plus efficacement les questions « non résolues » de leur vie.

Vous avez probablement pris beaucoup plus d'engagements envers vous-même que vous ne le croyez. De plus, sans en être vraiment conscient, vous veillez constamment à les honorer. Par *engagements*, j'entends toutes les obligations liées aux questions ouvertes ou non résolues de votre vie, et, plus précisément, celles qui vous taquinent l'esprit. Elles regroupent aussi bien les grandes ambitions (comme abolir la faim dans le monde) que les intentions plus modestes (comme recruter un nouvel assistant), voire banales (comme remplacer un taille-crayon électrique).

Vous n'avez probablement aucune idée de la multitude de vos engagements internes (ceux que vous avez conclus avec vous-même). À titre d'exemple, vous pouvez vous sentir dans l'obligation de traiter chacun des mails qu'on vous envoie, tous les messages téléphoniques qu'on vous laisse et tous les documents qui atterrissent sur votre bureau. Et il y a sûrement plusieurs mandats qu'il vous faut définir dans votre champ de responsabilité précis, des buts et des stratégies à clarifier, une carrière à gérer et un équilibre à préserver dans votre vie en général. Vous assumez jusqu'à un certain point la responsabilité interne de tout ce qui se passe dans votre vie personnelle et professionnelle. Vous êtes entouré de questions non résolues.

Pour vous attaquer efficacement au problème, commencez par cerner et recenser tout ce qui se relie d'une manière ou d'une autre à vos engagements internes. Ensuite, faites un plan pour leur donner suite. Ce processus a l'air tout simple mais, dans les faits, la plupart des gens ne savent pas comment s'y prendre pour le suivre de manière cohérente.

Quelques règles de base pour gérer ses engagements

Pour gérer ses engagements, il faut mettre en œuvre plusieurs activités et comportements de base.

- **En premier lieu, plus quelque chose vous préoccupe, moins vous y verrez clair**. Pour avoir l'esprit libre, vous devez donc stocker vos engagements dans un système externe (et non dans votre tête). J'appelle un tel système un panier de collecte. Vous pourrez vous y fier dès lors que vous serez certain d'en consulter régulièrement le contenu.
- **En deuxième lieu, vous devez clarifier exactement ce que sont vos engagements** et décider ce que vous devez faire, s'il y a lieu, pour les tenir.
- **En troisième lieu**, et une fois ces décisions prises, **vous devez consigner et organiser les « rappels » des actions à exécuter** dans un système que vous reverrez régulièrement.

Comment appliquer ce modèle

Je vous propose de *noter par écrit la situation ou le projet auquel vous pensez le plus en ce moment.* Qu'est-ce qui vous taquine, vous distrait, vous intéresse ou mobilise d'une manière ou d'une autre votre attention ? Il peut s'agir d'un projet ou d'un problème que vous avez sous le nez, que vous êtes pressé de clore ou de régler ou auquel vous devez vous attaquer sans trop tarder.

Vous projetez peut-être de faire un voyage à propos duquel vous devez prendre une décision définitive. Ou bien vous avez hérité de six millions de dollars dont vous ne savez pas quoi faire. Bref, il existe une « affaire en suspens », et vous devez la régler.

À présent, décrivez en une seule phrase comment vous voudriez que cette affaire soit conclue. Il peut s'agir de phrases très simples telles que : « Prendre ces vacances à Hawaï », « Résoudre la situation avec le client X », « Régler la question des cours universitaires de Sophie » ou encore « Implanter une nouvelle stratégie de placement ». C'est clair ? Parfait.

Décrivez ensuite *la première action physique qui sera nécessaire pour faire avancer la situation.* Si la seule chose qui importait dans votre vie en ce moment était de résoudre la question qui vous tracasse, quel geste concret poseriez-vous ? Prendre votre téléphone pour passer un coup de fil ? Allumer votre ordinateur pour envoyer un mail ? Prendre une feuille de papier et un stylo et brasser les idées qui vous viennent à l'esprit ? Avoir une discussion en tête à tête avec votre conjointe, votre secrétaire, votre avocat ou votre patron ? Acheter des clous dans une quincaillerie ?

Vous avez trouvé une réponse ? Très bien.

Ces deux minutes de réflexion ont-elles été d'une quelconque utilité pour vous ? Si vous réagissez comme la grande majorité des gens qui font cet exercice durant mes séminaires, vous vous sentez au moins un peu plus confiant, détendu et concentré. De plus, vous êtes sans doute plus motivé pour vous attaquer à une situation à laquelle vous vous étiez contenté de penser jusqu'à présent. Multipliez une telle motivation au centuple et songez combien elle pourrait modifier votre manière de vivre et de travailler.

Si ce petit exercice a suscité une réaction positive chez vous, posez-vous les questions suivantes. Qu'est-ce qui a changé ? Qu'est-ce qui a rendu ma perception plus positive ? La situation qui vous préoccupe n'a guère progressé, du moins de façon tangible. De toute évidence, rien n'a été réglé. Toutefois, vous avez pu définir l'évolution qui vous semblait la plus favorable (le résultat voulu, donc) ainsi que la première action requise pour y parvenir.

Et comment en êtes-vous arrivé là, au juste ? Au moyen de la réflexion. Une réflexion relativement brève, mais suffisante pour vous permettre de clarifier votre engagement et de décider des ressources nécessaires pour le remplir.

Ce qu'exige vraiment le travail du savoir

Passons à présent à l'expérience concrète du « travail du savoir » et à un principe opérationnel essentiel : vous devez penser à vos affaires en suspens plus que vous ne le croyez, mais moins que vous ne le craignez. « Dans le travail du savoir, écrit Peter Drucker, la tâche n'est pas donnée ; elle doit être déterminée. "Quels sont les résultats escomptés de ce travail ?" Telle est la question qui, avant toute autre, permettra aux travailleurs du savoir d'être productifs. Cette question suppose que l'on sache prendre des décisions risquées. Il n'y a pas de réponses toutes faites, seulement des choix à faire. Et les résultats doivent être énoncés clairement si l'on veut atteindre les objectifs de productivité. »

La plupart des gens négligent justement ce processus de clarification. Nous n'avons jamais appris à réfléchir à notre travail avant de le faire. Nos activités quotidiennes sont en grande partie définies d'avance ou dictées par les circonstances dans lesquelles nous nous trouvons. Très peu de gens jugent nécessaire de se demander à quel résultat précis ils veulent arriver. Et pourtant, ce type de réflexion est l'un des moyens les plus efficaces de transformer nos désirs en réalité.

Pourquoi l'esprit reste préoccupé

Si quelque chose vous préoccupe, c'est très souvent parce que vous souhaitez que cette chose soit différente de ce qu'elle est, même si :

- vous n'avez pas clarifié le résultat voulu ;
- vous n'avez pas décidé de la première action à poser ;
- vous n'avez pas noté un rappel du résultat voulu et de l'action requise dans un système fiable.

Pas étonnant que vous soyez préoccupé ! Tant que vous n'aurez pas clarifié vos idées, pris des décisions à leur sujet et consigné les résultats de votre démarche dans un système que vous serez *absolument* sûr de revoir aussi souvent que nécessaire, votre cerveau continuera de s'attaquer au problème qui vous préoccupe. Vous pouvez duper tout le monde, mais pas lui. Il sait si vous êtes parvenu ou non aux bonnes conclusions et si vous vous êtes dotés d'aide-mémoire appropriés, qui pourront remonter en temps opportun jusqu'à votre conscient. Si vous ne l'avez pas fait, ne comptez pas sur votre cerveau pour renoncer à sa tâche. Même si vous avez décidé de la première étape à suivre pour régler un problème, votre cerveau ne vous lâchera pas tant que vous n'en aurez pas noté un rappel dans un lieu où il *sait* qu'il peut fouiller. Et il ne cessera pas de vous rappeler que vous n'êtes pas passé à l'acte, le plus souvent quand vous ne pouvez pas faire grand-chose à ce sujet, ce qui, bien sûr, ne fera qu'aggraver votre stress.

Le cerveau : pas toujours très futé

Notre cerveau est, du moins en partie, franchement stupide. S'il avait une quelconque intelligence, il ne nous rappellerait les choses à faire que lorsque nous pouvons effectivement les faire.

Y a-t-il quelque part chez vous une lampe de poche dont les piles sont à plat ? Quand votre cerveau vous rappelle-t-il que vous avez besoin de nouvelles piles ? Justement quand vous vous apercevez qu'elles sont à plat ! Ce n'est pas très intelligent de sa part ! Si votre cerveau était le moindrement futé, il vous le rappellerait seulement lorsque vous voyez des piles neuves dans un magasin.

Avez-vous pensé aujourd'hui à quelque chose que vous devez faire et que vous n'avez pas encore fait ? Y avez-vous pensé plusieurs fois ? Pourquoi ? N'est-ce pas une perte de temps et d'énergie que de penser et de repenser à quelque chose qui n'avance pas ? Et que dire de l'anxiété que vous ressentez en pensant aux mille choses que vous devez faire et que vous ne faites pas ?

Il semble que la plupart des individus laissent leur cerveau régner en maître, surtout quand il y a « trop » de choses à faire. Vous avez probablement confié une grande partie de vos « affaires en suspens » et de vos « questions non résolues » à une entité de votre comité mental qui est incapable de les gérer comme il le faut. Cette entité, c'est votre cerveau.

Le traitement des « affaires en suspens »

Nous devons transformer toutes les affaires en suspens que nous essayons d'organiser en actions concrètes à accomplir.

Voici comment je définis une affaire en suspens : tout ce qui n'est pas à sa place dans votre monde physique et psychologique, mais au sujet duquel vous n'avez pas déterminé le résultat voulu et la première action à poser pour l'atteindre. La principale raison pour laquelle les systèmes d'organisation sont si souvent inopérants, c'est que leurs utilisateurs ne traitent pas les affaires en suspens qu'ils essaient de gérer. Or, là où il y a affaire en suspens, il n'y a pas de contrôle possible.

La plupart des listes de choses à faire que j'ai vues au fil des ans se résumaient à de simples énumérations d'affaires en suspens (alors qu'il aurait plutôt fallu répertorier le travail concret que nécessitaient ces affaires). C'étaient des rappels partiaux de toutes sortes de situations qui n'avaient été ni résolues ni traduites en résultats et en actions.

Une affaire en suspens n'est pas une mauvaise chose en soi. En règle générale, tout ce qui retient notre attention se manifeste initialement sous cette forme. Toutefois, dès que nous faisons face à une affaire en suspens, nous nous devons de dégager et de préciser sa signification. C'est la responsabilité que nous devons assumer en tant que travailleurs du savoir. Si les affaires en suspens nous paraissaient d'emblée claires, si elles ne nécessitaient aucun traitement, notre apport serait inutile.

À la fin de l'un de mes séminaires, la directrice d'une importante société de biotechnologie a revu ses listes de choses à faire et s'est écriée : « C'est un magma de choses irréalisables ! » Je n'ai jamais entendu meilleure description de ce qui passe pour des listes d'organisation dans la majorité des systèmes de gestion personnels. La plupart des gens essaient de s'organiser en restructurant des listes incomplètes de projets flous. Ils ne tiennent pas compte de la nature et de la quantité de choses à organiser pour obtenir des résultats concrets. S'ils veulent que leurs efforts d'organisation portent leurs fruits, ils doivent recenser tout ce qui demande réflexion, puis *concrétiser* leurs idées.

Le processus : gérer l'action

Comme un athlète, vous pouvez vous entraîner à être un travailleur du savoir plus rapide, plus agile, plus proactif et plus déterminé. Vous pouvez apprendre à penser de manière plus efficace et à gérer vos nouveaux acquis avec plus d'aisance et de maîtrise. Vous pouvez minimiser les points vulnérables de votre vie personnelle et professionnelle, et vous pouvez accomplir plus de choses en y mettant moins d'efforts.

Avant d'y parvenir, toutefois, vous devez prendre l'habitude de vider votre esprit. Et cela, vous ne le ferez pas en gérant le temps, l'information ou les priorités. Dites-vous bien que :

- Ce n'est pas parce que vous gérez bien votre temps que vous en aurez plus.
- L'excès d'information ne demande pas à être géré. (S'il posait à ce point problème, personne ne survivrait à sa première visite à la bibliothèque ou à sa première connexion Internet.)
- Les priorités n'exigent pas non plus de gestion, car ce sont elles qui s'imposent à vous.

Pour gérer vos affaires en suspens, il faut d'abord et avant tout gérer vos *actions*.

Gérer les actions

C'est rarement le manque de temps qui empêche l'avancement d'un projet. Les projets s'enlisent parce qu'on n'a pas défini leur déroulement.

Voici vos seules options réelles : décider ce que vous *faites* de votre temps, de l'information, de votre corps et de vos priorités. Ce qui importe vraiment, c'est de faire de justes choix sur ce que vous allez faire à tel moment, dans telle situation. Ce qui importe vraiment, c'est la manière dont vous gérez vos actions.

Tout cela semble évident. Et pourtant, vous seriez surpris du nombre d'actions (reliées à toutes sortes de projets et d'engagements) qui restent indéterminées chez la plupart des gens. Il est extrêmement difficile de gérer des actions que l'on n'a pas définies et à propos desquelles on n'a rien décidé. Beaucoup de gestionnaires ont une multitude de choses à entreprendre sur plusieurs fronts à la fois, mais ils ne savent pas encore lesquelles. Vous comprendrez facilement pourquoi ils se plaignent si souvent de ne pas avoir le temps de faire ce qu'ils ont à faire. De nombreux projets leur semblent écrasants, et ils le sont effectivement parce que personne ne peut réaliser un projet d'un seul coup. On ne peut que poser une action qui s'y rapporte.

Après avoir formé et coaché de très nombreux cadres, je peux affirmer que le manque de temps n'est pas un facteur de première importance pour eux (même s'ils sont souvent convaincus du contraire). Le véritable problème, c'est le manque de clarté et de définition du projet et des premières actions nécessaires à son avancement. En clarifiant ces questions aussitôt que possible, au lieu de ne s'y résigner qu'en période de crise, on pourra tirer tout le profit d'une bonne gestion des actions.

La valeur d'une approche ascendante

Avec le temps, j'ai découvert qu'il était plus pratique d'améliorer la productivité du personnel en progressant de la base au sommet, en partant des activités et des obligations les plus banales et les plus terre-à-terre. Pourtant, d'un point de vue intellectuel, l'approche inverse semblerait la plus indiquée : il faudrait commencer par formuler les missions du personnel et de l'entreprise, définir ensuite les objectifs cruciaux et, finalement, passer à la mise en œuvre. Dans les faits, toutefois, la plupart des gens sont trop absorbés par leurs tâches quotidiennes pour se préoccuper de la vision d'ensemble de leur organisation. Par conséquent, une approche ascendante est habituellement plus efficace.

Le meilleur moyen d'élargir vos horizons est d'être au fait de tout ce qui vient remplir votre corbeille d'arrivée (et votre esprit), de maîtriser cet influx et, enfin, d'adopter des pratiques pour ne pas déroger à cette habitude.

Une fois que vous aurez intégré vos outils de gestion et d'exécution des actions à votre mode de fonctionnement normal, vous serez mieux armé pour hisser votre pensée à de plus hauts niveaux. Il y a peut-être des choses plus fascinantes que votre corbeille d'arrivée, mais il n'est pas souhaitable de vous y attaquer si vous ne pouvez pas encore les gérer aussi bien que vous le souhaiteriez.

La gestion horizontale et la gestion verticale des actions

Vous devez gérer vos engagements, vos projets et vos actions de deux manières : en sens horizontal et en sens vertical.

La gestion horizontale assure la cohérence de l'ensemble des activités auxquelles vous prenez part. Visualisez votre psyché « balayant » constamment votre environnement comme un radar. Elle peut s'arrêter sur l'un des milliers d'éléments qui retiennent ou exigent votre attention durant votre journée : la pharmacie, le ménage, la tante Marthe, le plan stratégique, le déjeuner, la plante flétrie qui agonise dans votre bureau, un client mécontent, des chaussures à cirer… Vous devez acheter des timbres, déposer un chèque, réserver une chambre d'hôtel, annuler une réunion du personnel, aller au cinéma en soirée. Vous seriez surpris du nombre de petites choses auxquelles vous pensez et qu'il vous faut régler en une seule et même journée. Il vous faut donc un bon système pour faire le suivi de tous ces éléments – un système qui vous permette de diriger rapidement votre attention vers l'un ou l'autre d'entre eux, et d'accéder instantanément à l'information requise.

À l'opposé, **la gestion verticale** s'applique aux activités liées à une seule question ou à un seul projet. Par exemple, pendant que vous dînez avec votre conjoint, votre « radar » mental pourra s'arrêter sur les vacances que vous planifiez avec lui. Vous penserez aux destinations et aux dates possibles, aux préparatifs à envisager, etc. Autres exemples : vous devez prendre des décisions sur la réorganisation d'un nouveau service, ou vous devez simplement mettre à jour l'information que vous possédez sur un client. C'est là, de manière très générale, ce qu'on appelle de la « planification de projet ». Vous concentrez votre attention sur une seule démarche, situation ou personne et vous passez en revue les idées, les détails, les priorités et les plans qui vous seront nécessaires pour résoudre la question, du moins dans l'immédiat.

La gestion horizontale et la gestion verticale ont le même but : vous libérer de préoccupations inutiles et vous aider à *faire* des choses. La première vous permettra d'aborder l'ensemble de vos activités personnelles et professionnelles avec plus d'assurance. La seconde permet de clarifier des priorités ou des besoins reliés à un seul projet.

Un changement essentiel : libérer son esprit

En règle générale, si une question vous préoccupe excessivement, c'est que vous ne faites pas grand-chose pour la régler.

Impossible d'atteindre l'état de « contrôle dans la détente » si vous ne faites que penser aux questions qui vous préoccupent. Comme vous allez le découvrir, les comportements individuels que je décris dans ce livre ne vous sont pas inconnus. Simplement, il y a une différence de taille entre ma méthode et celle des autres : au lieu de garder en tête mes affaires en suspens, je me sers d'outils *externes* pour les objectiver et les organiser. Cette méthode s'applique à tous les projets : grands ou petits, personnels ou professionnels, urgents ou non. Tous les projets, sans exception aucune.

Il n'y a absolument aucune raison de penser deux fois à la même chose, sauf si on tient vraiment à la faire.

Il vous est sûrement arrivé de sentir qu'il vous fallait absolument vous asseoir à une table et faire une liste. Dans ce cas, vous devez avoir une idée de ce dont je parle. Malheureusement, la plupart des gestionnaires n'utiliseront cette technique qu'en désespoir de cause. Et encore, leur liste se cantonnera généralement à la question qui les préoccupe. En revanche, si vous faites de ce type d'examen une pratique constante (sans attendre les situations de crise), vous en viendrez à exercer le style de gestion « ceinture noire » que je décris.

Pour ma part, j'essaie de faire des choix intuitifs en fonction de mes options au lieu de jongler mentalement avec ces possibilités. Car j'ai normalement déjà pensé à mes options et enregistré mes conclusions dans un système que je sais fiable. Il est inutile de perdre mon temps à penser plus d'une fois à la même chose. Ce serait là un gaspillage d'énergie créatrice, ainsi qu'une source de frustration et de stress. En effet, l'esprit est absorbé par tout ce qui n'a pas été encore décidé. Or, il y a une limite d'affaires en suspens qu'il peut tolérer avant qu'il soit complètement saturé.

La mémoire à court terme du cerveau (celle qui tend à retenir tout ce qui n'est pas achevé, décidé ou organisé) peut se comparer à la mémoire vive d'un ordinateur. Quant au conscient, on peut le comparer à un moniteur : c'est un outil de focalisation et non un espace de stockage. Vous ne pouvez vous concentrer que sur une ou deux choses à la fois. Tout ce qui est en suspens reste stocké dans la mémoire à court terme. Or, comme la mémoire vive, la mémoire à court terme n'a qu'une capacité limitée. Vous ne pouvez y emmagasiner qu'une certaine quantité d'affaires en suspens sans en inhiber le fonctionnement. La plupart des gens vivent avec une mémoire vive pleine à craquer. Et c'est justement pourquoi ils sont constamment distraits, déconcentrés.

Au cours des dernières minutes, par exemple, avez-vous pensé à quelque chose qui n'a aucun rapport avec ce que vous lisez ? Probablement. Et très probablement aussi, ce quelque chose-là était une question non résolue. Que s'est-il passé ? La mémoire vive de votre cerveau a utilisé les grands moyens pour vous mettre ce problème sous le nez. Et qu'avez-vous fait pour clore la question ? À moins de l'avoir consigné par écrit afin d'y revenir en temps voulu, vous n'aurez réussi qu'à vous tracasser. Ce n'est pas un comportement très efficace, vous en conviendrez.

Le problème, c'est que votre cerveau ne cesse jamais de vous rappeler des choses à propos desquelles vous ne pouvez rien faire. Il n'a effectivement aucun sens du passé ou du futur. Aussitôt que vous vous dites que vous devriez faire quelque chose et que votre mémoire vive enregistre cette information, il y aura toujours une partie de vous-même qui vous demandera de faire cette chose-là tout le temps. Soyons clairs : dès que vous avez stocké deux projets dans votre mémoire vive, vous courez à l'échec, tout simplement parce que vous ne pouvez pas exécuter deux projets en même temps. Tout cela crée un stress envahissant dont vous n'arriverez pas à cerner la source.

La plupart des gens subissent depuis si longtemps ce genre de stress qu'ils n'en ont même plus conscience. Comme la gravité, ce type de pression est à tel point omniprésent qu'on n'en perçoit la force que lorsqu'on en est libéré.

Pouvez-vous vous débarrasser de ce stress ? Absolument. Les chapitres qui suivent vous diront comment y arriver.

2

Diriger votre vie : cinq étapes pour maîtriser le flux du travail

LE PROCESSUS DE BASE que je propose pour travailler dans un esprit de « contrôle dans la détente » est une méthode de gestion du flux du travail en cinq étapes. Quel que soit le contexte, il y a cinq étapes distinctes à parcourir pour gérer notre travail. Nous devons

1. *collecter* les sujets qui retiennent l'attention ;
2. *traiter* leur contenu et déterminer l'action qu'ils exigent ;
3. *organiser* les actions concrètes à exécuter ;
4. *revoir* les actions et évaluer les options ;
5. *agir* en fonction des options choisies.

Ces étapes constituent la gestion « horizontale » de notre vie ; elles intègrent tout ce qui capte notre attention à tout moment.

Cette méthode s'appuie sur des principes assez simples. Pourtant, je sais par expérience que la plupart des gens gagneraient à améliorer leur approche de chacune des étapes. Nombreux sont ceux qui peinent à instituer un système de collecte fonctionnel. Certains recensent adéquatement les sujets à traiter, mais ne les traitent pas ou ne prennent pas de décision sur l'action à poser. D'autres prennent de bonnes décisions pour traiter les affaires en suspens, mais n'organisent pas de manière efficace les résultats à produire. D'autres encore instaurent des systèmes efficaces, mais ne les revoient pas assez régulièrement pour qu'ils restent fonctionnels. Or, il suffit qu'un seul des maillons de cette chaîne cède pour que le système entier s'effondre.

Il est essentiel de comprendre la dynamique de ces cinq étapes et de se doter d'outils et de techniques efficaces pour en tirer un rendement maximal. J'ai constaté qu'il était extrêmement utile, sinon indispensable, de séparer ces cinq étapes durant ma journée de travail. À certains moments, je choisis uniquement de recueillir des données sans décider encore de ce que je dois faire à leur sujet. À d'autres moments, je choisis de traiter les notes que j'ai prises durant une réunion. Si je reviens d'un voyage d'affaires, je préfère classer et organiser l'information que j'ai collectée et traitée à cette occasion. Il y aussi des moments où je décide de revoir l'ensemble ou une partie de mon inventaire de travail. Et il y a surtout les moments, les plus nombreux, où je dois tout simplement faire ce qui doit être fait.

Si tant de gens échouent dans leurs tentatives d'organisation, c'est très souvent parce qu'ils essaient de franchir les cinq étapes d'un seul coup. Quand ils font une « liste », ils recensent et ordonnent les « choses les plus importantes », mais ne prennent presque aucune décision quant aux actions qui s'imposent à cet égard. Or, si vous esquivez une seule décision de ce genre sous prétexte qu'elle a peu d'importance, vous laisserez subsister une question non résolue. Celle-ci grugera votre énergie et vous empêchera justement de vous concentrer sur ce qui est important.

Ce chapitre donne une explication détaillée des cinq étapes. Les chapitres 4 à 8 proposent un plan systématique pour créer un système « étanche » à chacune des étapes, et présentent une abondance d'exemples et de bonnes pratiques.

Étape 1 : la collecte

Il est important de savoir quels éléments recueillir et comment y procéder afin de les traiter convenablement. Pour débarrasser votre esprit de toutes les petites préoccupations auxquelles il s'accroche, vous devez être certain d'avoir recensé tout ce qui pourrait représenter une tâche à faire. Vous devez également être persuadé que vous reverrez cet inventaire à l'avenir.

Recenser la totalité des tâches incomplètes

Pour éliminer les « trous noirs », vous devez recenser et nommer (ou représenter) toutes les tâches que vous jugez incomplètes, qu'elles soient personnelles ou professionnelles, importantes ou minimes, urgentes ou non.

Au moment où vous lisez ces lignes, un grand nombre de tâches sont en train d'être dirigées vers vous. Des documents arrivent dans votre boîte aux lettres, des notes de service s'accumulent dans votre corbeille d'arrivée, des mails se fraient un chemin dans votre ordinateur et des messages affluent dans votre boîte vocale. En même temps, vous avez laissé pénétrer dans votre environnement et dans votre psyché une infinité de petites choses qui ne sont pas à leur place. Il faut aussi s'attaquer à ce fatras. Il faut, par exemple, revoir ces idées de stratégie qui dorment dans le carnet posé au fond d'une étagère, jeter ou réparer ces gadgets brisés qui s'entassent dans un tiroir ou vous débarrasser des vieux magazines qui traînent dans votre bureau – toutes choses qui, tapies dans l'ombre, deviennent des affaires en suspens.

Aussitôt que vous vous dites « je dois », « je devrais » ou « il faudrait » à propos d'un travail, vous avez affaire à une tâche incomplète. Les tâches dites incomplètes comprennent celles qui n'ont pas encore fait l'objet d'une décision, mais aussi celles à propos desquelles vous avez pris une décision que vous tardez à exécuter et celles que vous avez exécutées, mais que vous ne pouvez pas vous résoudre à considérer comme terminées.

Pour gérer de manière efficace vos affaires en suspens, vous devez les enfermer dans des « boîtes » où vous les conserverez jusqu'à ce que vous ayez le temps d'y revenir et de décider, s'il y a lieu, d'une solution. Vous devez ensuite vider régulièrement ces boîtes, sans quoi elles perdront toute utilité.

D'une certaine manière, tous les éléments à collecter l'ont déjà été. S'ils ne sont pas tous gérés directement par un système externe auquel vous vous fiez, ils résident quelque part dans votre psyché. À défaut d'avoir été objectivés, ils continueront de vous obséder. C'est pourquoi tous les éléments à collecter doivent l'être *ailleurs* que dans votre tête.

Les outils de collecte

Il existe plusieurs outils, élémentaires ou hautement technologiques, pour collecter les tâches incomplètes. Quelle que soit leur forme, ils servent à consigner autant l'information que vous recueillez vous-même que l'information qui vous vient de l'extérieur. Voici les différents types d'outils :

- Corbeille à courrier
- Supports papier
- Supports électroniques
- Supports vocaux
- Courrier électronique
- Appareils de haute technologie

La corbeille à courrier

La corbeille à courrier ordinaire (en plastique, bois, cuir ou métal) est l'outil le plus répandu pour recueillir les documents papier et tous les articles ou objets à traiter : courrier, magazines, notes de service, messages téléphoniques, reçus... et même lampes de poche avec piles vides.

Les supports papier

Tous les supports papier sont bons : cahiers, classeurs à feuilles mobiles, carnets, blocs-notes, reliures à spirales, etc. Servez-vous de ces supports pour consigner les idées qui vous viennent subitement à l'esprit, les nouveaux éléments d'information, les descriptifs d'actions à exécuter. Choisissez le support qui correspond à vos goûts et à vos besoins.

Les supports électroniques

Vous pouvez également rédiger à l'ordinateur des notes que vous reverrez plus tard. De nouveaux outils numériques sont constamment lancés sur le marché grâce au perfectionnement des technologies de reconnaissance des caractères. Les appareils électroniques portatifs, comme les assistants numériques personnels (souvent appelés PDA – Personal Digital Assistant) et les blocs-notes sont également très commodes pour enregistrer toutes sortes de données.

Les supports vocaux

Les supports vocaux comprennent les répondeurs, les boîtes vocales et les dictaphones, comme les enregistreurs numériques et les magnétophones à microcassette. Ce sont des outils fort utiles pour dresser un inventaire provisoire de tâches à revoir ou à régler.

Le courrier électronique

Les systèmes de messagerie électronique comprennent généralement une boîte de réception où vous pouvez stocker les messages et les fichiers entrants en attendant de les lire, de les trier et de les traiter. Les téléavertisseurs (« pagers ») et les téléphones peuvent avoir les mêmes fonctions.

Les appareils de haute technologie

Vous pouvez désormais dicter vos directives à un ordinateur. Comme les communications empruntent de plus en plus un format numérique et sans fil, il devient plus facile de capter et de consigner ses idées. (En contrepartie, on reçoit également beaucoup plus de données, qu'il faut par la suite traiter.)

« Ordinateur !

– Oui, David ?

– J'ai besoin de pain.

– Tout de suite, David. »

L'ordinateur est en train de mettre à jour ma liste de courses. Les fonctions *organisatrices* du processus de gestion des actions se numérisent, ce qui permet d'ajouter automatiquement le « pain » à ma liste d'épicerie et même de le commander et d'en faire livrer une miche chez moi.

Aussi différents qu'ils soient, tous ces outils ont la même fonction : servir de boîte de réception où l'on peut stocker de l'information, ainsi que des propositions et des plans d'action. Il est d'ailleurs fort probable que la plupart de ces outils ne vous soient pas inconnus.

Les conditions d'une collecte réussie

Il ne sert à rien d'avoir une boîte de collecte si elle n'est pas fonctionnelle. La plupart des gens possèdent un tel outil, mais savent à peine s'en servir. Examinons les trois conditions nécessaires pour mener à bien l'étape de collecte :

1. Vous ne devez pas avoir d'affaires en suspens dans la tête. Elles doivent être intégrées à votre système de collecte.
2. Vous ne devez pas avoir plus de boîtes de collecte qu'il n'en faut.
3. Vous devez vider celles-ci régulièrement.

Videz votre esprit

Si votre mémoire vive se mobilise pour surveiller mille choses en même temps, vous n'aurez probablement pas la motivation nécessaire pour remplir et vider consciencieusement votre boîte d'entrée. Beaucoup de gens se montrent relativement insouciants face à cet outil, car ils savent qu'ils ne disposent pas là d'un système autonome et étanche. Ils ont une série de travaux incomplets dans leur boîte d'entrée, se disent-ils, et une autre série dans la tête, ce qui ne les avantage d'aucune façon. C'est un peu comme s'ils jouaient une partie de billard sur une table criblée de trous. Comme leurs boules disparaissent l'une après l'autre, ils ne voient plus très bien pourquoi ils devraient poursuivre le jeu.

C'est que les outils de collecte ne font pas encore partie intégrante de leur style de vie, comme cela devrait être le cas. Ces instruments devraient même vous paraître aussi indispensables que votre brosse à dents, votre permis de conduire ou vos lunettes.

Réduisez le nombre de vos boîtes de collecte

Vous ne devez pas avoir plus de boîtes d'entrée qu'il ne vous en faut. Vous devez pouvoir y accéder dans toutes les situations, notamment pour recueillir les idées qui vous viennent subitement à l'esprit. Si vous avez trop de systèmes de collecte, vous ne pourrez pas traiter facilement ou rationnellement toutes vos affaires en suspens.

L'excès de boîtes de collecte ne pose pas vraiment de problème lorsque les outils sont de nature hautement technologique, mais il exige généralement des efforts supplémentaires lorsque les outils sont manuels, comme c'est le cas des supports papier et des boîtes de réception non électroniques. Il faut coordonner et traiter les notes écrites au lieu de les éparpiller, de les empiler inlassablement ou de les laisser dormir au fond d'un tiroir. On prendra donc soin de les répartir dans des corbeilles d'arrivée.

Plus votre vie personnelle et professionnelle se complexifiera, plus il deviendra essentiel de vous doter d'un bon système de collecte. Vous avez peut-être déjà constaté que vous trouviez vos meilleures idées concernant le travail après avoir quitté le bureau. Des outils de collecte accessibles vous permettront de profiter pleinement de ces idées et de multiplier votre productivité.

Videz vos boîtes régulièrement

Le succès de la collecte repose sur une évidence : si vous ne videz pas vos boîtes et que vous ne traitez pas les affaires en suspens qu'elles contiennent, ces contenants n'auront servi qu'à entasser toutes sortes de documents inertes. Ce n'est pas parce que vous videz une boîte (qu'il s'agisse d'une boîte de réception, d'une boîte vocale ou d'une corbeille d'arrivée) qu'il vous faut régler sur-le-champ toutes les affaires qui s'y rattachent ! À ce stade, vous n'avez qu'à en extraire chaque élément, déterminer de quoi il s'agit et décider ce qu'il faut en faire. Si, après cet examen, certaines tâches sont toujours en instance, réorganisez-les à l'intérieur de votre système. Ne les remettez pas dans la boîte ! Ce serait un peu comme si vous ne vidiez jamais vos poubelles. Vous devriez constamment en acheter de nouvelles pour y mettre vos ordures.

Avant de vider vos boîtes, vous devrez avoir mis en place un système global de gestion des actions. Si vous laissez s'empiler trop d'affaires en suspens dans vos boîtes d'entrée, c'est que vos systèmes de gestion « en aval » de ces outils ne sont pas assez efficaces. Il semble toujours plus facile de laisser stagner dans votre corbeille les affaires à propos desquelles vous ne pouvez rien faire dans l'immédiat. Beaucoup de gens limitent leurs efforts d'organisation à la consultation de leur boîte de réception. Ils savent au moins où chercher les rappels de ce qu'il leur reste à faire... Malheureusement, ce filet de sécurité ne sert plus à rien lorsque les documents s'empilent de manière anarchique ou que les mails deviennent trop volumineux pour tenir dans une seule fenêtre.

Une fois que vous aurez maîtrisé l'étape suivante et que vous saurez comment traiter rapidement et facilement les tâches incomplètes, les boîtes de collecte pourront renouer avec leur fonction première. Voyons maintenant comment vous pouvez vider votre corbeille d'arrivée et votre boîte de réception électronique sans avoir à régler immédiatement les affaires en suspens.

Étape 2 : le traitement

Ce que j'ai sans doute enseigné de plus important aux gens avec qui j'ai travaillé, c'est l'approche ciblée qu'ils doivent privilégier afin de vider leurs boîtes de collecte. Après avoir traité avec moi toutes ses affaires en suspens, l'une des dirigeantes d'une multinationale m'a confié qu'elle avait pour la première fois l'impression de maîtriser les nombreuses facettes de sa vie professionnelle : tout ce qu'elle gardait auparavant en tête était désormais intégré à un système externe auquel elle pouvait se fier sans réserve.

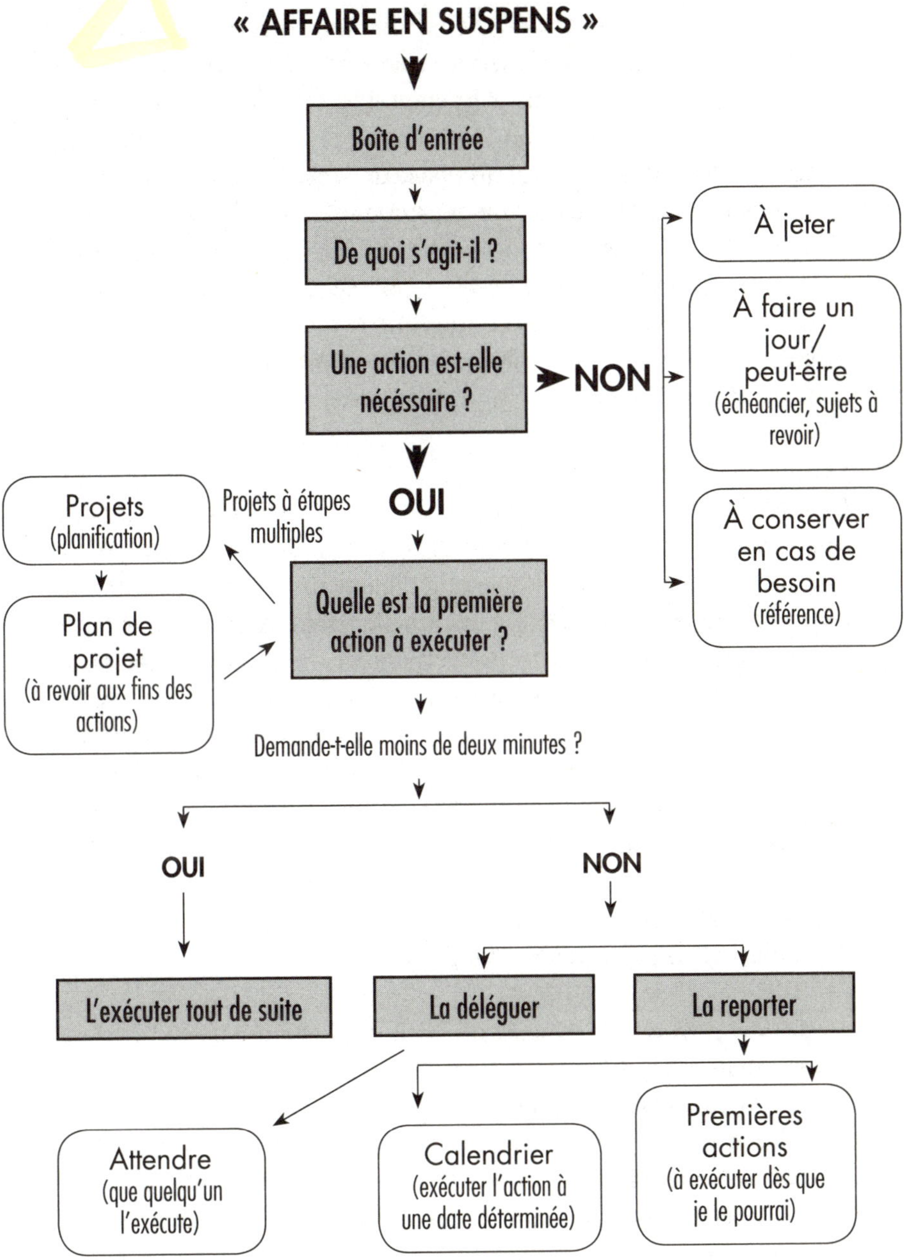

SCHÉMA DU FLUX DU TRAVAIL – TRAITEMENT

Quelle question devez-vous vous poser à propos du mail, du message vocal ou de la note de service que vous venez de recevoir ? Et que faire de l'idée que vous avez eue à l'instant pour faire avancer tel projet ? Cette question (et la réponse que vous lui donnez) dicte la gestion des actions qui est à la base de votre système d'organisation personnelle. Beaucoup de gens commettent l'erreur d'essayer d'organiser des fragments incomplets d'affaires en suspens. Or on ne peut pas organiser les « arrivées » ; on ne peut que les collecter et les traiter. Ce sont plutôt les actions que vous devez organiser. C'est pourquoi le tronc central de l'arbre décisionnel présenté ci-après comprend la phase de *traitement* et la phase *d'organisation.*

De quoi s'agit-il ?
La question est moins simple qu'il n'y paraît. Nous avons déjà parlé d'affaires en suspens, mais nous ne nous sommes pas encore demandé ce qu'il fallait en faire. Beaucoup d'éléments qui s'infiltrent dans notre système d'organisation personnelle sont des documents fastidieux que nous recevons du gouvernement ou de notre entreprise. Y a-t-il vraiment quelque chose à faire à leur sujet ? Et que dire du dernier rapport assommant des Ressources humaines ? J'ai déterré des centaines de messages oubliés au fond de tiroirs qui n'avaient été jetés là que parce que personne n'avait pris le temps de se demander de quoi ils parlaient. La question suivante devient donc cruciale.

Une action est-elle nécessaire ?
Il y a deux réponses possibles : oui ou non.

Aucune action n'est nécessaire. Si la réponse est négative, nous avons trois possibilités.

1. Les documents n'ont plus aucune utilité. Les jeter.
2. Aucune action n'est nécessaire pour l'instant, mais on peut en envisager une plus tard. Placer les documents en « incubation ».
3. Les documents contiennent des renseignements qui pourront servir plus tard. Les conserver dans un dossier de référence.

Ces trois catégories peuvent être à leur tour fragmentées et gérées. Nous y reviendrons dans un autre chapitre. Pour l'instant, il vous suffit d'une poubelle (ou de la touche « supprimer » de votre clavier), d'un dossier pour les éléments en incubation et d'un bon système de classement pour les éléments de référence.

Une action est nécessaire. Dans cette catégorie, on trouvera, par exemple, le mail vous invitant à collaborer à un projet ou les notes que vous avez prises pendant une rencontre avec un supérieur hiérarchique.

Vous devez vous poser deux questions à propos de chaque élément « activable » (nécessitant une action).

1. Quel projet ou quel résultat vous êtes-vous engagé à produire ?
2. Quelle est la première action à exécuter ?

S'il s'agit d'un projet... Vous devez l'indiquer sur une « liste de projets ». Un examen hebdomadaire de cette liste (voir page 59) vous permettra de localiser le projet comme une affaire en suspens. Il vous restera alors à décider s'il faut l'éliminer ou le faire avancer.

Quelle est la première action à exécuter ? C'est la question fondamentale que vous devez vous poser à propos de tous les éléments que vous avez recensés. La réponse vous fournira la « matière première » à organiser. La première action à exécuter est la première action physique et visible que vous devez accomplir pour amorcer le projet.

Exemples de premières actions :

- Appeler Fred (au numéro xyz) pour me renseigner sur le garage qu'il m'a recommandé.
- Formuler quelques idées pour l'ordre du jour de la réunion sur le budget.
- Demander à Annie quel système de classement nous devons établir.
- Faire des recherches Internet sur un bon logiciel de gestion de base de données.

Les rappels des premières actions (aussi concrètes qu'incontournables) formeront l'ossature de votre système de gestion personnelle.

Exécuter, déléguer, reporter. Une fois que vous avez décidé de la première action à poser, vous avez trois options.

- *Exécuter.* Si une action demande moins de deux minutes, exécutez-la sur-le-champ.
- *Déléguer.* Si elle demande plus de deux minutes, demandez-vous si vous êtes la personne la mieux placée pour l'exécuter. Si la réponse est négative, déléguez-la à une personne plus indiquée.
- *Reporter.* Si l'action demande plus de deux minutes et que vous êtes la personne la mieux placée pour l'exécuter, vous devez la *reporter* à plus tard et l'inclure dans une ou plusieurs listes de premières actions.

Étape 3 : l'organisation

Les cases extérieures du schéma suivant correspondent aux huit catégories distinctes de rappels et de mesures qui résultent du traitement des affaires en suspens. Elles forment un système global grâce auquel vous pourrez organiser à peu près toutes les affaires en cours, ou celles qui pourraient s'y rajouter au fil des jours ou des semaines.

Les éléments non activables entrent dans trois catégories possibles : *poubelle*, *incubation* et *référence*. Pour gérer les éléments activables, vous devez vous munir d'une liste de projets, de chemises ou de classeurs pour accueillir les plans de projets, d'un calendrier, d'une liste de premières actions à exécuter et d'une liste des tâches dont vous attendez l'exécution.

Toutes les catégories doivent être concrétisées sous une forme ou une autre. Quand je parle de listes, je pense tout simplement à une suite d'aide-mémoire faciles à revoir, qu'ils soient énumérés sur papier ou enregistrés sur ordinateur, ou même classés dans des chemises individuelles. Par exemple, la liste des projets actifs pourrait figurer sur une page d'agenda journalier ou dans le registre « À faire » d'un PDA ; elle pourrait aussi être classée dans un dossier « Liste des projets ». On pourra consigner dans un agenda papier ou électronique les éléments en incubation (exemple : contacter mon comptable après le 1er mars pour fixer un rendez-vous).

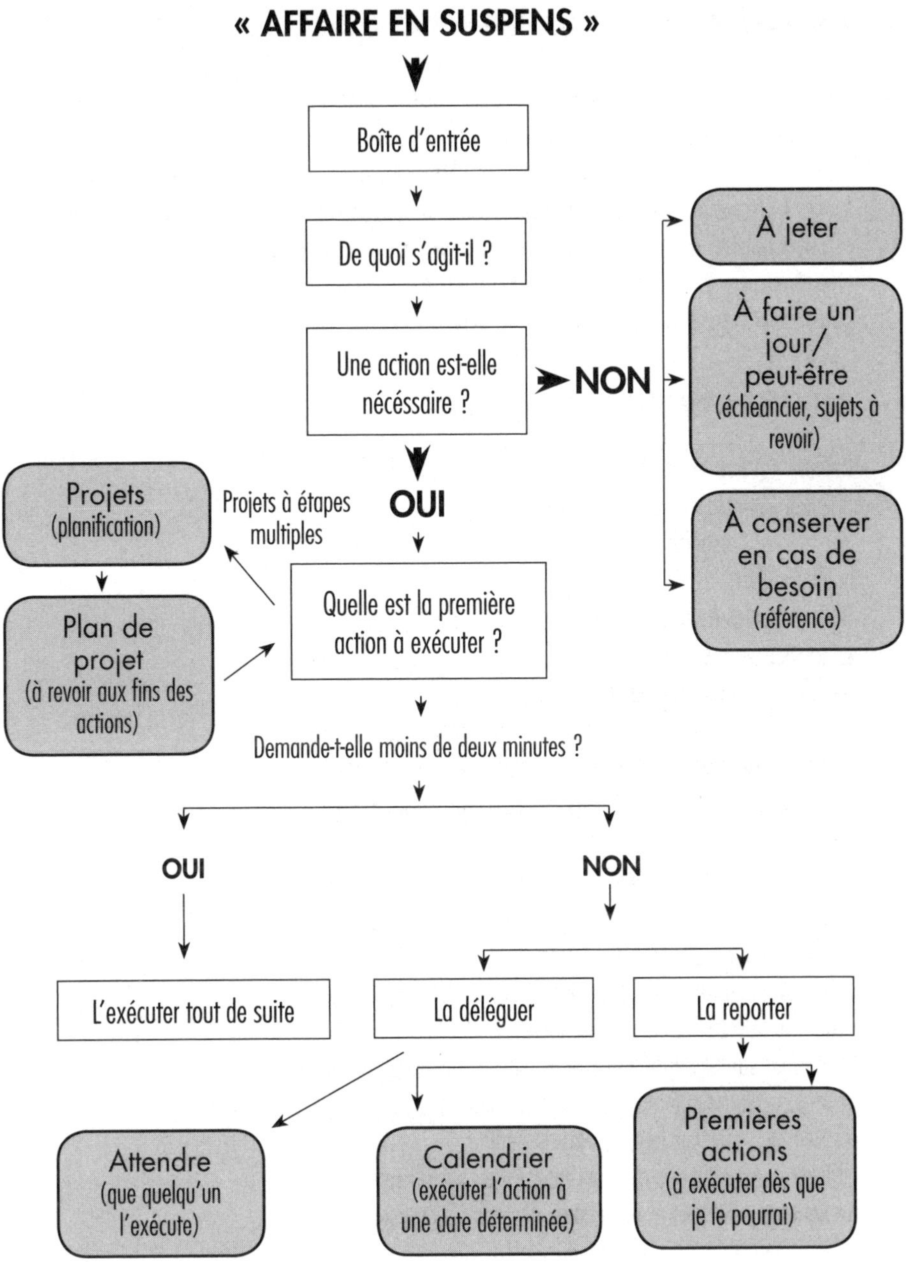

SCHÉMA DU FLUX DU TRAVAIL – ORGANISATION

Les projets

Par *projet,* j'entends tout travail fractionné en étapes pour produire un résultat voulu. Par conséquent, toutes sortes d'entreprises modestes risquent de se retrouver sur votre liste de projets, même si vous hésiteriez normalement à leur donner ce nom. D'un autre côté, si une tâche ne peut être exécutée en une étape, il faut vous donner des balises pour vous rappeler qu'elle n'est pas terminée – autrement dit, qu'il s'agit d'une question non résolue.

EXEMPLE D'UNE LISTE DE PROJETS

Recruter un nouvel employé
Planifier les vacances d'août
Recruter du personnel externe pour la journée de réflexion
Publier le livre
Télécharger les dernières mises à jour
Renouveler le testament
Mettre la dernière main au budget
Rédiger la description finale de la nouvelle gamme de produits
Se familiariser avec le nouveau logiciel de gestion des contacts
Faire imprimer l'article de *Fortune* en plusieurs exemplaires
Engager un agent de publicité
Finir de planter les orchidées
Réaliser la vidéo sur le projet conjoint de RD
Produire un nouveau CD pour la formation
Établir le programme du séminaire de l'année prochaine
Organiser une conférence d'une heure
S'informer sur les dernières technologies de vidéoconférence
Écrire la version finale des contrats d'embauche
Installer de nouvelles lampes dans le jardin
Officialiser les relations avec le représentant sud-africain
Rédiger les politiques et procédures destinées au personnel
Acheter un nouveau fauteuil pour le salon

Il n'est pas utile d'énumérer les projets dans un ordre quelconque, ni de les classer par importance ou par priorité. Ils doivent simplement figurer sur une liste principale que vous pouvez revoir assez régulièrement pour exécuter une à une les premières actions qui leur sont reliées.

En somme, vous n'exécuterez pas le projet tout entier, vous ne ferez qu'accomplir progressivement les actions qui y sont associées. Et quand la situation à laquelle vous aurez abouti correspondra au résultat voulu, vous pourrez considérer le projet comme clos. La liste de projets actifs se compare à une suite de lignes d'arrivée que vous vous fixez pour ne pas sortir de piste – pour ne pas dévier de vos objectifs.

Les documents d'accompagnement des projets

Dans le cas de nombreux projets, vous accumulerez des documents pertinents que vous pourrez classer par thème, sujet ou nom de projet. Dans ces circonstances, votre liste de projets servira uniquement d'index. Tous les détails, plans et renseignements dont vous aurez besoin pour mener de front vos divers projets pourront être classés dans des chemises, des fichiers électroniques, des cahiers ou des reliures individuelles.

Documents d'accompagnement et de consultation. Une fois que vous aurez classé vos documents d'accompagnement par thème ou par sujet, vous vous apercevrez probablement qu'ils sont identiques aux documents de consultation, de sorte que vous pourrez les classer avec ceux-ci. Par exemple, un dossier « Mariage » pourrait être classé avec les dossiers de consultation générale. L'unique différence est que, dans le cas des projets, vous devez revoir les documents d'accompagnement plus régulièrement pour garantir que toutes les étapes d'action ont été définies.

En général, je recommande aux gestionnaires de placer les documents d'accompagnement hors de vue. Si votre système de dossiers de consultation est fonctionnel et à portée de la main, vous vous rendrez compte qu'il sera plus simple de procéder ainsi. Dans certains cas, toutefois, il est plus pratique de sortir les documents pour les consulter à votre gré, surtout si vous travaillez sur un projet complexe dont vous devez vérifier les références plusieurs fois par jour. Pour manipuler ce type de documents « actifs », il peut être commode de les classer dans des chemises rangées dans un support vertical (de type présentoir à revues) ou un jeu de plateaux empilables placés non loin de son bureau.

Les premières actions

Comme le montre le schéma sur le flux du travail, la décision sur la première action à réaliser revêt une importance capitale. Une telle action – physique, visible – doit être appliquée, sans aucune exception, à toutes les questions non résolues.

Il va de soi que les actions déjà réalisées n'ont pas à être consignées. Ce que vous devez noter, ce sont les actions que vous devez accomplir à une date précise ou un jour particulier (il faut les inscrire sur votre calendrier), celles que vous devez engager aussitôt que vous le pourrez (il faut les inscrire sur votre liste « Premières actions ») et celles que vous avez déléguées et dont vous attendez l'exécution (les inscrire sur votre liste « En attente d'exécution »).

Le calendrier

Les rappels des actions que vous devez réaliser entrent dans deux catégories : ceux qui portent sur des actions qui doivent être accomplies à une date ou un jour précis et ceux qui portent sur les actions que vous devez exécuter aussitôt que possible. Votre calendrier ne doit contenir que les premiers types de rappels.

Voici les trois types de données devant figurer dans votre calendrier :

- les actions à exécuter à une date précise ;
- les actions à exécuter un jour précis ;
- l'information dont il faut disposer un jour précis.

Les actions à exécuter à une date précise. Il s'agit presque essentiellement des rendez-vous. La première action reliée à un projet est souvent la participation à une réunion consacrée à l'étude du projet. Il suffit de noter l'indication sur votre calendrier.

Les actions à exécuter un jour précis. Ce sont les actions que vous devez exécuter durant une journée en particulier, mais pas forcément à une heure *précise*. Exemple : vous avez dit à Gisèle que vous l'appelleriez vendredi pour lui demander si elle est satisfaite du rapport que vous lui avez envoyé. Elle ne recevra pas le rapport avant jeudi, et elle part en vacances samedi. La seule journée possible pour réaliser cette action est le vendredi, mais rien ne vous oblige à l'exécuter à une heure précise. Vous devez par conséquent l'inscrire sur la page du vendredi, mais sans fixer d'heure en particulier. À cet égard, il serait commode d'avoir un calendrier où vous pourriez noter à la fois les actions à accomplir à une date précise et celles à exécuter un jour précis.

L'information dont il faut disposer un jour précis. Le calendrier sert aussi à noter des renseignements qui pourraient vous être utiles tel jour. Il pourra s'agir, par exemple, des coordonnées afférentes à un rendez-vous, des loisirs préférés d'un client ou de toute autre donnée pertinente. Ces renseignements peuvent également prendre la forme d'aide-mémoire : ainsi, vous pouvez-vous laisser une note vous rappelant d'appeler un collègue le lendemain de son retour de vacances.

Abolissez les listes quotidiennes de choses à faire ! Votre calendrier ne doit contenir que les types de données que je viens d'énumérer, et rien d'autre. Au risque de paraître hérétique aux yeux des tenants du système traditionnel de gestion du temps, qui considèrent presque unanimement que les listes quotidiennes de choses à faire sont absolument indispensables, j'affirme que ces listes ne donnent aucun résultat, et ce pour deux raisons.

- En premier lieu, notre travail quotidien est en constante reconfiguration à cause de l'influx perpétuel de nouvelles données et de la redéfinition non moins constante des priorités. Il devient alors impossible de déterminer d'avance ce qui devra être fait tel ou tel jour. (En revanche, une stratégie générale demeure utile, à condition qu'on soit prêt à la modifier à tout moment.) On voit donc mal l'intérêt d'énumérer des choses à faire sur une case de son calendrier, si ce n'est pour en retranscrire une bonne partie sur la case du lendemain, et ainsi de suite. Outre leur effet démoralisateur, ces reprises incessantes constituent une perte de temps. Les listes de premières actions que je privilégie suffisent à présenter les rappels des actions à exécuter, même les plus pressantes… et on n'a pas à les reprendre jour après jour !

- En deuxième lieu, si l'une des actions figurant sur une liste quotidienne ne doit pas absolument être exécutée le jour dit, elle détourne l'attention des actions réellement impératives. Si je *dois* appeler Gisèle vendredi parce que c'est la seule journée où je peux la joindre, mais que j'ajoute à ma liste cinq autres appels moins importants ou moins urgents, j'en oublierai peut-être d'appeler Gisèle. De plus, parce que j'ai saturé mon calendrier, c'est à mon cerveau qu'il reviendra de me rappeler l'importance de cet appel. Il y a des failles évidentes dans un tel système. Selon moi, le calendrier doit être considéré comme un territoire sacré. Si vous y avez noté quelque chose à faire un jour donné, vous devez le faire le jour même ou ne pas le faire du tout. Les seuls remaniements autorisés sont ceux qui concernent les changements de rendez-vous.

Les listes de premières actions

Cela dit, où vont les rappels d'actions à exécuter ? Sur une ou des listes de premières actions ! Avec le calendrier, ces listes forment le noyau du système quotidien de gestion des actions.

Toutes les actions qui demandent plus de deux minutes ou qui ne peuvent pas être déléguées doivent être notées quelque part. « Appeler Jean à propos de la réunion sur le budget », « Appeler les parents de Rachel et Laura pour la sortie des enfants » ou « Ébaucher des idées pour le congrès des ventes annuel », voilà autant d'exemples de rappels devant figurer sur une liste.

Si vous n'avez que 20 ou 30 actions de ce type à accomplir, vous pouvez très bien les noter sur une seule liste intitulée « Premières actions », que vous reverrez quand vous en aurez le temps. Il est toutefois fort probable que le nombre de ces petites tâches gravite davantage autour de 100 ou 150. Dans ce cas, il serait plus logique de subdiviser vos listes de premières actions en catégories : « Appels » (que vous ferez quand vous en aurez l'occasion) ou « Questions sur le projet X » (que vous poserez durant la rencontre d'information hebdomadaire).

Les éléments non « activables »

Vous devez disposer de systèmes distincts et bien structurés tant pour les éléments qui n'exigent pas d'action que pour ceux qui en exigent. Les systèmes consacrés aux éléments non activables entrent dans trois catégories : *poubelle*, *incubation* et *référence*.

Poubelle
Ce qui suit devrait aller de soi. Jetez tout ce qui ne nécessite pas d'intervention ou qui n'a aucune valeur de référence, sans quoi votre système tout entier risque d'être gravement compromis.

Incubation
Certaines choses ne nécessitent pas d'action immédiate, mais doivent quand même être conservées. Là encore, il est essentiel de séparer les éléments activables des éléments non activables. Sans cette distinction, vous serez envahi de piles et de listes et vous ne saurez ni par quoi commencer ni quoi décider.

Supposons que vous mettiez la main sur un document susceptible de vous intéresser un jour, mais pas dans l'immédiat. Par exemple, vous recevez par la poste une brochure sur la prochaine série de concerts que donnera l'orchestre symphonique de votre ville. Un coup d'œil rapide vous indique que les concerts qui vous intéressent le plus n'auront lieu que dans quatre mois. Il est beaucoup trop tôt pour décider quoi que ce soit à ce sujet, étant donné que vous ne savez pas encore quels seront vos déplacements durant cette période. Que faire ?

Deux systèmes d'incubation pourraient vous être utiles pour ce genre de projet : une liste de choses à faire « un jour... peut-être » ou un échéancier.

Un jour... peut-être. Il peut être utile et stimulant de faire une liste de choses que vous aimeriez faire à un moment de votre vie, mais pas tout de suite. C'est en quelque sorte un réservoir de projets auxquels il vous est impossible de donner suite pour l'instant, mais que vous ne voulez pas totalement oublier. Vous aimeriez y revenir à intervalles réguliers.

LISTE DE CHOSES À FAIRE « UN JOUR... PEUT-ÊTRE » : UN EXEMPLE

Acheter un bateau de pêche
Apprendre l'espagnol
Suivre des cours d'aquarelle
Acheter un buffet pour la cuisine
Faire installer une piscine en longueur
Acheter un scooter à Kathryn
Faire un tour en montgolfière
Posséder une cave à vin
Faire un voyage dans le Montana
Se familiariser avec les fonctions du logiciel Photoshop
Fonder une association sans but lucratif
Réaliser des films vidéo promotionnels sur le personnel
Visiter la réserve naturelle de Las Vegas
Acheter un appareil photo numérique
Faire un voyage dans le Nord de l'Italie
Suivre des cours de menuiserie
Installer des éclairages pour nos tableaux
Aménager un étang koï
Numériser de vieilles photos
Inviter les voisins
Installer un serveur d'accès à distance à la maison

Vous pouvez, si vous le souhaitez, subdiviser votre liste principale en plusieurs catégories. Exemples :

- CD à acheter
- Vidéos à louer
- Livres à lire
- Vins à essayer
- Petits voyages à organiser
- Choses à faire avec les enfants
- Séminaires à suivre

Vous devez revoir ces listes régulièrement si vous voulez en tirer un quelconque profit. Je suggère aussi d'intégrer cette activité à votre examen hebdomadaire (voir page 59).

Échéancier. L'échéancier sert à gérer les affaires à suivre ou à revoir. Il vous permet presque littéralement de vous envoyer un mail que vous recevrez à la date que vous aurez fixée.

Votre calendrier pourra jouer le même rôle. Par exemple, vous pourrez y noter à la page du 15 mars que vos impôts seront exigibles le mois suivant.

Pour une description plus détaillée de l'échéancier, consultez le chapitre 7.

Référence

Même s'ils n'exigent aucune action, beaucoup de documents sont riches en information. Puisque vous en aurez peut-être besoin un jour, songez à les conserver (sur support papier ou sous forme numérisée).

Les documents papier gagneraient à être stockés dans un système d'où vous pourrez facilement les récupérer manuellement. À cette fin, vous pouvez vous servir de divers systèmes de classement, allant du carnet ou de la reliure à feuilles mobiles (pour une liste de restaurants préférés, par exemple) au classeur complet (pour la documentation sur une fusion d'entreprises, par exemple).

Les systèmes de stockage électronique vont de la base de données en réseau aux systèmes de référence ad hoc (ordinateur à ordinateur), en passant par les dossiers archivés de votre logiciel de communication.

Le plus important, c'est de ne jamais oublier qu'une référence doit rester une référence, c'est-à-dire une information que l'on peut récupérer *facilement* lorsqu'on en a besoin. Les systèmes de référence empruntent généralement deux formes : 1) classement par sujet et domaine et 2) référence générale.

Les premiers systèmes sont réservés au classement thématique. Vous pouvez, par exemple, consacrer un tiroir de classeur aux contrats rangés par date et un répertoire aux renseignements confidentiels sur la rémunération du personnel. Vous pouvez également réserver des classeurs entiers aux affaires juridiques classées qu'il pourrait être utile de consulter au cours de futurs procès.

Référence générale. Ce type de système de référence sert à stocker l'information qui n'appartient à aucune de vos catégories préétablies, mais que vous voulez garder à portée de main. (Il pourra s'agir, par exemple, du mode d'emploi de votre téléphone portable, de notes prises durant une réunion, etc.)

L'absence d'un bon système de référence générale peut être l'un des plus gros obstacles à la création d'un système solide de gestion des actions. En effet, si votre méthode de classement est lente et laborieuse, vous aurez peut-être tendance à empiler les documents les uns au dessus des autres au lieu de les classer. Or, si votre matériel de référence n'est pas clairement délimité, la frontière entre éléments activables et éléments non activables s'estompera, tant visuellement que psychologiquement. Résultat : vous en viendrez à l'ignorer complètement. Or, la productivité sans stress dépend en grande partie d'une bonne gestion de ce type de documentation. Nous y reviendrons plus en détail au chapitre 7.

Étape 4 : l'examen

C'est une chose de noter sur votre calendrier que vous devez acheter du lait ; c'en est une autre de vous en souvenir quand vous vous trouvez au magasin. Il en va de même pour l'ami que vous vous promettez d'appeler depuis des lustres. Ce n'est pas parce que vous avez souligné l'appel à faire dans votre agenda que vous y penserez quand vous aurez le temps de passer quelques coups de fil.

Voilà pourquoi vous devez revoir régulièrement l'ensemble de vos projets en instance, tant sur les plans personnel que professionnel, et ce selon divers points de vue (dont celui que je nomme « l'altitude 10 000 » voir page 64). Cet examen vous offre l'occasion de saisir d'un seul coup l'ensemble des actions que vous avez définies et des options qui se présentent à vous. Il s'agit donc d'une réactualisation constante de votre système de gestion, qui vous permettra de prendre des décisions éclairées en toutes circonstances.

Ce qu'il faut revoir, et quand

Si vous avez mis sur pied un système d'organisation personnelle structuré selon mes recommandations – c'est-à-dire comprenant une liste de projets actifs, un calendrier, des listes de premières actions et une liste d'affaires en attente d'exécution – vous n'aurez pas grand-chose à faire pour vous assurer qu'il demeure fonctionnel.

L'élément que vous reverrez sans doute le plus souvent est votre calendrier. Dès que vous avez exécuté une action que vous y avez notée (réunion, appel téléphonique ou rédaction d'un rapport, etc.), récapitulez ce qu'il vous reste à faire. C'est là une habitude à cultiver.

Après avoir consulté votre calendrier, vous devrez normalement passer aux listes des premières actions. Si celles-ci ont été classées par contexte (« Maison » « Ordinateur », par exemple), leur consultation en sera d'autant plus rapide.

Les listes « Projets », « En attente d'exécution » et « Un jour... peut-être » ne doivent être passées en revue que lorsque vous le jugerez bon, l'essentiel étant ici de vous empêcher de les ruminer.

Un facteur clé de réussite : l'examen hebdomadaire

Revoyez vos listes aussi souvent que vous en ressentez le besoin pour vous libérer l'esprit.

Tous les éléments qui pourraient nécessiter une action doivent être revus assez fréquemment pour empêcher votre esprit de s'en emparer et de s'activer à vous les rappeler. Pour pouvoir réellement vous fier à votre jugement – pour valider toutes les décisions rapides et intuitives que vous prenez quotidiennement –, vous devez constamment prendre du recul. Selon moi (et des milliers d'autres personnes), ce recul trouve sa meilleure expression dans une pratique des plus fructueuses : l'examen hebdomadaire.

Celui-ci doit porter sur les questions non résolues (« projets ») et les plans de projets actifs, ainsi que sur les listes « Premières actions », « Agenda », « En attente d'exécution » et « Un jour... peut-être ». Ce sera l'occasion de vérifier si les affaires en suspens des dernières journées on été recensées, traitées et organisées.

Évidemment, il faut savoir doser cet exercice, qui ne convient pas aux périodes de travail intense. Et pourtant, il vous sera difficile de bien roder votre système d'organisation si vous ne mettez pas vos affaires en ordre une fois par semaine.

L'examen hebdomadaire vous permet de :

- regrouper et traiter vos affaires en suspens ;
- revoir votre système ;
- mettre vos listes à jour ;
- confirmer que votre système est clair, net, à jour et complet.

La plupart des gens sont plus satisfaits de leur travail lorsqu'ils mettent de l'ordre dans leurs affaires, liquident les problèmes en suspens, clarifient les situations et renégocient leurs engagements internes et externes. Faites tout cela une fois par semaine au lieu de le faire une fois par an.

La plupart des gens ne disposent pas d'un système vraiment complet et, s'ils ne tirent pas de véritable profit d'une révision des affaires en cours, c'est que leur vue d'ensemble n'est pas assez globale. Ils ont toujours l'impression qu'il manque quelque chose. Voilà pourquoi le système gagne à être appliqué intégralement : plus il est complet, plus vous lui ferez confiance, et plus vous lui ferez confiance, plus vous vous arrangerez pour qu'il demeure complet. L'examen hebdomadaire est le meilleur moyen d'alimenter ce mécanisme.

De nombreuses personnes se surprennent à travailler avec plus de plaisir durant la semaine qui précède leurs vacances. En fait, cela n'a rien à voir avec la perspective d'un congé. Que font ces gens, en effet, durant cette semaine-là ? Ils remettent leurs affaires en ordre et bouclent leurs dossiers. Ce que je vous propose, c'est de faire ce « ménage » toutes les semaines au lieu de le faire une fois par an.

Étape 5 : l'action

La principale raison d'être du processus de gestion du flux de travail est de vous aider à prendre de bonnes décisions sur ce que vous devez faire à divers moments de la journée. Que devez-vous faire lundi à 10 h 33, par exemple ? Appeler Sandrine, rédiger la version finale d'une proposition ou répondre à vos mails ? La décision que vous prendrez sera toujours un peu intuitive, mais vous pourrez la prendre avec beaucoup plus d'assurance si vous vous y préparez convenablement.

Trois modèles pour décider de l'action à entreprendre

Supposons que rien ne vous empêche de vous attaquer à vos affaires en suspens – ni sentiment d'insécurité ni tendance à l'atermoiement. Il y aura quand même un grand nombre d'actions que vous ne pourrez pas entreprendre à tel ou tel moment. Comment décider de ce que allez faire et de ce que vous n'allez pas faire sans être insatisfait de votre choix ?

Réponse : en vous fiant à votre intuition. Si vous avez *collecté*, *traité*, *organisé* et *revu* tous vos engagements en cours, votre intuition pourra s'étayer sur un autre mode de pensée, plus pratique, plus stratégique.

J'ai conçu trois modèles que vous pourrez appliquer à votre processus décisionnel. Ils ne vous diront pas quoi faire en toutes circonstances, mais ils vous aideront à circonscrire vos options de manière plus intelligente.

1. Un modèle à quatre critères pour décider de l'action à exécuter à un moment précis

Comment choisir ce que vous devez faire mercredi à 15 h 22 ? Pour répondre à cette question, vous pouvez appliquer les quatre critères suivants, dans l'ordre où ils sont donnés :

1. Contexte
2. Disponibilité
3. Niveau d'énergie
4. Priorité

Contexte. Certaines actions peuvent être exécutées n'importe où (rédiger quelques notes sur un projet, par exemple). D'autres, et ce sont les plus nombreuses, exigent que vous ayez certains outils à portée de la main (comme un téléphone ou un ordinateur). Ce sont les premiers facteurs qui dictent ce que vous avez la *capacité* de faire à un moment précis.

Disponibilité. Quand devez-vous faire une tâche *autre* que celle qui vous attend dans l'immédiat ? Si vous avez une réunion dans cinq minutes, il vous est impossible de faire quoi que ce soit qui demande plus que ce laps de temps.

Niveau d'énergie. Vous sentez-vous d'attaque ? Certaines actions exigent qu'on soit alerte et dynamique. D'autres nécessitent plutôt un effort physique. D'autres encore nécessitent peu d'énergie de l'une ou de l'autre nature.

Priorité. Compte tenu du contexte, de votre disponibilité et de votre niveau d'énergie, quelle sera l'action la plus profitable ? Vous êtes dans votre bureau, vous avez une heure devant vous, vous disposez d'un téléphone et d'un ordinateur et vous évaluez votre niveau d'énergie à 7,3 sur 10. Devez-vous rappeler votre client, travailler sur votre proposition, répondre à votre mail ou téléphoner à votre épouse pour lui dire bonjour ?

C'est à ce stade que vous devez faire appel à votre intuition et vous fier à votre jugement du moment. Pour explorer cette avenue, je vous propose deux modèles qui vous aideront à décider de ce qui est « le plus important » à faire.

2. Un modèle à trois volets pour évaluer le travail quotidien
Toute exécution de tâches et tout travail, en général, fait intervenir trois types d'activités différents :

- Exécuter des tâches prédéfinies
- Exécuter les tâches qui se présentent au fur et à mesure de la journée
- Définir votre travail

Exécuter des tâches prédéfinies. Quand vous effectuez des tâches prédéfinies, vous suivez en fait vos listes de « premières actions ». Vous exécutez des tâches que vous avez préalablement définies comme nécessaires et vous gérez le flux du travail. Vous passez les coups de fil que vous devez passer, vous notez les idées que vous voulez approfondir ou vous préparez la liste de questions que vous voulez poser à votre avocat.

Exécuter les tâches qui se présentent au fur et à mesure de la journée. Les imprévus sont chose courante au travail. Parfois il faut y réagir. Et parfois on choisit d'y réagir. Imaginons que votre associée passe dans votre bureau pour vous parler du lancement d'un nouveau produit. Vous engagez alors une conversation avec elle au lieu d'accomplir les innombrables petits travaux qui vous attendent. Vous ne pouvez éviter les situations inattendues. En y réagissant, toutefois, vous décidez « par défaut » qu'elles sont plus importantes que les tâches qu'il vous reste à exécuter.

Définir votre travail. Pour définir votre travail, vous devez classer le contenu de votre corbeille d'arrivée, de votre boîte de réception électronique et de votre boîte vocale, trier vos notes de réunions et fractionner les nouveaux projets en étapes activables. Il va de soi que, lorsque vous traiterez les arrivées, vous liquiderez certaines des actions qui demandent moins de deux minutes et que vous classerez diverses autres affaires (ce qui revient, dans ce cas aussi, à exécuter les tâches qui se présentent au fur et à mesure de la journée). Ces activités consistent en grande partie à définir les affaires qui doivent être réglées un jour, mais pas dans l'immédiat. Vous les ajouterez peu à peu à vos listes.

Une fois votre travail défini, vous pourrez considérer votre liste de choses à faire comme complète, et vous pourrez vous y fier. Selon le contexte, votre disponibilité et votre niveau d'énergie, vous pourrez également accomplir un certain nombre de petites tâches en suspens. Le facteur final dont il faut tenir compte est la nature du travail, ses objectifs et ses exigences.

3. Un modèle à six paliers pour définir la vraie nature de votre travail

Les priorités dictent vos choix, c'est vrai, mais la plupart des modèles conçus pour définir ces priorités ne sont pas assez fiables pour gérer le travail que vous avez à abattre au quotidien. Pour savoir quelles sont vos priorités, il faut connaître la nature de votre travail. Et celui-ci peut être défini selon (au moins) **six points de vue différents**. Pour reprendre l'image de la vue aérienne, le paysage de votre travail varie avec l'altitude.

- 50 000 pieds et plus : Plan de vie
- 40 000 pieds : Projections sur trois à cinq ans
- 30 000 pieds : Objectifs sur un à deux ans
- 20 000 pieds : Responsabilités courantes
- 10 000 pieds : Projets en cours
- Piste de décollage : Actions en cours

Reprenons ces paliers dans l'ordre inverse.

Piste de décollage – Actions en cours. Il s'agit ici de l'ensemble des actions que vous devez exécuter : coups de fil à passer, mails à envoyer, menues tâches à accomplir, plans à communiquer à votre patron ou à votre épouse. Même si le monde s'arrêtait de tourner et que personne ne vous demandait plus rien, il vous faudrait encore des centaines et des centaines d'heures pour accomplir tout cela.

10 000 pieds – Projets en cours. Les 30 à 100 projets que vous devez réaliser se décomposent en une multitude de petites actions.

Il s'agit de résultats que vous voulez obtenir à relativement court terme, comme l'installation d'un ordinateur chez vous, l'organisation d'un atelier de ventes, le déménagement dans un nouveau siège social ou la recherche d'un bon dentiste.

20 000 pieds – Responsabilités courantes. Vous créez ou acceptez un très grand nombre de projets du fait des responsabilités que vous assumez (et qui peuvent généralement être regroupées en dix à quinze catégories). Il s'agit des domaines névralgiques où vous vous devez d'exceller et de progresser. Votre poste crée des obligations (au moins implicites) dans des domaines comme la planification stratégique, le soutien administratif, le perfectionnement du personnel, l'étude de marché, le service à la clientèle ou la gestion de l'actif. Votre vie personnelle, quant à elle, peut être fractionnée en autant de domaines de responsabilité : santé, famille, finances, habitation, spiritualité, loisirs, etc. Le fait de répertorier et de passer en revue ces responsabilités vous dotera d'un cadre élargi pour évaluer votre inventaire de projets.

30 000 pieds – Objectifs sur un à deux ans. Les aspirations que vous voulez réaliser dans les divers domaines de votre vie professionnelle et personnelle dans une ou deux années donnent une nouvelle dimension à la définition de votre travail. Pour atteindre vos objectifs professionnels, vous devez souvent privilégier certaines fonctions plutôt que d'autres, ce qui vous amène du même coup à embrasser de nouveaux champs de responsabilité. Sur le plan personnel, vous en viendrez sans doute à accorder plus d'importance à certains aspects de votre vie qu'à d'autres.

40 000 pieds – Projections sur trois à cinq ans. En vous représentant votre situation dans trois à cinq ans, vous accéderez à des catégories de réflexion plus vastes : stratégies organisationnelles, tendances environnementales, changement de carrière et de style de vie, etc. Les facteurs reliés à votre propre vie comprennent notamment la carrière à long terme, la famille et les aspirations et éventualités financières. Les facteurs reliés au monde extérieur comprennent les changements qui pourraient toucher votre emploi ou votre entreprise, comme les nouvelles technologies, la mondialisation, les tendances du marché et la concurrence. Les décisions que vous prenez à cette altitude peuvent très bien changer la perception que vous avez de votre travail à de multiples niveaux.

50 000 pieds et plus – Plan de vie. C'est la vision d'ensemble que vous avez du monde et de la vie. Pourquoi mon entreprise existe-elle ? Pourquoi est ce que j'existe, *moi* ? La meilleure définition que l'on puisse trouver de la fonction, du « travail » de toute chose, c'est sa raison d'être. Tous les buts, objectifs, projets, visions, projets et actions en découlent et y ramènent.

Cette analogie avec l'altitude est quelque peu arbitraire. Il est bien évident que les questions que vous vous poserez à propos de vos aspirations et de vos priorités ne concorderont pas toujours avec ces catégories. Celles-ci vous permettront néanmoins de prendre conscience de la nature multiple de votre travail, et des tâches et obligations qui en découlent.

Il va de soi que vous devez prendre en considération un certain nombre de facteurs avant de décider en toute confiance de ce que vous ferez, et du moment où vous le ferez. Il est certes nécessaire de se concentrer sur vos valeurs et vos objectifs à long terme – voilà l'établissement des priorités, selon la définition traditionnelle du terme. Mais cela ne vous fournira pas un cadre de travail concret pour gérer vos décisions et actions de tous les jours.

La gestion du flux de votre travail constitue un moyen beaucoup plus holistique d'accomplir les choses à faire et d'en être satisfait.

La deuxième partie de ce livre explique comment appliquer ces trois modèles pour bien choisir les actions à exécuter. Elle présente également des pratiques exemplaires en matière de collecte, de traitement, de planification, d'organisation et d'examen.

3

Mettre en route des projets : les étapes de la planification de projet

POUR ATTEINDRE UN ÉTAT de « contrôle dans la détente », il faut compter sur deux éléments clés :

1. des résultats clairement définis (projets) et, pour s'en rapprocher, des premières actions ;
2. des rappels (aide-mémoire) intégrés à un système fiable qui sera revu régulièrement.

C'est là ce que j'appelle l'approche horizontale. Bien appliqué, ce processus apparemment très simple peut donner des résultats saisissants.

Améliorer l'approche verticale

L'approche horizontale suffit dans la plupart des cas. Mais il faut parfois une approche plus ciblée, plus rigoureuse pour canaliser un projet, trouver une solution ou valider un plan d'action. C'est alors qu'intervient l'approche verticale.

Le but, c'est d'arrêter de penser constamment à des projets ou des situations, mais pas de laisser s'échapper des idées qui pourraient vous être utiles.

Cette approche, qui n'a rien de particulièrement élaboré ou formel, fait souvent appel à la spontanéité. Pensez aux petites notes que vous griffonnez au dos d'une enveloppe lorsque vous discutez d'un projet avec un collègue au café du coin. D'après mon expérience, c'est là un des moyens de planification les plus fructueux qui soient. Les avantages que vous pouvez en retirer sont énormes par rapport à l'énergie que vous y mettez. Certes, vous devrez de temps en temps adopter une approche plus structurée pour clarifier certaines questions. Il est vrai aussi que vous devrez parfois avoir des lignes directrices plus détaillées pour coordonner des situations complexes (dans le cas, par exemple, où plusieurs équipes se chargent de volets différents d'un même projet). De manière générale, toutefois, vous pouvez être assez créatif avec le simple dos d'une enveloppe et un stylo.

Ce ne sont pas les modèles formels qui manquent dans la conduite des projets professionnels. Habituellement, les gens qui ont besoin de tels modèles en disposent déjà. Sinon, ils pourront se tourner vers des programmes de perfectionnement ou des cours universitaires. Ce qui fait le plus défaut, selon moi, ce sont des modèles simples qui puissent s'appliquer à notre quotidien. Car il nous faut tous des moyens de valider et d'encadrer nos idées, même les plus informelles. Bien qu'elles soient indéniablement utiles, les rencontres de planification formelle et les outils de planification perfectionnés (comme les logiciels de gestion de projets) exigent souvent une *autre* réunion des participants, au cours de laquelle ils auront besoin cette fois du dos d'une enveloppe pour régler des questions concrètes. De plus, les réunions formelles tendent à passer sous silence au moins un enjeu essentiel, à savoir la raison pour laquelle le projet a été entrepris au départ. Elles ne donnent pas non plus suffisamment de temps pour brasser des idées (*brainstorming*). Enfin, au cours des réunions, il est rare qu'on définisse avec rigueur les actions et les responsabilités afférentes aux différentes facettes du projet planifié.

Fort heureusement, il existe un moyen productif d'aborder diverses entreprises, situations et questions. Et il permet d'obtenir une performance optimale avec un minimum de temps et d'efforts. Il se trouve que c'est notre manière *naturelle* de penser et de planifier, même si ce n'est pas forcément notre manière *habituelle* de le faire.

Selon moi, les gens se débarrasseront d'une grande partie de leur stress et obtiendront aussi de meilleurs résultats en planifiant leur travail de manière plus informelle et plus naturelle.

Le modèle de planification naturelle

Vous connaissez déjà le planificateur le plus créatif et le plus brillant du monde : votre cerveau. Vous êtes vous-même une admirable machine à planifier. Vous planifiez tous les gestes de votre vie quand vous vous habillez, quand vous déjeunez, quand vous faites vos courses ou tout simplement quand vous parlez. Ce processus n'est pas aussi aléatoire qu'il le paraît, car votre cerveau doit passer par une série d'étapes plutôt complexes avant de déclencher une action physique. Celui-ci doit en effet franchir cinq étapes pour accomplir à peu près toutes les tâches :

Le planificateur le plus compétent du monde est votre cerveau.

1. définir la raison et les principes ;
2. se représenter les résultats ;
3. faire du brainstorming ;
4. s'organiser ;
5. déterminer les premières actions à exécuter.

Un exemple simple : planifier une sortie au restaurant

Vous allez au restaurant. Qu'est-ce qui, au départ, vous pousse à y aller ? Il peut y avoir de multiples raisons : vous avez faim, vous avez un rendez-vous galant, ou vous devez rejoindre des amis, fêter un anniversaire ou rencontrer un client. Aussitôt que l'une de ces raisons a suscité en vous la volonté d'aller au restaurant, vous commencez à planifier votre sortie. Votre intention, qui est le *but* de votre action, a déclenché automatiquement le processus de planification. Les *principes* ont délimité votre planification. Votre pensée ne portait pas sur vos principes, mais s'articulait autour d'eux. La qualité de la cuisine, l'excellence du service, les prix, la commodité, le confort : tous ces facteurs peuvent faire partie de vos principes. Votre but a mis en branle votre planification, et vos principes en ont tracé les limites.

Une fois que vous avez décidé d'atteindre votre but, quelles ont été les premières idées importantes que vous avez eues ? Certainement pas le point IIA. 3.b de votre plan ! Il est beaucoup plus probable que vous vous soyez demandé où vous vouliez aller (« la terrasse d'un bistrot ? »), et ce que vous vouliez manger (« cuisine italienne ? »). Vous vous êtes peut-être représenté le dénouement possible de la soirée. Toutes sortes d'images plaisantes ont pu vous passer par la tête. Dans ce cas, vous avez *visualisé le résultat* de votre action. Alors que le but concernait le pourquoi de votre sortie, votre vision concernait le quoi, c'est-à-dire le monde extérieur, les images, les sons et les sensations qui concorderaient le plus avec votre intention.

Une fois que vous vous êtes identifié à cette vision, qu'est-ce que votre esprit s'est mis à faire ? Quelles sont les premières pensées que vous avez eues ? Sans doute celles-ci : « À quelle heure devrais-je y aller ? », « Est-ce que le restaurant est ouvert ce soir ? », « Est-ce qu'il sera plein ? », « Quel temps fait-il ? », « Est-ce que je dois me changer ? », « Est-ce que j'ai assez d'essence dans ma voiture ? », etc. Vous êtes parvenu à l'étape du *brainstorming*, ce processus créatif qui s'enclenche lorsque vous visualisez un résultat qui ne s'est pas encore concrétisé. Votre cerveau s'est arrêté à l'écart entre le résultat anticipé et la situation réelle et a tenté de résoudre cette « dissonance cognitive » en remplissant les vides. Remarquez que toutes ces pensées se sont enchaînées de manière aléatoire et spontanée. Vous n'aviez nul besoin de les noter sur une feuille de papier, car votre esprit s'est chargé de gérer tout le processus.

Dès que vous avez réuni une quantité suffisante d'idées, vous avez été spontanément porté à les *organiser*. Vous vous êtes dit : « Vérifions d'abord si le restaurant est ouvert » ou encore « Appelons les Dupont pour leur demander s'ils veulent se joindre à nous. » Une fois qu'il a produit diverses idées liées au résultat à atteindre, votre esprit s'est mis automatiquement à les trier par composantes (sous-projets), priorités et séquences. Exemple de composantes : « Je dois m'occuper de la logistique, des personnes qui vont venir, de l'endroit où nous allons aller. » Exemple de priorités : « Il faut que je sache si le client a vraiment envie d'aller au restaurant. » Exemple de séquences : « Je dois vérifier si le restaurant est ouvert, puis appeler les Dupont et m'habiller. »

En dernier lieu, vous vous intéressez à la *première action* à poser pour faire aboutir la première composante : « Appelons Suzanne pour savoir si le restaurant est ouvert et faisons les réservations. »

Ces cinq étapes de la planification de projet interviennent naturellement dans tout ce que vous entreprenez durant la journée. C'est ainsi que vous créez des événements : un dîner, une bonne soirée, un nouveau produit, une nouvelle compagnie… Vous désirez réaliser un projet, vous vous représentez le résultat, vous recueillez les idées qui pourront vous servir, vous les structurez et vous déterminez l'action physique nécessaire pour transformer le projet en réalité. Et vous faites tout cela naturellement, sans y prêter beaucoup d'attention.

La planification naturelle n'est pas forcément la planification habituelle

Pourquoi ne pas envisager un succès absolu ?

Le processus que nous venons de décrire correspond-il à celui que suivrait un comité de planification ? Est-ce ainsi que vous organiseriez un mariage ou que vous envisageriez une fusion d'entreprises ?

Quel que soit le projet en cause, en avez-vous défini le but ? En avez-vous fait part à toutes les personnes intéressées ? Avez-vous décidé des comportements et des normes à adopter pour faire aboutir le projet ?

Vous êtes-vous représenté la réussite de ce projet – et tout ce qui en découlerait ?

Avez-vous dégagé toutes les idées qui puissent s'appliquer au projet, voire en déterminer le résultat ?

Avez-vous cerné les composantes les plus importantes, les jalons marquants et les résultats stratégiques ?

Avez-vous isolé tous les éléments du projet qui peuvent être exécutés immédiatement, défini la première action à poser pour chacun d'eux et établi qui en sera responsable ?

Comme la grande majorité des gens que je conseille, vous répondrez probablement par la négative à la presque totalité de ces questions : vous aurez omis au moins quelques étapes du processus de planification naturelle.

Dans le cadre de mes séminaires, je demande aux participants de planifier l'un de leurs projets stratégiques en cours à partir de ces modèles. En quelques minutes, ils viennent à bout de toutes les cinq étapes et constatent avec étonnement qu'ils ont progressé infiniment plus rapidement qu'ils ne l'avaient fait jusqu'alors. « Je ne sais pas si je dois vous remercier ou vous arracher les cheveux, m'a déclaré l'un de ces cadres à l'issue d'un séminaire. Je viens de finir un plan d'affaires que je remettais depuis longtemps parce que je croyais qu'il allait me prendre plusieurs mois, et maintenant je n'ai plus aucune raison de le retarder ! »

Rien ne vous empêche de faire le même exercice tout de suite. Choisissez un projet que vous devez lancer, qui n'avance pas ou que vous devez simplement améliorer. Pensez au but de cette entreprise. Visualisez le dénouement positif qu'elle pourrait avoir : quel effet aura-t-il sur votre environnement physique, votre situation financière, votre réputation ? Brassez vos idées. Organisez-les. Décidez des premières actions à exécuter. Avez-vous une idée plus claire de votre objectif et de la manière dont vous allez l'atteindre ?

Le modèle de planification artificielle

Pourquoi se servir du modèle de planification pour gérer des questions complexes ? Eh bien, comparons-le aux modèles dits « normaux » que l'on adopte dans la plupart des entreprises, et que je définirais plutôt comme « artificiels ».

Quand une bonne idée ne l'est pas vraiment…

Il vous est sans doute arrivé de voir un gestionnaire bien intentionné amorcer une réunion en lançant : « Alors, qui a une bonne idée ? »

> Si vous censurez vos idées sous prétexte qu'elles ne sont pas excellentes, vous n'en trouverez pas beaucoup.

Sur quoi repose une telle question ? Avant de juger de ce qu'est une « bonne idée », il faut avoir clarifié la raison d'être du projet, défini la vision que l'on en a, dégagé les idées qui s'y rapportent (brainstorming) et analysé nos données (organisation). La question n'est pas totalement mauvaise, certes, mais elle n'est pertinente qu'en fin de parcours.

Il est difficile d'aborder une situation sous un angle qui n'est pas celui qu'adopte naturellement notre esprit. Et pourtant, la plupart des gens s'acharnent à le faire, et il en résulte presque inévitablement stress et confusion. Sur le plan relationnel, cette attitude ouvre la voie à la guerre des ego et aux manœuvres de coulisse. Sur le plan individuel, elle inhibe très souvent la créativité.

C'est la faute de l'institutrice

Comme la plupart des individus, votre première expérience officielle de la planification et de l'organisation proactives remonte probablement à l'école primaire. Vous en avez eu d'autres après, bien sûr, mais celle-là était sans doute la plus déterminante.

> Résumer un rapport, oui, mais à condition d'avoir déjà rédigé ce rapport.

Quand j'étais à l'école primaire, mon institutrice avait entrepris de nous apprendre à structurer notre pensée. Nous devions apprendre à rédiger des rapports. Mais pour ce faire, disait-elle, il fallait d'abord écrire un résumé !

Vous avez probablement vécu vous aussi l'expérience atroce du résumé préliminaire. Comme moi, vous avez sans doute longuement fixé une page blanche avant de conclure que la planification anticipée n'était pas votre fort.

J'ai fini par apprendre à faire des résumés. (Mais il me fallait bien sûr écrire le rapport avant.)

C'est malheureusement l'idée de la planification que nous inculque très souvent notre système d'éducation. Il m'arrive encore de voir des gens faire des résumés – rédigés a posteriori, évidemment – dans le seul but de plaire à leur patron. Dans l'univers de l'entreprise, ces documents sont souvent coiffés d'un titre comme « Buts » ou « Objectifs ». N'empêche qu'ils n'ont presque aucun rapport avec les aspirations et le travail réels de leurs auteurs. C'est peut-être pourquoi ils échouent généralement au fond d'un tiroir.

Le modèle de planification réactive

La plupart des gens associent la planification au modèle artificiel que je viens de décrire. Or, comme ce modèle est souvent étranger au monde véritable du travail, ils finissent par ne rien planifier du tout – ou plutôt ils ne le font qu'à la dernière minute.

Mais il y a problème : que se passe-t-il quand vous ne planifiez pas les choses à l'avance ? Vous aboutissez dans la plupart des cas à une situation de crise… Les événements se précipitent (exemple : « Tu n'as pas réservé les billets ? Je croyais que tu t'en chargeais ! »). Et quand l'urgence se fait vraiment sentir, le modèle de planification réactive se met en branle.

Quelle devient alors la première priorité ? *L'action* ! Travailler plus fort. Faire des heures supplémentaires. Appeler du personnel à la rescousse. Courir. Tout le monde, ou presque, est plongé dans le stress.

Mais ce n'est pas en mobilisant toutes sortes de gens affairés qu'on peut régler la situation. Quelqu'un finit par dire : « Nous devons nous *organiser* ! » (Vous voyez où je veux en venir ?) L'équipe se met alors à formuler le problème et à en définir les parties. Ou bien elle reformule le problème et en redéfinit les parties.

Au bout de quelque temps, on s'aperçoit que cela ne fait pas vraiment avancer la situation. Quelqu'un d'autre déclare alors qu'il faut être plus créatif. « Nous devons faire du *brainstorming* », dit-il. Le patron réunit tous les participants et pose la question magique :

« Alors, qui a une bonne idée ? »

Comme la situation n'avance toujours pas, le patron suppose qu'il a épuisé toutes les ressources créatives de son équipe. Il ne reste plus qu'à engager un consultant ! Si celui-ci fait bien son travail, il finira par poser la question qui s'impose : « Qu'est-ce que vous essayez de réaliser, au juste ? »

Le modèle de planification réactive est l'exact *opposé* du modèle de planification naturelle. Il ramène toujours à une approche descendante. Il ne fait aucun doute que le modèle de planification naturelle finira par être adopté. La question est de savoir quand et à quel prix.

Les techniques de planification naturelle : les cinq étapes

Comment tirer parti de la tendance naturelle de notre esprit à planifier ? Comment exploiter ce modèle pour améliorer nos résultats et notre démarche ?

Examinons les cinq étapes de la planification naturelle et demandons-nous comment nous pouvons les optimiser.

Étape 1 : *l'intention*

Si nous n'avons pas une idée parfaitement claire de l'objet d'un jeu, nous n'avons aucune chance de gagner.

Il est toujours bénéfique de se demander pourquoi nous faisons les choses, et même de fouiller cette question à fond. Pourquoi allez-vous à votre prochaine réunion ? Quel est le but de votre mandat ? Pourquoi invitez-vous des amis à un barbecue ? Pourquoi engagez-vous un directeur du marketing ? Pourquoi avez-vous un budget ? Je l'admets : ce que j'avance relève du sens commun. Le fait de connaître le but de nos activités est l'une des conditions fondamentales de la perspicacité, de la créativité et de la coopération. Malheureusement, nous ne faisons pas appel au sens commun aussi communément qu'on pourrait le croire. Bien souvent, nous nous enfermons dans des structures que nous avons nous-mêmes érigées, et ce au point d'oublier leur raison d'être.

Les milliers d'heures que j'ai passées avec mes clients m'ont appris que la question du « pourquoi » ne peut pas être éludée. Quand untel se plaint d'avoir trop de réunions, je lui demande : « Quel est le but de ces réunions ? » Quand un autre me demande quelles personnes inviter à une rencontre de planification, je réponds : « Quel est l'objet de la rencontre ? » Tant que le client n'a pas réponse à mes questions, je n'ai pas réponse aux siennes.

L'importance du questionnement sur le pourquoi

Le questionnement sur le pourquoi présente de nombreux avantages. En voici certains :

- Le pourquoi définit le succès.
- Le pourquoi dicte la prise de décision.
- Le pourquoi dicte l'utilisation des ressources.
- Le pourquoi est un facteur de motivation.
- Le pourquoi clarifie la vision d'ensemble.
- Le pourquoi élargit les options.

Le pourquoi définit le succès. Les gens aiment « gagner ». À tout le moins, ils veulent en avoir la chance. Or, si nous n'avons pas une idée parfaitement claire de l'objet du jeu, nous n'avons aucune possibilité de gagner. Le pourquoi, c'est le point de référence primordial de toute activité à laquelle nous consacrons temps et énergie, qu'il s'agisse d'une campagne électorale ou de la simple conception d'un formulaire.

Vous ne pourrez jamais être satisfait d'une réunion du personnel si vous ignorez l'objet de la réunion. Et vous aurez tout intérêt à savoir pourquoi vous avez congédié votre VP du marketing ou engagé une nouvelle directrice des finances quand votre conseil d'administration vous le demandera. Vous ne saurez pas non plus si votre plan d'affaires marchera tant que vous ne l'aurez pas mesuré au critère de succès qui découle de la question : « Pourquoi avons-nous besoin d'un plan d'affaires ? »

Le pourquoi dicte la prise de décision. Comment décider s'il vous faut une coûteuse brochure à cinq couleurs si deux couleurs suffiraient ? Comment décider s'il vaut la peine d'engager un spécialiste réputé pour concevoir votre site Web ?

Bien souvent, la seule façon de prendre une décision ardue, c'est de se rappeler ses objectifs.

Tout revient au pourquoi. Ces investissements sont-ils nécessaires à l'atteinte de votre but ? Il vous sera impossible de le savoir tant que vous n'aurez pas clarifié votre objectif.

Le pourquoi dicte l'utilisation des ressources. Quelle part les dépenses de dotation en personnel doivent-elles occuper dans le budget de l'entreprise ? Comment gérer le budget de trésorerie afin d'optimiser votre viabilité comme détaillant ? À l'occasion du prochain congrès, faut-il consacrer plus d'argent au buffet ou aux cachets des conférenciers ?

Dans tous les cas, la réponse dépend de l'objectif visé. Elle dépend du *pourquoi.*

Le pourquoi est un facteur de motivation. C'est l'évidence même : s'il n'existe pas de bonne *raison* de faire quelque chose, il est inutile de le faire. Je m'étonne toujours du nombre inouï de gens qui oublient *pourquoi* ils font ce qu'ils font, et plus encore de la rapidité avec laquelle ils reviennent à la réalité quand je leur demande : « Mais qu'est-ce vous essayez vraiment de faire, là ? »

Le pourquoi clarifie la vision d'ensemble. Il suffit de dégager le but d'une entreprise pour l'envisager plus clairement. Et si vous notez cet objectif (ce qui ne prend que quelques minutes), vous préciserez d'autant votre pensée.

Le pourquoi élargit les options. En sachant exactement pourquoi nous entreprenons quelque chose (conférence, fête du personnel, élimination d'un poste, fusion…), nous envisageons du même coup de nouvelles idées pour atteindre le résultat voulu. Les participants de mes séminaires m'affirment souvent qu'une bouffée d'air frais

Savoir pourquoi, c'est s'épargner beaucoup de travail inutile.

envahit leur esprit et clarifie leur vision après qu'ils ont formulé sur papier la raison d'être de leur projet.

Votre but est-il défini de façon suffisamment précise ? Si oui, c'est que vous avez tiré tous les avantages d'une focalisation sur le pourquoi : motivation, clarté, meilleur processus décisionnel, bonne répartition des ressources et créativité. Il faut noter ici que de nombreux « énoncés d'objectifs » sont trop vagues pour donner ces résultats. Vouloir « mettre sur pied un bon service », par exemple, c'est se fixer un objectif un peu insaisissable. Car qu'est-ce au juste qu'un « bon service » ? Une équipe motivée, toujours prête à collaborer et à prendre des initiatives ? Un service qui ne dépasse pas les limites de budget ? En d'autres termes, si vous ne savez pas vraiment si vous vous rapprochez de votre objectif ou si vous en déviez, vous naviguez sans compas. Ce qu'il vous faut, donc, ce sont des repères vous indiquant quand vous vous éloignez de votre but.

Les principes

Les valeurs et normes personnelles jouent un rôle d'égale importance dans la conduite d'un projet. Il est facile d'oublier à quel point elles influent sur nous… jusqu'à ce que nous les enfreignions. Nous nous découvrons alors distraits, stressés et moins productifs qu'à l'ordinaire.

Il existe une manière très efficace de mettre le doigt sur vos principes. Il suffit de compléter la phrase suivante : « Je donnerais entièrement le feu vert à l'équipe, à condition que… » Que quoi ? À condition qu'elle ne dépasse pas les limites de budget ? Qu'elle satisfasse le client ? Qu'elle travaille dans un esprit de saine collaboration ? Bref, quelles normes implicites ou explicites votre équipe doit-elle respecter ?

Quand votre entourage adopte ou autorise des comportements contraires à vos normes, votre stress risque de s'aggraver. Si vous n'avez jamais connu une telle situation, vous êtes sans doute béni des dieux. Dans le cas contraire, il serait bon de vous interroger sur vos principes et de les clarifier. Vous pourriez commencer par vous poser la question suivante : « Quels sont les comportements qui minent mes efforts et comment puis-je les prévenir ? » Ce sera un très bon point de départ.

Autre raison de définir vos principes : établir des repères précis en matière de performance personnelle. Comment voulez-vous ou devez-vous travailler avec les autres sur un projet donné pour en assurer la réussite ? Quelle manière d'agir vous permet de donner le meilleur de vous-même ?

Alors que l'intention détermine la nature et l'orientation du projet, les principes définissent les critères relatifs aux actions et aux comportements à privilégier.

Étape 2 : la vision et le résultat

Pour tirer profit de l'ensemble de vos ressources conscientes et inconscientes, vous devez pouvoir vous représenter tous les aspects du succès. À quoi ressemblerait un projet réussi ? Quelle en serait la forme finale ? Quelles en seraient les retombées ? L'intention et les principes procurent l'élan et l'encadrement. La vision, elle, fournit une « avant-première » de la réalisation. Le « quoi » succède au « pourquoi ».

Voici quelques exemples de dénouements positifs.

- La part de marché a augmenté de 2% dans le secteur Nord par rapport à l'année dernière.
- Votre fille a une idée claire des résultats qu'elle veut atteindre à la fin de son premier semestre universitaire.

Le pouvoir de la focalisation

Depuis les années 1960, on a publié des milliers de livres sur l'imagerie positive et la focalisation. La focalisation « projective » est même devenue partie intégrante de l'entraînement des grands athlètes. La visualisation de l'effort physique, de l'énergie positive et de la réussite aide les athlètes à mobiliser toutes leurs ressources inconscientes pour améliorer leur performance.

On sait que le degré d'attention que nous prêtons à quelque chose influe sur nos perceptions et notre performance. Cela vaut tant pour une partie de golf que pour une réunion de service. Ce que je vous propose, c'est un modèle de focalisation non seulement dynamique et pratique, mais particulièrement adapté à la conceptualisation d'un projet.

Quand vous vous concentrez sur un sujet, une multitude d'idées et de réflexions vous viennent à l'esprit. Or, on constate une réaction physiologique à ces représentations mentales – c'est comme si l'image devenait réalité.

Le système réticulaire activateur. La découverte de la formation réticulaire a été relatée dans le numéro de mai 1957 du *Scientific American*. La formation réticulaire, qui est située à la base du cerveau, est en gros la porte d'entrée de la perception consciente. C'est le commutateur qui active ou non notre perception des idées et des faits. C'est le mécanisme qui nous permet de dormir malgré les bruits environnants, mais qui nous réveille dès que notre bébé émet le moindre grognement.

Notre cerveau est doté d'une fonction de filtrage bien supérieure à celle des systèmes de messagerie électronique, par exemple. Il accorde une priorité perceptive aux choses qui correspondent à nos centres d'intérêt ou auxquelles nous nous identifions. C'est ainsi que nous remarquons en premier lieu ce qui cadre avec nos convictions personnelles et les situations qui nous sont familières. Si vous êtes optométriste, par exemple, vous aurez tendance à détecter les personnes qui portent des lunettes au milieu d'une foule grouillante. Si vous êtes entrepreneur en bâtiment, vous relèverez tous les détails structuraux d'une pièce. Faites-en l'expérience. Concentrez-vous sur la couleur rouge et regardez ensuite autour de vous. Vous remarquerez la moindre nuance de rouge, pour peu qu'il y en ait.

Les conséquences de ce phénomène sur notre travail (c'est-à-dire la manière dont nous nous rendons inconsciemment conscients de l'information) pourraient facilement nourrir les débats d'une société savante. Mais résumons : il se passe automatiquement quelque chose d'extraordinaire quand vous vous représentez clairement les résultats que vous voulez obtenir et que vous vous concentrez sur eux.

La clarification des résultats

Un principe simple, mais profond, se dégage du mécanisme des filtres perceptifs : nous ne saurons pas comment faire les choses tant que nous ne nous imaginons pas en train de les faire.

> Il faut souvent visualiser un résultat avant de lui donner une forme concrète.

Il est facile de visualiser le résultat d'une action qui nous est familière. Il est plus difficile de se représenter une réussite en terrain inconnu. En effet, nous n'avons alors aucun point de comparaison nous permettant de visualiser un tel résultat. Et nous ne savons pas trop si nous sommes capables de l'atteindre.

Beaucoup de gens n'oseront même pas se représenter un bon résultat tant qu'on ne leur aura pas indiqué *comment y arriver*. C'est malheureusement le processus inverse de celui que suit notre esprit pour produire et reconnaître des solutions.

Dans le travail du savoir, l'une des aptitudes les plus puissantes (et l'un des instruments les plus importants de développement et de perfectionnement) est la capacité de clarifier les résultats voulus. Cette démarche n'est pas aussi évidente qu'elle en a l'air. Nous devons constamment définir (et redéfinir) les résultats que nous visons sur divers fronts, et redistribuer tout aussi constamment les ressources nécessaires à la réalisation efficiente de ces résultats.

À quoi ressemblera votre projet quand il sera achevé ? Que cherchez-vous à susciter chez votre client ? Que souhaitez-vous qu'il sache et fasse après votre présentation ? Où en sera votre carrière dans trois ans ? Qu'attendez-vous du VP des finances idéal ? Quel aspect concret aura le site Web que vous désirez ? Quelles fonctionnalités devra-t-il avoir ?

Pour concrétiser votre vision d'un projet, vous pouvez vous contenter d'un simple énoncé de projet (« Achever la mise en œuvre du système informatique », par exemple). Vous pouvez aussi élaborer un script détaillé décrivant image par image la scène glorieuse du succès. Voici les trois étapes de base à suivre pour vous doter d'une vision.

1. Percevoir le projet au-delà de sa date d'achèvement.
2. Envisager un succès ABSOLU. (Oublier tous les « oui, mais… »)

3. Noter toutes les caractéristiques et qualités du projet telles que vous les imaginez.

Quand je leur demande de créer un tel scénario, mes clients sont souvent saisis d'enthousiasme face à leur projet, surtout quand ils y remarquent un aspect unique ou positif qui leur avait échappé jusqu'alors. Pourquoi ne pas commencer par vous dire : « Ce serait merveilleux si… » ? C'est un point de départ tout à fait acceptable, du moins tant que vous n'êtes pas encore en quête de solutions…

Étape 3 : le brainstorming

Pour remplir les cases manquantes, notre esprit suit un ordre assez aléatoire.

Une fois que vous savez quel résultat vous voulez atteindre, et *pourquoi* vous voulez l'atteindre, le « comment » entre en jeu. Comme la situation que vous vous représentez diffère de la situation réelle, votre esprit se met automatiquement à combler le fossé et à remplir les vides. C'est l'étape du brainstorming. Les idées jaillissent pêle-mêle, petites ou grandes, bonnes ou moins bonnes. Ce processus interne et silencieux permet de gérer bien des situations. Supposons, par exemple, que votre patron vous convoque. Pendant que vous vous rendez à son bureau, vous formulez mentalement ce que vous allez lui dire. Dans certains cas, toutefois, le fait de coucher vos idées sur papier ou de les consigner dans un quelconque système externe peut stimuler remarquablement votre réflexion.

Capter vos idées

Depuis une dizaine d'années, on a mis au point plusieurs techniques de brainstorming centrées sur la représentation graphique : schématisation conceptuelle, carte topologique, modélisation, construction en réseau, *fish-boning*… Bien que leur nom et leur description varient selon les auteurs, ces diverses techniques reposent sur le même principe de base. Il s'agit de vous autoriser à capter et à exprimer *toutes* vos idées, puis à déterminer comment elles peuvent être agencées et, finalement, concrétisées.

Le *mind-mapping* (schématisation conceptuelle) est la plus répandue de ces techniques. Cette expression (qui signifie littéralement « cartographie de la pensée ») a été forgée par le chercheur britannique Tony Buzan, qui étudiait le fonctionnement du cerveau et souhaitait présenter le processus de brassage d'idées sous forme graphique. En schématisation conceptuelle, l'idée de départ figure au centre de la page, et toutes les idées qui s'y associent sont disposées en ramifications plus ou moins structurées. Si vous devez changer de bureau, par exemple, vous devez penser à réinstaller les ordinateurs, changer votre carte de visite professionnelle, connecter les appareils, déplacer les téléphones, épurer vos dossiers, empaqueter vos affaires, etc. Converties en schéma graphique, vos idées pourront prendre la forme suivante :

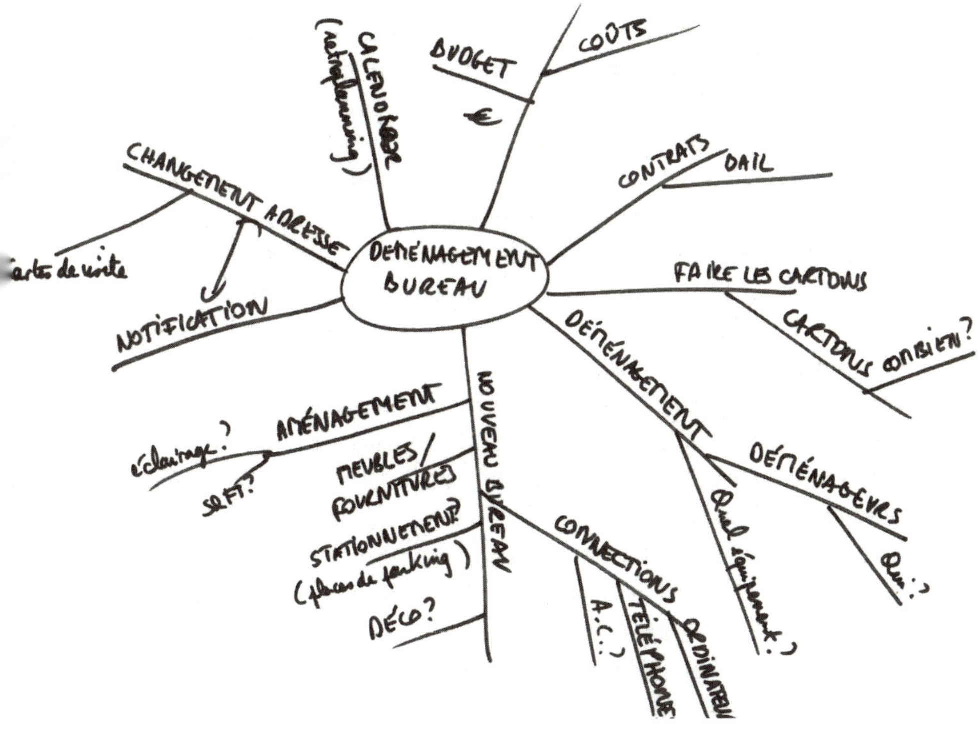

On peut créer ce type de schéma à l'aide de Post-it collés à un tableau. On peut aussi entrer ces données sur ordinateur, notamment à l'aide d'un logiciel de traitement de texte.

La cognition distribuée

Ce qu'il y a d'extraordinaire dans le brainstorming enregistré sur un support externe, c'est qu'il permet non seulement de capter vos idées de départ, mais aussi d'en produire de nombreuses autres qui ne vous seraient sans doute jamais venues à l'esprit sans ce support qui accueille et vous renvoie continuellement vos pensées. C'est comme si votre cerveau vous disait : « Bon, je ne veux pas te surcharger, alors je te donnerai seulement le nombre d'idées que tu sais gérer efficacement. Si tu ne les recueilles pas au moyen d'un système fiable, ce nombre sera restreint. Si, en revanche, tu objectives ces idées d'une manière ou d'une autre (ne serait-ce qu'en les notant pour les évaluer plus tard), je t'en fournirai bien d'autres. Alors tiens, en voilà. Et mince ! Ça vient de me donner une nouvelle idée. Et une autre. » Et ainsi de suite.

Certains psychologues donnent à ce processus le nom de « cognition distribuée ». Il s'agit de sortir vos idées de votre tête, de leur donner une forme concrète afin que vous puissiez les revoir. Mon professeur d'anglais ne connaissait peut-être pas la théorie, mais il m'en a très bien expliqué les fondements. « David, me disait-il, tu vas bientôt entrer au collège et tu devras rédiger des travaux. Écris toutes tes notes et tes citations sur des petites cartes quadrillées bien séparées les unes des autres. Au moment d'organiser tes idées, étale toutes les cartes devant toi, comprends la structure et essaie de trouver ce qui manque. » Il m'expliquait en fait un aspect essentiel du modèle de planification naturelle !

Sans structure, outil ou catalyseur objectif, nous pouvons rarement nous concentrer sur un sujet plus de quelques minutes. Choisissez l'un de vos grands projets en cours et essayez de ne penser à rien d'autre pendant plus de soixante secondes. Il vous sera assez difficile de le faire si vous n'avez pas un stylo et un papier en main et que vous n'utilisez pas ces « artefacts cognitifs » pour ancrer vos idées. Avec de tels outils, au contraire, vous pourrez vous concentrer sur le sujet pendant plusieurs heures. Voilà pourquoi votre raisonnement s'affine quand vous travaillez sur un projet par ordinateur, que vous en faites un schéma conceptuel sur un bout de papier, ou tout simplement quand vous en parlez avec d'autres personnes au bureau. Dans ce dernier cas, l'idéal serait de disposer d'une salle de réunion, d'un grand tableau et de marqueurs.

Les principes du brainstorming

Il existe de nombreuses techniques pour faciliter le brainstorming et l'éclosion de nouvelles idées. Aussi diverses qu'elles soient, elles reposent toutes sur des principes de base que l'on peut résumer ainsi :

- S'abstenir de juger, de contester, d'évaluer ou de critiquer ;
- Préférer la quantité à la qualité ;
- Mettre en veilleuse l'analyse et l'organisation.

Pour savoir ce qu'est un projet, il est très utile de savoir ce qu'il n'est pas.

S'abstenir de juger, de contester, d'évaluer ou de critiquer. L'affreux modèle de planification artificielle, qui peut très facilement ressurgir durant le brainstorming, peut pousser les participants à formuler des critiques ou des jugements prématurés. Si vous vous arrêtez le moindrement à une critique, vous censurerez la libre expression de vos idées, car vous chercherez à dire la chose qu'il « faut » dire. La focalisation du brainstorming sur un sujet précis ne doit pas étouffer le processus créatif.

Il est également important que le brainstorming soit replacé dans le contexte global du processus de planification. En effet, si vous n'y voyez qu'un exercice gratuit, la démarche vous semblera oiseuse. En revanche, si vous la considérez comme un processus ponctuel menant à une prise de décision, vous en reconnaîtrez plus facilement les avantages.

Il n'est pas question, bien sûr, de taire votre esprit critique. Mais vous pouvez décider (sagement) d'exprimer certaines de vos réserves dans un contexte plus approprié.

Préférer la quantité à la qualité. En privilégiant la quantité, on n'impose aucune limite à la pensée. Et pour avoir des bonnes idées, il faut avant tout avoir des idées. Souvent, aussi, on ne se rendra compte qu'une idée est excellente qu'après-coup. Imaginez-vous dans une grande surface : devant la profusion de produits offerts, vous êtes certain de pouvoir trouver ce qu'il vous faut. La même logique prévaut durant l'élaboration d'un projet. Plus les idées sont nombreuses, plus vous multipliez vos possibilités de faire des choix dont vous serez satisfait.

Mettre en veilleuse l'analyse et l'organisation. L'analyse, l'évaluation et la structuration de vos idées occupent une place aussi importante que la pensée créative. À l'étape du brainstorming toutefois, elles ne doivent pas prédominer.

Le simple fait de rédiger une liste peut être un acte créatif. Une liste peut vous donner une idée des exigences d'un client ou des composantes d'un plan d'affaires, par exemple. Mais ne vous arrêtez pas au dépouillement et à l'organisation des éléments, au risque de sauter à l'étape suivante.

Étape 4 : l'organisation

Si vous avez évacué de votre esprit toutes les idées qui vous sont venues au stade du brainstorming, vous constaterez qu'un ordre naturel se met en place. Comme l'expliquait mon professeur d'anglais : dès qu'on a exprimé toutes ses idées et qu'on les a devant soi, on s'aperçoit automatiquement que des relations naturelles s'établissent entre elles et qu'une structure se forme. C'est ce que la plupart des gens appellent un « plan de projet ».

En général, la structuration découle de la définition des composantes et des sous-composantes, des séquences d'événements ou des priorités. Quels sont les éléments qui doivent intervenir pour produire le résultat final ? Dans quel ordre doivent-ils intervenir ? Quel est l'élément le plus important pour garantir le succès du projet ?

C'est à ce stade que vous pourrez faire bon usage des outils de structuration, des plus élémentaires (comme un plan « par points », littéralement gribouillé sur le dos d'une enveloppe) aux plus soignés (comme un logiciel de planification de projet tel que Microsoft Project). Quand un projet exige une mise en forme objective de grande envergure, vous aurez davantage besoin d'un outil d'ordonnancement hiérarchique, avec composantes et sous-composantes. Vous pourrez aussi vous servir d'un diagramme de Gantt, où les différentes étapes d'un projet sont représentées dans le temps et accompagnées des sous-catégories dépendantes et indépendantes, et de jalons définis par rapport à l'ensemble.

Le « plan de projet » définit les plus petites composantes, et la planification naturelle fait le reste.

La pensée créative ne disparaît pas pour autant ; elle prend seulement une autre forme. Une fois que la structure de base est perçue, votre esprit s'emploie à « remplir les vides ». Exemple : quand tous les éléments sont alignés devant vous, la découverte de trois éléments essentiels à la gestion du projet peut vous aiguiller vers un troisième ou un quatrième élément.

Les rudiments de l'organisation

Voici les principales étapes à suivre :

- Détermination des éléments importants.
- Tri par (un ou plusieurs critères) :
  - composants ;
  - séquences ;
  - priorités.
- Mise au point des détails.

Il n'existe pas deux projets exigeant le même travail de structuration ou d'élaboration. Mais presque tous les projets mobilisent une forme ou une autre de pensée créative, venue tout droit de l'hémisphère gauche du cerveau, qui tente de répondre à la question : « Quel est le plan ? »

Étape 5 : les premières actions

Nous voilà parvenus au stade final de la planification. Il faut prendre des décisions sur la distribution ou la redistribution des ressources matérielles pour véritablement amorcer le projet. La question qu'il faut se poser ici est la suivante : « Quelle est la première action à exécuter ? »

Comme je l'ai indiqué dans le chapitre précédent, cette démarche concrète constitue, avec la clarification du résultat voulu, le pilier du travail du savoir. Si j'en juge par mon expérience, 90 % de ce qu'on appelle la planification de projet consiste à faire la liste de ses véritables projets et à gérer la première action qui se rapporte à chacun d'eux. Certes, on se trouve alors à la « piste de décollage ». Mais cela vous amène à répondre honnêtement à toutes sortes de questions. Voulez-vous vraiment vous charger du projet ? Qui en sera responsable ? Avez-vous bien réfléchi à tous les aspects du projet ?

À un certain point, et si le projet est activable, il vous faut prendre une décision sur la première action à accomplir. Si vous pouviez y consacrer tout votre temps, que feriez-vous – très concrètement – pour exécuter une tâche ? En répondant à cette question, vous testerez la maturité de votre démarche de planification du projet. Si vous n'êtes pas en mesure de répondre à cette question, vous devez revenir à un stade antérieur de la séquence de planification de projet pour clarifier davantage les éléments en jeu.

La démarche de base

- Décider des premières actions à exécuter pour chaque élément autonome du projet.
- Décider des premières actions à exécuter dans le cadre du processus de planification, si nécessaire.

Activer les éléments autonomes. Comment savoir quand un projet a fait l'objet d'une planification suffisant à la mettre en œuvre ? Quand on a décidé de toutes les premières actions à réaliser sur tous les fronts – sauf ceux qu'on ne peut faire avancer avant la réalisation d'une autre composante du projet. Si le projet comporte de multiples composantes, il faut évaluer chacune d'elles en se posant la question suivante : « Y a-t-il quelque chose que quelqu'un puisse faire à ce sujet dans l'immédiat ? » Exemple d'une telle situation : pour préparer un congrès, vous devez coordonner les allocutions des divers conférenciers, mais aussi choisir la salle la plus indiquée pour l'événement.

Dans certains cas, il n'y aura qu'une seule première action à exécuter, car celle-ci dictera tout le reste.

Autres éléments à planifier. Que se passe-t-il si vous croyez devoir planifier d'autres éléments avant de vous attaquer en toute confiance à l'étape suivante ? Il faut encore exécuter une action (qui relève du processus de planification). Quelle est la prochaine étape à envisager pour garantir la continuité de la planification ? Élaborer d'autres idées. Envoyer un mail à Anne-Marie et Serge pour leur demander leurs commentaires. Demander à votre secrétaire d'organiser une réunion de planification avec l'équipe de projet.

Quelle que soit la situation, il est essentiel de clarifier systématiquement toutes les premières actions à exécuter si l'on veut rester maître de la situation.

Premières actions confiées à d'autres. Si vous n'êtes pas responsable de la première action à exécuter, vous devez malgré tout savoir qui s'en charge (c'est l'un des principaux usages de la liste « En attente d'exécution »). Lorsqu'un projet est planifié en groupe, tout le monde n'a pas à être informé de toutes les premières actions reliées aux divers pans du projet. Il suffit habituellement de confier la responsabilité des volets du projet aux personnes indiquées et de les laisser définir elles-mêmes les premières actions qui leur incombent.

Cette pratique des premières actions contraint à la clarté organisationnelle. Elle permet d'anticiper des problèmes dont on ne s'aperçoit souvent que lorsqu'il faut revoir d'urgence l'affectation des ressources sous la pression d'un des acteurs du projet.

Quel est le degré de planification qui répond à vos besoins ?

Jusqu'où devez-vous aller en matière de planification ? La réponse est simple : jusqu'à ce que le projet ne vous préoccupe plus.

Habituellement, un projet continue de hanter votre esprit parce vous n'avez défini ni le résultat voulu ni les séquences d'actions. Aussi, parce que vous n'êtes pas doté d'aide-mémoire appropriés. Il se peut également que votre plan ne soit pas assez élaboré pour que vous puissiez vous y fier.

Si un projet ne cesse de vous préoccuper, il faut revenir à sa planification.

Pour la plupart de vos projets, il suffit de formuler le résultat voulu et la première action à exécuter pour vous libérer l'esprit. Vous cherchez un nouveau courtier ? C'est simple : appelez un ami bien renseigné qui vous en recommandera un. Vous voulez installer une imprimante chez vous ? Il vous suffit d'aller sur Internet pour prendre connaissance des modèles et des prix. Selon moi, 80 % des projets sont de cette nature. Vous ferez juste assez de planification mentale pour décider des premières actions, puis vous veillerez à leur exécution jusqu'à ce que la situation soit résolue.

Quelque 15 % des projets exigent au moins une forme ou une autre de brainstorming – un schéma conceptuel, peut-être, ou encore quelques notes enregistrées sur support informatique. Ces initiatives peuvent être suffisantes pour établir l'ordre du jour d'une réunion, planifier des vacances ou préparer une allocution.

Ne restent plus qu'environ 5 % des projets qui exigent l'application délibérée d'au moins une des cinq étapes du processus de planification naturelle. Ressentez-vous le besoin d'être plus clair ou d'agir plus pour mener à bien l'un de vos projets ? En ce cas, l'application du modèle est souvent l'outil qu'il vous faut pour progresser de manière efficace.

Y voir plus clair

Si vous avez besoin d'une plus grande clarté, *remontez* les étapes du processus de planification naturelle. Même s'ils sont habituellement très affairés (*action*), les gens éprouvent souvent un sentiment de confusion et de désorientation. Ils doivent alors dresser un plan ou revoir celui qu'ils ont déjà (*organisation*). S'il y a manque de clarté au niveau de la planification, ils doivent encore brasser des idées afin de rendre leur plan convaincant (*brainstorming*). Si ces pensées s'avèrent trop brumeuses, ils doivent concentrer de nouveau leur attention sur la *vision* du résultat. Si cette vision n'est pas claire, ils doivent reprendre l'exercice consistant à dégager le *but* de leurs activités.

Agir plus

Si c'est sur le plan des actions que se pose un problème, *redescendez* le modèle de planification. Il se peut que vous soyez enthousiasmé par le *but* du projet, mais que vous soyez réticent à visualiser la forme concrète qu'il prendra. Il faut alors élaborer une *vision* détaillée du résultat voulu. Demandez-vous encore une fois : « À quoi ressemblera le projet une fois réalisé ? »

Si vous avez répondu à cette question, mais que les choses n'avancent toujours pas, vous devrez probablement revenir à la question du comment, notamment aux détails opérationnels et au *brainstorming.* Mes clients ont souvent hérité d'un projet relativement bien articulé, mais ne progressent pas parce qu'ils n'ont pas pris le temps de noter quelques idées sur ses implications possibles.

Si le brainstorming ne donne rien de concret (et cela arrive souvent lorsque le projet flotte dans les beaux nuages de l'irréalisable), il faut évaluer rigoureusement la situation et s'astreindre à prendre des décisions sur les résultats attendus (*organisation*).

Enfin, s'il existe un plan, mais que le projet bloque toujours, quelqu'un doit entreprendre d'en évaluer chacune des composantes en se posant systématiquement la même question : « Quelle est la prochaine action à exécuter, et qui en est responsable ? » Un gestionnaire, qui s'était attelé à organiser un important congrès de nombreux mois à l'avance, m'a demandé comment il pouvait résoudre la crise qui secouait son équipe à l'approche de la date de tombée du projet. Quand il m'a présenté les diverses composantes du projet, je lui ai demandé : « Quelles étapes pourraient être exécutées tout de suite ? » Il m'en a indiqué une bonne dizaine, et nous avons pu ensuite définir la première action pour chacune d'elles. De nombreuses difficultés ont pu être ainsi éliminées.

Dans les deux derniers chapitres, j'ai présenté des modèles qui vous permettront d'optimiser votre productivité et de rester maître des situations dans lesquelles vous vous trouvez. Cette démarche, qui requiert un minimum d'efforts, s'applique aux deux plans qui constituent l'essentiel de votre vie personnelle et professionnelle : les projets que vous entreprenez et les actions qui en découlent.

Les grands principes qui guident cette démarche sont clairs : vous devez recenser toutes vos affaires en suspens, appliquer une grille d'analyse pratique à chacune d'elles et gérer les résultats en suivant successivement les étapes de l'organisation, de la révision et de l'action.

Vous n'avez pas à acquérir de nouvelles aptitudes pour accroître votre productivité. Il vous faut seulement découvrir où et quand les exercer.

Pour tous les projets que vous vous êtes engagé d'une manière ou d'une autre à réaliser, le modèle de planification naturelle vous aidera à cheminer du point de départ au point d'arrivée. Ce modèle à cinq étapes permet souvent de progresser plus vite, plus facilement et avec de meilleurs résultats.

Tous les modèles présentés ici sont simples à comprendre et faciles à appliquer. Pour les mettre en œuvre, vous n'aurez pratiquement pas besoin d'acquérir de nouvelles aptitudes. Vous savez déjà comment coucher vos idées sur papier, formuler clairement le résultat à atteindre, décider des premières actions à exécuter, catégoriser les éléments d'un projet, les passer en revue et faire des choix intuitifs. Vous êtes en mesure de vous concentrer sur un résultat, de brasser des idées, de structurer votre pensée et de passer à l'action.

Mais le savoir ou les aptitudes ne se traduisent par toujours en résultats. Ce n'est pas parce que vous avez la capacité d'être productif, détendu et assuré que vous le serez en pratique. Il vous faut un coach. Quelqu'un qui vous guidera pas à pas dans cette démarche et qui vous fournira au passage des balises et des astuces. Quelqu'un qui vous accompagnera jusqu'à ce que votre nouveau style opérationnel coule de source.

Voilà pourquoi je vous invite à consulter la deuxième partie de ce livre.

Partie II

LES PRATIQUES DE PRODUCTIVITÉ SANS STRESS

4

Préparatifs : temps, espace et outils

DANS LA PREMIÈRE PARTIE, j'ai esquissé le cadre conceptuel d'une gestion contrôlée du flux de travail et tracé les grandes lignes de son application. Dans cette deuxième partie, je vous montrerai comment mettre en œuvre ce mode de gestion et proposerai quelques pratiques exemplaires à cet égard. Je présenterai aussi une suite logique de mesures à suivre pour faciliter l'application de cette méthode et vous aider à en tirer le plus grand profit possible.

La mise en œuvre : une question d'astuces

Si vous n'êtes pas sûr de vouloir vous lancer dans l'application intégrale de cette méthode, sachez que vous y trouverez à tout le moins des trucs et astuces fort utiles. À titre d'exemple, certaines personnes m'ont indiqué que la partie la plus enrichissante de mes séminaires portait sur la création et l'utilisation d'un échéancier. Les astuces s'adressent à notre moi distrait et peu intelligent. Dans une grande mesure, les gens les plus performants sont ceux qui suivent les meilleures astuces. Notre moi intelligent décide des choses à faire, et notre moi peu intelligent réagit presque automatiquement en adoptant un comportement qui nous permet d'atteindre nos résultats. Nous rusons avec nous-mêmes pour nous obliger à faire ce qui doit être fait.

Par exemple, si vous êtes, comme moi, un sportif plus ou moins régulier, vous avez sans doute recours à des petits trucs pour vous encourager à faire de l'exercice. Dans mon cas, c'est ma tenue d'entraînement, le truc. Si j'enfile ces vêtements, je me sens d'humeur à faire du sport. Si je ne les mets pas, je finis généralement par faire autre chose.

Prenons un exemple qui concerne davantage la productivité. Vous avez emporté chez vous des dossiers que vous devez *absolument* rapporter au bureau le lendemain matin. Que faites-vous avant de vous coucher ? Vous placez les dossiers devant la porte ou près de vos clés. Vous n'avez pas besoin d'un diplôme d'études supérieures pour faire cela. Ni d'un système d'organisation hautement technologique. Et pourtant, vous vous êtes servi de toute votre intelligence pour le faire. Votre moi intelligent a su la veille que votre moi peu intelligent serait à peine réveillé le lendemain matin, et il a placé les dossiers devant la porte. Ce qui vous a amené à vous dire, quand vous les avez vus : « C'est vrai ! Je dois prendre ces dossiers avec moi ! »

C'est, sans ironie aucune, une véritable prouesse. C'est un truc que j'appelle « Devant la porte ». Et je ne parle pas de la porte de votre maison, mais de celle de votre esprit.

Il suffit de penser aux bonnes choses au bon moment et de les valider au moyen d'outils sûrs pour accroître de manière spectaculaire votre productivité et votre créativité.

Si vous jetez un coup d'œil sur votre calendrier et que vous passez en revue toutes les choses à faire dans les 14 prochains jours, il y aura sans doute au moins une chose qui vous rappellera d'en faire une autre. Si vous couchez cette nouvelle idée sur papier (en étant certain de pouvoir retrouver le papier), vous aurez l'esprit plus clair et vous aurez l'impression d'avoir un peu plus avancé dans votre travail. Ce n'est pas de la science. C'est simplement un bon truc.

Prenez une feuille de papier et un stylo puis concentrez-vous pendant trois minutes sur les projets les plus intéressants que vous avez en tête. Je suis absolument certain qu'il en sortira au moins une nouvelle idée (« Ah oui, il faudra aussi que je veille à … »). Notez cette idée sur une feuille de papier et déposez celle-ci dans un endroit sûr. Vous n'en serez pas plus intelligent pour autant, mais vous aurez donné une plus-value à votre travail et à votre vie.

Ce que je vous propose ici, c'est une sorte d'entraînement qui vous permettra de pratiquer ce style de gestion « ceinture noire ».

Si vous désirez vraiment donner un nouveau souffle à vos systèmes de gestion personnelle, je vous recommande de suivre dans les moindres détails les suggestions suivantes, qui portent sur le temps, l'espace et les outils. En fin de parcours, vous constaterez que le tout est plus grand que la somme des parties. L'application de cette méthode vous permettra d'accomplir des progrès tangibles à propos de situations très courantes. Vous risquez d'en être étonné !

Le temps

Je vous recommande de vous réserver une période de temps ininterrompue pour lancer le processus. Vous devriez aussi vous munir du mobilier et des outils dont vous aurez besoin. Par ailleurs, une aire de travail fonctionnelle, aménagée de façon plutôt minimaliste, pourra vous inciter à mettre de l'ordre dans vos paperasses et votre travail. Le bloc de temps qui convient à la plupart des gens est de deux journées consécutives. (Ne soyez pas découragé, toutefois, si vous ne pouvez pas vous libérer aussi longtemps. Les activités que je vous propose vous seront utiles et profitables, quel que soit le temps que vous pourrez leur consacrer. Il vous faudra toutefois deux pleines journées pour en arriver à des résultats immédiats.) La mise en œuvre du processus de collecte complet peut prendre jusqu'à six heures (et parfois plus), tandis que le traitement et la prise de décision concernant les arrivées que vous voulez formaliser et intégrer à votre système peuvent prendre facilement huit heures de plus. Bien entendu, vous pouvez très bien collecter et traiter vos affaires en suspens par fragments, mais il serait plus facile de vous débarrasser de ces activités préliminaires d'un seul coup.

Je préfère travailler avec mes clients durant le week-end ou les jours de congé, puisque les risques d'être dérangés sont moindres. Si nous devons nous mettre à l'œuvre pendant un jour ouvrable, je m'assure qu'aucune réunion n'est prévue ce jour-là, et je veille à ce que nous ne soyons interrompus qu'en cas d'urgence. Je demande aussi que les appels téléphoniques soient transférés à une boîte vocale ou pris en note par une secrétaire. (Durant la pause, les messages sont ensuite remis au client qui les passe en revue et y répond, si nécessaire.) Je déconseille les rencontres après les heures de travail, car nous avons alors moins d'énergie et que notre attention tend plus facilement à se relâcher.

La plupart des cadres trouvent particulièrement difficile de se libérer pendant deux journées consécutives, tant ils craignent de rater une réunion ou une communication importante en s'absentant du bureau. Voilà pourquoi je les rencontre durant les week-ends. Si vous travaillez dans un bureau *open-space*, il vous sera également difficile de réserver des périodes de temps suffisantes durant les heures de travail.

En consacrant deux jours complets à ce processus, vous accroîtrez au centuple votre productivité et votre tranquillité d'esprit.

Les deux journées consécutives n'ont rien de « sacré ». Simplement, il vous faudra beaucoup d'énergie psychique pour collecter et traiter des affaires laissées trop longtemps en suspens. Or, les interruptions doublent le temps nécessaire pour mener à terme ce processus. S'il vous est possible de défricher le terrain en une seule période ininterrompue, vous éprouverez un puissant sentiment de maîtrise et de réalisation, et disposerez ainsi de nouvelles réserves d'énergie et de créativité. Par la suite, vous pourrez gérer votre système en périodes plus brèves, durant les temps libres que vous laissent les activités de tous les jours.

L'espace

Il vous faut un espace physique qui vous servira de « centre de contrôle ». Si vous travaillez dans un bureau, il vous suffira d'aménager votre zone de travail. Si vous travaillez chez vous, une partie de votre domicile sera de toute évidence votre lieu de travail. Si vous travaillez et à la maison et au bureau, vous devrez installer des systèmes identiques, voire interchangeables, aux deux endroits.

Tout ce qu'il faut vraiment pour créer un espace de travail, c'est une surface pour écrire et un endroit où placer votre corbeille d'arrivée. Dans certains métiers, on peut même s'en tenir à ces deux outils. Dans les aires de travail moins rudimentaires, on trouve également un téléphone, un ordinateur, des corbeilles à courrier empilables, un classeur à tiroirs pour les dossiers courants et une étagère pour les documents de référence. S'y ajoutent souvent un télécopieur, une imprimante, un appareil vidéo ou un équipement de conférence multimédia. Dans les espaces de travail « complets », on peut trouver diverses installations réservées à l'entraînement physique ou aux loisirs.

L'espace de travail doit absolument être fonctionnel. Si vous ne disposez pas d'un poste de travail ou d'une corbeille d'arrivée, procurez-vous-les immédiatement. Cette exigence vaut aussi pour les étudiants, les bricoleurs et les retraités. Tout le monde doit disposer d'un centre de contrôle à partir duquel il peut gérer les affaires en cours.

Si je devais improviser un poste de travail en quelques minutes, j'achèterais une porte que je placerais sur deux classeurs à deux tiroirs (un à chaque extrémité), et j'y poserais un bloc de papier et un stylo. Ce serait ma base. (Je m'achèterais quand même un tabouret pour m'asseoir de temps en temps.) Vous ne me croirez peut-être pas, mais j'ai vu des bureaux de direction qui étaient à peine plus fonctionnels.

Vous devez absolument disposer d'un espace de travail fonctionnel chez vous, au travail et, si possible, quand vous vous déplacez.

Un espace de travail chez vous

Même si vous travaillez dans un bureau, ne négligez pas votre espace de travail à domicile. Comme vous le découvrirez en cheminant dans ce processus, il est essentiel que vous installiez chez vous au moins un système satellite identique à celui de votre bureau. Au début de notre collaboration, beaucoup de mes clients se sentent gênés du désordre qui règne chez eux, alors que leur « vrai » bureau est toujours en ordre. L'aménagement d'un espace identique aux deux endroits leur est d'un extrême profit. Vous découvrirez vous aussi qu'en consacrant une fin de semaine à l'aménagement d'un poste de travail chez vous, vous changerez radicalement votre manière d'organiser votre vie.

Les espaces mobiles

Si vous vous déplacez souvent, il serait souhaitable de créer un micro-bureau mobile. Celui-ci se composera vraisemblablement d'un porte-documents, d'un cartable ou d'un sac où vous placerez vos dossiers, et de quelques accessoires de bureau.

Pour demeurer productif en voyage ou à l'étranger, pour cesser de gaspiller les temps libres qui se présentent alors à vous, il faut vous en donner les moyens. Avec de bonnes techniques de travail, de bons outils et de bons systèmes reliant bureau et maison, vous pourrez profiter de vos déplacements pour liquider certaines de vos tâches.

Ne partagez pas votre espace !

Il est impératif que vous possédiez votre propre espace de travail, ou en tout cas une boîte de réception et un lieu physique où vous pouvez traiter vos documents. J'ai connu de nombreux couples mariés qui essayaient de partager le même bureau chez eux. Dans tous les cas, leur décision de le diviser en deux bureaux distincts a entraîné des changements radicaux. Loin de constituer une sorte de « séparation », cette initiative a fait disparaître certaines des tensions liées à la gestion commune des responsabilités de tous les jours. L'un de ces couples a même décidé d'installer un petit poste de travail dans la cuisine pour la personne qui restait à la maison ; celle-ci pouvait ainsi faire son travail tout en surveillant son bébé.

Certaines sociétés s'intéressent au concept de l'*hoteling*, qu'on appelle aussi « bureau à la carte ». Cela consiste à mettre à la disposition des employés des postes de travail totalement autonomes et portatifs qu'on peut « brancher » dans n'importe quel bureau de la société pour y travailler. Je doute fortement qu'un tel concept puisse fonctionner en pratique. L'un de mes amis, qui avait conçu un tel « bureau du futur » pour le gouvernement fédéral américain, m'expliquait que le bureau à la carte était miné par la réticence des employés à partager leur équipement. Il y a, selon moi, une raison plus profonde à cet échec. C'est la résistance inconsciente du personnel à l'utilisation de tout nouveau système. Il faut avouer que le fait de réinventer constamment notre boîte de réception, nos systèmes de classement et nos méthodes et espaces de traitement des affaires courantes est source d'interminables distractions.

Il est essentiel de posséder votre propre espace de travail. Vous devez maîtriser les systèmes que vous mettez en place, et non en improviser sans cesse de nouveaux.

Vous pouvez travailler pratiquement n'importe où si votre système est simple et compact, et si vous savez traiter rapidement vos affaires en cours, même en déplacement. Mais vous aurez malgré tout besoin d'un port d'attache, doté d'une série d'outils fonctionnels et d'un espace suffisant, pour consulter les documents de référence et les pièces d'accompagnement que vous devez avoir à portée de la main quand vous revenez à votre environnement de travail « fixe ». La plupart des gens avec lesquels je travaille consacrent au moins quatre tiroirs de classeur à leurs documents de référence générale et leurs pièces d'accompagnement papier, et il est bien difficile de s'imaginer comment on pourrait transporter facilement toute cette paperasse.

Les outils

Si vous décidez d'appliquer dans son intégralité le processus de gestion du flux de travail, il vous faudra quelques outils et fournitures de base pour commencer. Au cours de votre cheminement, vous oscillerez probablement entre l'idée de conserver le matériel dont vous vous servez déjà et la possibilité de vous doter de nouveaux outils. Notez à cet égard que l'utilité d'un outil n'est pas fonction de son prix (et encore moins de son aspect, aussi luxueux soit-il).

Les essentiels

Supposons que vous partiez de zéro. En plus d'un espace de travail et d'une table, vous aurez besoin des articles suivants :

- Corbeilles à courrier (au moins trois)
- Rame de papier format lettre
- Stylo ou crayon
- Post-it de 76 mm de largeur
- Trombones
- Pince-notes
- Agrafeuse et agrafes
- Ruban adhésif
- Élastiques
- Étiqueteuse automatique
- Chemises de classement
- Agenda
- Poubelle/bacs de recyclage

Les corbeilles à courrier

Il vous faudra deux corbeilles à courrier (une pour les affaires entrantes et une pour les affaires sortantes), plus une ou deux autres corbeilles pour les pièces d'accompagnement des affaires en cours ou les documents à lire et à revoir. Les corbeilles les plus fonctionnelles sont les corbeilles à l'italienne pour papier de format lettre ou légal, empilables et sans rebord latéral. (Un rebord vous empêcherait de retirer une seule feuille de papier à la fois.)

Le papier ordinaire

Servez-vous de papier ordinaire pour les opérations de collecte initiale. Croyez-le ou non : le fait d'inscrire une seule idée sur une page complète peut donner des résultats surprenants. Dans la plupart des cas, les gens finissent par se servir d'un organiseur de listes, quoique certains s'en tiennent au principe tout simple d'une idée par page. Quel que soit le système adopté, il est important d'avoir à portée de la main une grande quantité de feuilles ou de blocs de papier pour capter vos idées facilement et sur-le-champ.

Les Post-it, trombones, agrafeuse, etc.

Les Post-it, les trombones, les agrafes, les rubans adhésifs et les élastiques vous seront d'une grande utilité pour classer et acheminer vos documents papier. Au cas où vous ne l'auriez pas remarqué, nous n'en avons pas fini avec le papier, d'où la nécessité de se doter d'outils pour le gérer.

La collecte, la prise de décision, le traitement et l'organisation sont déjà assez exigeants en soi ; dotez-vous des outils qui vous faciliteront la tâche.

L'étiqueteuse

Voilà un outil essentiel à notre travail. Des milliers de cadres, de professionnels et de travailleurs autonomes avec lesquels j'ai travaillé possèdent désormais leur propre étiqueteuse. Cet appareil vous servira à étiqueter vos chemises de classement, les dos de reliure et divers autres documents.

À cet égard, je recommande l'étiqueteuse Brother, la plus conviviale, selon moi. Choisissez le moins cher des modèles qui se posent sur une table et qui comprennent un adaptateur secteur (ce qui résoudra le problème des piles à plat). Munissez-vous également d'une bonne réserve de cassettes d'étiquettes. Les étiquettes à lettrage noir sur fond blanc (plutôt que transparent) sont plus faciles à lire et permettent de coller de nouvelles étiquettes sur les chemises que vous voulez réutiliser.

Vous pouvez évidemment produire des milliers d'étiquettes d'un seul coup au moyen d'une imprimante et d'un ordinateur, mais vous n'en tirerez pas grand profit. En effet, l'impression en vrac signifie que l'étiquetage et le classement se feront également en vrac. Cela alourdira votre système et en entravera inévitablement l'application. C'est pourquoi je recommande l'usage d'une étiqueteuse manuelle.

Les chemises de classement

Munissez-vous d'une grande quantité de chemises (de format lettre, si possible, ou de format légal, si vous y êtes absolument contraint). Procurez-vous également une quantité égale de dossiers suspendus si votre système de classement l'exige. Les chemises d'un ton neutre conviennent tout à fait – le codage couleur est une opération compliquée qui ne mérite pas qu'on lui consacre trop d'efforts. Une simple bibliothèque suffira pour classer vos documents de référence générale.

L'agenda

Vous n'aurez peut-être pas besoin d'un agenda pour collecter vos affaires en suspens, mais il vous faudra très certainement y noter certaines actions. Comme je l'ai indiqué plus haut, l'agenda ne doit pas contenir de listes d'actions, mais des tâches devant obligatoirement être exécutées un jour précis ou à un moment particulier.

La plupart des cadres ont déjà recours à une forme ou une autre d'agenda manuel ou informatisé (logiciels de planification à usage individuel ou collecticiels de groupes de travail – *groupe-ware* – comme Outlook et Lotus Notes).

Pour bien des gens, l'agenda est le pilier de leurs efforts d'organisation. C'est effectivement un outil indispensable sur certains plans. Mais vous en accroîtrez l'utilité en l'intégrant à un système beaucoup plus exhaustif – à celui qui prendra forme au fur et à mesure que vous appliquerez cette méthode.

Vous vous demandez sans doute quelle sorte d'agenda vous conviendra le mieux. Nous y reviendrons en détail au prochain chapitre. Pour l'instant, conservez le vôtre. Une fois que la méthode vous apparaîtra comme un tout homogène, vous serez davantage en mesure de décider si vous devez ou non opter pour un autre outil.

La poubelle et les bacs de recyclage

Vous allez trier beaucoup plus d'affaires en suspens que vous ne le prévoyez. Soyez donc prêt à jeter toutes sortes de papiers et d'objets qui ne vous serviront plus. Certains des cadres que j'accompagne trouvent extrêmement utile de faire installer une grande poubelle à proximité immédiate de leur bureau le jour où nous travaillons ensemble.

Avez-vous besoin d'un organiseur ?

La réponse dépend d'un certain nombre de facteurs. Sous quelle forme voulez-vous visualiser vos rappels d'actions, le programme de vos activités et vos projets ? Où et à quelle fréquence devrez-vous les revoir ? Comme le cerveau n'est *pas* le lieu où vous devez stocker vos projets, vous avez de toute évidence besoin d'un outil externe pour vous les rappeler. Vous pouvez opter pour le système traditionnel des feuilles de papier placées dans des chemises. Vous pouvez également vous servir d'un carnet ou d'un calendrier de planification manuel ou numérique. Vous pouvez même combiner ces outils.

Une fois que vous avez appris à traiter et à organiser vos affaires en suspens, il ne vous reste rien d'autre qu'à créer et gérer des listes.

Tous les outils traditionnels énumérés plus haut serviront à exécuter diverses activités de collecte, de traitement et d'organisation. Pour la collecte, vous utiliserez une corbeille à courrier et du papier. Au cours du traitement des entrées, vous liquiderez les nombreuses tâches qui demandent moins de deux minutes (ce qui nécessitera des Post-it, des agrafes et des pince-notes) et vous placerez dans une autre corbeille les magazines, les articles et les longues notes de service dont la lecture demande plus de deux minutes. Il vous faudra ensuite classer un certain nombre de documents. Les tâches restantes (mise à jour de l'inventaire des projets, gestion des rappels et suivi des affaires en attente, notamment) nécessiteront une forme ou une autre de liste ou encore un regroupement par éléments analogues.

Les listes peuvent être simplement rédigées et placées dans une chemise (exemple : la chemise « Appels » contiendrait des feuilles ou des notes distinctes pour chaque personne que vous devez appelez).

Elles peuvent aussi être consignées dans un carnet à feuilles mobiles ou un agenda de planification (sur une page titrée « Appels » figureraient toutes les personnes à appeler). Elles peuvent enfin être gérées sous forme numérique (dans une catégorie « Appels » de la section « À faire » d'un PDA ou dans la section « Tâches » de Microsoft Outlook).

L'une des plus belles ruses pour accroître votre productivité est d'avoir des outils que vous prenez plaisir à utiliser.

Devez-vous conserver les outils dont vous vous servez actuellement pour mettre en œuvre la méthode GTD ou devez-vous en changer ? Eh bien, l'une ou l'autre de ces options peut être indiquée, du moment qu'elle vous permet de mieux utiliser vos outils. Plusieurs facteurs d'efficience doivent être pris en compte. Si vous recevez un grand nombre de données numériques, ne serait-il pas plus facile de les gérer avec un outil numérique ? Un agenda papier ne serait-il pas plus pratique pour noter les rendez-vous que vous devez prendre et que vous devez parfois changer à la dernière minute ? Avez-vous besoin de rappels de tâches à exécuter quand il ne vous est pas possible de transporter vos dossiers ? Etc. Il ne faut pas négliger non plus les facteurs esthétiques ou ludiques. Il m'est arrivé de mettre de l'ordre dans mes affaires tout simplement parce que je cherchais une excuse pour jouer avec un nouvel organiseur de poche !

Avant d'envisager l'achat d'un organiseur, n'oubliez pas que votre principal objectif sera de gérer des listes. Vous devez être en mesure de les créer « à la volée », et de les revoir facilement et régulièrement. Ce qui importe avant tout, c'est de savoir comment dresser des listes et comment s'en servir. Le médium n'a pas grande importance. Choisissez l'outil le plus simple, le plus rapide et le plus agréable.

Un bon système de classement

Sans système de classement rapide, fonctionnel et agréable, vous serez réfractaire au processus de classement tout entier.

Il faut un système de référence simple et parfaitement fonctionnel pour effectuer les opérations de classement. C'est d'ailleurs la première chose que j'évalue quand je me présente chez un client.

Comme je l'ai indiqué au chapitre 2, l'absence d'un tel système est l'un des plus grands obstacles à l'implantation d'un processus de gestion personnel. Chez la plupart des cadres avec lesquels j'ai travaillé, c'était aussi l'un des domaines qui nécessitaient les plus grandes améliorations. J'ai souvent dû me rendre avec un client à la papeterie du coin pour acheter un classeur, une réserve abondante de chemises et une étiqueteuse, simplement pour pouvoir libérer l'espace que des documents de toutes sortes occupaient sur le bureau, et même le plancher.

Nous parlons ici essentiellement du classement des documents de référence générale et non du classement des contrats, des renseignements financiers et d'autres types de données qui doivent être placés et répertoriés à part. Les dossiers de référence générale doivent comprendre les articles, les brochures, les feuilles, les imprimés, les télécopies – en un mot, tous les documents que vous voulez conserver pour l'utilité et l'intérêt qu'ils présentent, mais qui ne trouvent pas place dans les systèmes de classement spécialisés et ne peuvent pas tenir sur une étagère.

Vous avancerez peut-être que vous pouvez compter sur une secrétaire ou un assistant pour gérer ce système. Soit, mais n'auriez-vous pas intérêt à pouvoir accéder en tout temps – même en l'absence de votre secrétaire ou assistant – à certains documents (surtout s'ils sont personnels ou confidentiels) ? En ce cas, il vous faudra quand même avoir à portée de main votre propre système.

Comment l'organiser ?

Je vous recommande fortement de gérer votre propre système de classement. Autre recommandation : une minute devrait vous suffire pour retirer un document de votre corbeille d'arrivée ou pour imprimer un mail, décider qu'il ne nécessite pas d'action, et le ranger dans un système fiable s'il représente un quelconque intérêt. Si cette série d'actions vous prend plus de temps, il est fort probable que vous ne classiez pas le document : vous serez plutôt tenté de le mettre de côté.

En plus d'être rapide, le classement doit être facile, agréable et constant. Sinon, vous hésiterez (plus ou moins consciemment) à vous attaquer à votre corbeille d'arrivée. Sachant que vous y trouverez inéluctablement quelque chose à classer, c'est à peine si vous oserez y jeter un coup d'œil. Ne vous découragez pas. Une fois que leur système de classement est au point, mes clients prennent généralement du plaisir à mettre de l'ordre dans leurs paperasses. Je l'ai vu de mes propres yeux !

Du moment qu'ils peuvent vous servir, vous ne devez pas non plus hésiter à classer de simples bouts de papier (même une note gribouillée à la main) dans leur propre dossier, exactement comme vous le feriez pour des documents plus volumineux ou plus officiels. Comme la création et l'organisation de dossiers prennent un certain temps, nous avons tendance à jeter ces petits documents ou à les enfouir dans des tiroirs, où ils vont rejoindre toutes sortes d'articles hétéroclites (menus de restaurant, horaires de trains, etc.).

Faites tout ce que jugez bon pour plier votre système de référence à ces normes de commodité, de facilité et de rapidité. Mon système fonctionne parfaitement pour moi et pour les nombreuses personnes qui s'en inspirent. C'est pourquoi je vous recommande vivement de suivre les directives ci-après pour faire du classement des documents de référence un processus automatique.

Conservez vos dossiers de référence générale à portée de la main. Le classement doit être facile et instantané. Si vous devez vous lever chaque fois qu'il vous faut classer un document, vous aurez plutôt tendance à le mettre de côté. Et, encore une fois, vous risquez de devenir allergique au processus de rangement tout entier. Beaucoup de mes clients ont réaménagé leur espace de travail de manière à pouvoir accéder à leurs classeurs sans se lever de leur bureau.

Limitez-vous à un seul système alphabétique. Je n'adopte qu'un seul et unique système de classement par ordre alphabétique. Certaines personnes tiennent à classer leurs documents selon un système qu'eux seuls maîtrisent. Ils les trieront par projets ou en fonction de priorités personnelles, par exemple. Cette pratique multiplie malheureusement le nombre d'endroits où chercher un document égaré. En revanche, si vous optez pour un tri alphabétique, le problème ne se posera pas.

Vous pouvez généralement créer au moins une sous-catégorie qui figurera sous chaque étiquette. Par exemple, le sujet « Jardinage » pourra être subdivisé en deux sous-catégories comme « Jardinage – pots » et « Jardinage – idées », qui seront classées sous la lettre J.

Je consacre actuellement quatre tiroirs de classeur à mes dossiers de référence générale. En outre, chaque tiroir porte une étiquette indiquant son contenu (« A à E », « F à L », etc.). De la sorte, je sais exactement où classer mes dossiers.

De temps en temps, la documentation de référence sur un sujet ou un projet atteint un tel volume qu'il faut lui réserver un tiroir ou un classeur distinct. Dans le cas où ce genre de documentation occupe moins de la moitié d'un tiroir, je recommande de l'inclure dans le système générique de classement par ordre alphabétique.

Faites une réserve abondante de chemises de classement. Rien ne ralentit plus notre travail que d'avoir des dossiers à classer et de ne pas avoir suffisamment de chemises à portée de main pour le faire. Personnellement, je tiens à avoir à tout moment environ un demi-tiroir plein de chemises. Règle à suivre : commandez-en de nouvelles quand il vous en reste moins de 100.

Remplissez vos tiroirs à moins des trois quarts. Si vos tiroirs sont trop pleins, vous rechignerez inconsciemment à y insérer de nouveaux dossiers, et vous serez porté à laisser ces dossiers s'empiler. En ce qui me concerne, j'essaie toujours de profiter des moments creux de la journée pour alléger mes tiroirs.

Évidemment, objecteront certains, s'ils en faisaient autant, ils finiraient par devoir s'acheter de nouveaux classeurs. Eh bien, ce n'est pas exactement un obstacle insurmontable.

Mais soyons sérieux. Si vos dossiers méritent que vous les conserviez, ils méritent aussi que vous les placiez dans un endroit suffisamment aéré pour que vous puissiez les trouver et les retirer, n'est-ce pas ? Sinon, pourquoi les garderiez-vous ? Il paraît que nous vivons à l'ère de l'information. Si vous faites *tout* pour vous empêcher d'accéder à celle qui vous est utile, il y a quelque chose qui cloche…

Vous aurez peut-être besoin d'un autre espace de stockage pour les documents de référence qu'il n'est pas utile d'avoir à portée de la main. Conservez-les ailleurs de manière à libérer l'espace dévolu aux dossiers de référence générale. Des documents comme les notes sur un projet terminé ou les dossiers d'anciens clients doivent être conservés, mais vous devez les stocker hors site ou, en tout cas, à l'extérieur de votre espace de travail.

Étiquetez vos chemises de classement avec une étiqueteuse automatique. Les étiquettes à lettrage composé changent l'aspect de vos dossiers ainsi que la façon dont on les envisage. Des dossiers bien étiquetés s'imposent au regard quand vous les posez sur une table de conférence. Vous les repérez du premier coup d'œil quand vous ouvrez votre mallette. Et quand vous consultez votre classeur, vous avez pratiquement sous les yeux un index imprimé de tous les dossiers rangés par ordre alphabétique.

Les spécialistes du cerveau nous expliqueront peut-être un jour pourquoi les dossiers étiquetés à la machine ont un tel pouvoir. Pour l'instant, croyez-en ma parole : achetez votre propre étiqueteuse. Pour que le système fonctionne sans accrocs, conservez-la constamment à portée de la main de manière à pouvoir classer vos dossiers quand vous le voulez. Et surtout, ne la prêtez pas ! Si vous ne trouvez pas votre étiqueteuse quand vous voulez classer un dossier, vous finirez par empiler les documents sans les classer. L'étiqueteuse doit devenir un accessoire aussi indispensable que l'agrafeuse.

Achetez des classeurs de bonne qualité. Ne lésinez pas sur la qualité des classeurs. Rien n'est plus désagréable que d'entendre l'affreux couinement des billes qui coincent quand on essaie d'ouvrir le tiroir d'un classeur de mauvaise qualité. Il vous faut un classeur dont les tiroirs glissent en silence et se referment aussi gracieusement que les portières d'une voiture allemande. Je suis tout à fait sérieux.

Si vous le pouvez, débarrassez-vous des dossiers suspendus. Au risque d'offenser les nombreux adeptes des dossiers suspendus, je recommande de se défaire complètement de ces articles et de n'utiliser que de simples chemises de classement adossées les unes contre les autres et retenues par la plaque de métal coulissante située au fond du tiroir. Les dossiers suspendus ralentissent la création de nouveaux dossiers et compliquent inutilement le système de classement.

Voici un mail que m'a fait parvenir récemment un cadre supérieur qui s'était finalement résigné à se défaire de ses dossiers suspendus :

> *Votre système est EXTRAORDINAIRE ! J'ai entièrement reclassé mes dossiers au travail et chez moi, et il ne m'a fallu que quatre jours pour le faire. Je me suis débarrassé des dossiers suspendus, et je m'en tiens à de simples chemises classées par ordre alphabétique. Je n'en reviens pas ! Tout me semble tellement plus facile. De plus, mon bureau est nettement plus en ordre parce qu'il n'est plus envahi de documents à classer.*

Si vous ne le pouvez pas… Beaucoup de gens doivent composer avec un système de dossiers suspendus, du moins au travail, parce que leur entreprise a imposé l'utilisation des classeurs à suspension latérale dans tous les services. Si vous vous trouvez dans une situation semblable, je vous recommande ceci :

En situation de travail réelle, vous devez classer un document en moins de soixante secondes, sans quoi vous ne le classerez pas du tout ; vous le laisserez sur votre bureau.

- Étiquetez les chemises et non les supports. Vous pourrez ainsi apporter vos dossiers aux réunions ou les emporter avec vous en voyage sans avoir à trimballer les supports.

- N'utilisez qu'un seul support par chemise. L'apparence visuelle des dossiers sera plus nette, et vous ne vous battrez plus avec des supports gonflés de documents. De plus, le fait de reclasser les chemises par ordre alphabétique chaque fois qu'un support est plein demande beaucoup trop de travail.

- Placez une bonne réserve de supports et de chemises dans le premier tiroir de votre classeur de manière à créer et classer rapidement vos filières.

Épurez vos dossiers au moins une fois par année. En mettant régulièrement de l'ordre dans vos dossiers, vous pourrez vous débarrasser de ceux qui ne représentent plus aucun intérêt. Bien entendu, cela vous laisse l'entière liberté de garder ceux dont vous pourriez avoir besoin un jour. Vous savez de toute façon que vous aurez à réévaluer tous ces dossiers dans quelques mois, et vous déciderez alors ce qu'il convient d'en faire. Comme je l'ai dit plus haut, j'ai l'habitude d'épurer mes dossiers dès que j'ai un moment de libre (par exemple, quand on me met en attente au téléphone).

Je recommande à toutes les entreprises d'instituer, si cela n'est déjà fait, une journée « ménage ». Ce jour-là, tous les employés viennent au travail en jeans et en espadrilles, bloquent leur ligne téléphonique et entreprennent de mettre de l'ordre dans leurs affaires. Il serait bon que vous fassiez vous-même un tel exercice, soit durant vos congés de fin d'année, soit au début du printemps. À ce moment, il vous faudra de toute façon préparer votre déclaration de revenus et archiver celle de l'exercice précédent, ce qui offre une excellente occasion de faire du ménage dans vos dossiers.

Une dernière chose...

Si vous avez décidé de consacrer un bloc de temps fixe à la préparation de votre système de gestion du flux du travail, il vous reste une dernière chose à faire pour en tirer un profit optimal : vous libérer de toute autre obligation durant cette période.

Si vous avez un coup de fil à passer, un travail à remettre à votre secrétaire ou une question à demander à votre épouse, faites-le tout de suite. Ou bien promettez-vous de le faire plus tard et inscrivez *le moment* où vous allez le faire dans un aide-mémoire quelconque pour ne pas l'oublier. Il est essentiel que vous concentriez toute votre attention sur le travail en cours.

Vous êtes prêt ? Voyons maintenant comment vous allez regrouper vos affaires en suspens en un seul lieu.

5

La collecte : regrouper vos affaires en suspens

LE CHAPITRE 2 PRÉSENTAIT LES DIRECTIVES DE BASE pour *collecter* vos documents. Ce chapitre-ci vous expliquera en détail comment regrouper toutes vos affaires en suspens dans un seul lieu, une seule « boîte d'entrée ». C'est la condition préliminaire et essentielle pour accéder à « l'esprit comme l'eau ». Vous pouvez certes tirer un certain profit à collecter quelques nouvelles idées sur vos projets en cours, mais la méthode de collecte que je vous propose sera infiniment plus efficace si vous l'appliquez dans son intégralité. Elle multipliera au centuple les avantages de la collecte et vous fournira de nouvelles balises pour maîtriser le flux de votre travail.

Chez les clients que j'initie à ce processus, la collecte prend généralement de une à six heures – quoiqu'il en ait fallu vingt pour en faire comprendre le fonctionnement à l'un d'eux. Mais rassurez-vous : si vous y consacrez au moins deux heures, vous pourrez recenser la grande majorité de vos affaires en suspens.

Dans les faits, il vous sera probablement impossible d'appliquer ce processus en tout temps. Comme la plupart des gens, vous aurez trop de choses à faire (et à faire très vite) dans le courant d'une semaine pour évacuer toutes vos affaires en suspens de votre esprit. Mais à défaut d'y parvenir totalement, vous devez essayer d'en faire un objectif dont vous ne dévierez qu'exceptionnellement.

À vos marques, prêts…

Il y a plusieurs raisons pratiques de réunir les éléments qui accaparent votre esprit avant de les traiter.

1. Il est utile d’avoir une idée du volume d’affaires en suspens qui nous attend.
2. Il est bon de savoir quand nous atteindrons le « bout du tunnel ».
3. Au moment de traiter et d’organiser les éléments, nous ne devons pas nous laisser ralentir par une masse amorphe d’idées qui croupissent « quelque part ». En regroupant tous les éléments qui retiennent notre attention, nous saurons mieux les maîtriser.

L’idée de réunir en un seul lieu toutes sortes de choses qui ne sont pas à leur place peut avoir quelque chose de décourageant. La démarche elle-même peut sembler un peu contre-intuitive, dans la mesure où la plupart de ces choses n’étaient pas et ne sont toujours pas importantes, et que c’est précisément pour cette raison que vous y avez prêté peu d’attention. Pensez à ces cartes professionnelles qui s’accumulent pêle-mêle dans votre portefeuille, aux gadgets inutiles qui dorment dans le fond de votre tiroir, à l’imprimante vétuste que vous ne vous résignez pas à remplacer. Ce sont là des petites choses, certes. Mais elles vous narguent, car vous ne les avez ni oubliées ni réglées. Du fait que vous pensez qu’il y aurait *peut-être* quelque chose à faire à leur sujet, vous leur consacrez beaucoup plus d’énergie psychique qu’elles n’en méritent. Dites-vous bien qu’il n’y a rien de mal à ne pas faire quelque chose, à condition de *savoir* qu’on ne le fait pas.

On commence ? Prenez votre boîte d’entrée et une pile de papier pour prendre des notes, puis…

Partez !

La collecte physique

Prenez l'habitude de repérer et de collecter tout ce qui n'est pas à sa place définitive.

La première chose à faire est de débarrasser votre environnement physique de tout ce qui, sous sa forme actuelle, n'est pas à sa place définitive, et de le déposer dans la boîte d'entrée. Vous ramasserez les choses incomplètes et les choses à propos desquelles il faudra peut-être décider d'une action. Tout cela ira dans la boîte d'entrée et y restera jusqu'à l'étape du traitement.

Qu'est-ce qui ne bouge pas ?

Le meilleur moyen de déterminer ce qui devrait aller dans la boîte d'entrée est de savoir ce qui ne devrait pas s'y trouver. Voici quatre catégories d'objets qui peuvent rester à leur place sous leur forme actuelle, et pour lesquelles aucune action ne doit être décidée :

- fournitures de bureau ;
- matériel de référence ;
- décoration ;
- équipement.

Fournitures de bureau. Ce sont tous les objets dont vous vous servez régulièrement et que vous devez par conséquent garder. Appartiennent à cette catégorie les articles de papeterie, les cartes professionnelles, les timbres, les agrafes, les Post-it, les blocs-notes, les trombones, les recharges de stylo à bille, les piles, les formulaires que vous devez remplir périodiquement et les élastiques. De nombreuses personnes conservent aussi dans un tiroir des articles d'usage personnel, comme du fil dentaire, des Kleenex, etc.

Documentation de référence. Ce sont tous les papiers et documents qui contiennent des renseignements dont vous pouvez avoir besoin, comme des modes d'emploi ou les menus des restos du quartier. Appartiennent aussi à cette catégorie les carnets d'adresses et les répertoires téléphoniques, les documents afférents à des projets, des thèmes et des sujets, et les livres de référence, comme les dictionnaires, les encyclopédies et les almanachs.

Décoration. Ce sont les photos de famille, les tableaux et les petits objets que vous épinglez sur votre tableau d'affichage. La décoration peut aussi comprendre des récompenses, des souvenirs ou des plantes.

Équipement. L'équipement regroupe bien sûr le téléphone, l'ordinateur, le télécopieur, l'imprimante, la corbeille à papier, le mobilier et l'appareil vidéo, s'il y en a un.

Dans ces quatre catégories se trouvent donc une panoplie de choses : presque tous les outils ou articles qui ne demandent aucune action. Tout le reste va dans la boîte d'entrée. Il se peut toutefois que plusieurs éléments que vous associez au départ aux fournitures de bureau, à la documentation de référence, à la décoration ou à l'équipement demandent une action parce qu'ils ne remplissent pas la fonction qu'ils devraient remplir.

Par exemple, vous conservez très probablement dans un tiroir ou une armoire des tas de documents périmés ou qui seraient plus utiles ailleurs. Tous ces éléments vont dans la boîte d'entrée. Il en va de même pour les articles éparpillés et les appareils qui ne fonctionnent pas. Ce sont des éléments incomplets qui doivent être recensés. Les photos de vos enfants sont-elles récentes ? Aimez-vous vraiment le tableau accroché sur le mur ? Voulez-vous vraiment conserver les souvenirs qui se trouvent dans le bureau ? Les meubles sont-ils disposés exactement comme vous le voudriez ? Êtes-vous satisfait de l'emplacement de votre ordinateur ? Vos plantes ne sont-elles pas en train de dépérir ? Autrement dit, certains éléments de vos fournitures de bureau, de votre documentation de référence, de votre décoration et de votre équipement peuvent atterrir dans votre boîte d'entrée s'ils ne sont pas exactement à la place où ils devraient être et sous la forme qu'ils devraient avoir.

Questions reliées à la collecte

Au cours de cette étape, l'une ou plusieurs des situations suivantes peuvent se présenter à vous.

- Les éléments que vous avez collectés n'entrent pas dans une seule boîte d'entrée.
- Vous vous mettez à tout vider et à tout organiser, ce qui ne correspond pas à votre objectif.
- Certains éléments sont déjà collectés et organisés sous une autre forme.
- Vous découvrez des objets ou des papiers importants que vous voulez conserver à portée de la main.

Que faire si un objet est trop gros pour tenir dans la boîte d'entrée ? Si vous ne pouvez pas déposer un objet dans cette boîte, représentez-le par une note. Supposons qu'il y ait un tableau devant la porte de votre bureau, par exemple. Écrivez « Tableau devant la porte » sur une feuille de papier de format lettre et mettez celle-ci dans la boîte.

N'oubliez pas de dater la note. Dans le cas où certaines des feuilles représentant un objet ou une action aboutiraient dans votre système d'organisation, il sera utile de savoir quand la note a été écrite. C'est d'ailleurs une excellente habitude que de dater toutes vos notes, même si cela ne vous paraît pas utile dans l'immédiat.

Et si la pile de papiers est trop volumineuse pour tenir dans la boîte d'entrée ? La masse de papiers que vous collecterez sera probablement trop volumineuse pour être déposée en piles bien nettes dans la boîte d'entrée. Dans ce cas, formez des piles que vous disposerez autour de cette boîte et, si besoin est, à même le sol. Ces piles seront vidées aux étapes du traitement et de l'organisation. En attendant, toutefois, veillez à créer une distinction visuelle très nette entre les piles qui font partie de la boîte d'entrée et celles qui n'en font pas partie.

Mettez tout de suite à la poubelle les articles qui ne servent plus à rien. S'il saute aux yeux qu'un élément n'est plus d'aucune utilité, n'hésitez pas : jetez-le tout de suite à la poubelle. Chez certains de mes clients, cette purge inaugure le tout premier désencombrement des tiroirs de leur bureau.

Si vous ne savez pas vraiment à quoi correspond l'objet que vous tenez entre les mains ou s'il vaut la peine de le conserver, placez-le dans la boîte d'entrée. Éviter à tout prix de vous attarder à chaque article en essayant de décider ce qu'il faut en faire. Vous le ferez de toute façon plus tard, à l'étape du traitement. L'objectif de la collecte est de regrouper tout ce qui va dans la boîte d'entrée *le plus rapidement possible* afin de « délimiter le champ de bataille ».

Ne succombez pas à la fièvre du « grand ménage ». Beaucoup de gens se laissent gagner par cette fièvre lorsqu'ils commencent à inspecter les diverses parties de leur bureau (ou de leur domicile). Mais attention : une telle entreprise ne peut être menée à terme en moins d'une semaine. Si vous ne pouvez vous libérer aussi longtemps, il faudra procéder par fragments et saisir les éléments sous forme de petits projets ou d'actions à faire. On se laissera alors des rappels comme « Faire le ménage du classeur à quatre tiroirs » ou « Nettoyer le placard du bureau ».

Ce que vous ne devez *pas* faire, c'est vous empêcher de mettre en œuvre le processus complet de gestion des actions parce que vous vous êtes lancé dans un grand ménage. Ce qui compte avant tout, c'est d'achever le plus rapidement possible le traitement de vos affaires en suspens et la mise en place de votre système.

Que faire si des éléments figurent déjà sur des listes ou des organiseurs ? Il se peut que certaines listes se trouvent déjà dans un système d'organisation en place. À moins que vous ne soyez très familier avec le modèle de gestion du flux du travail que je vous propose et que vous ne l'ayez déjà mis en application, je vous recommande de considérer ces listes comme des affaires à traiter, au même titre que tous les autres éléments que vous déposez dans votre boîte d'entrée. Votre système doit être cohérent, et vous devez évaluer tous les éléments qui le composent sous le même angle pour qu'il le reste.

Que faire si vous ne voulez pas perdre la trace d'un document ? En cours de collecte, il arrive souvent qu'un client découvre un papier ou un document dont il avait oublié l'existence, mais qui revêt une importance immédiate. Il peut s'agir, par exemple, d'une note lui rappelant un appel ou travail qu'il aurait dû faire plusieurs jours ou semaines plus tôt. Le client ne veut pas mêler ce document à la pile de papiers qu'il a placée dans sa boîte d'entrée de crainte d'en perdre la trace encore une fois.

Si vous vous trouvez dans ce genre de situation, demandez-vous d'abord si vous devez *absolument* donner suite au document en question avant la fin de la collecte. Si oui, acquittez-vous de cette tâche tout de suite de manière à vous libérer l'esprit. Sinon, mettez le document dans votre boîte d'entrée. Puisque vous allez bientôt vider votre boîte et traiter tous les éléments qu'elle contient, vous ne risquez pas de perdre votre document.

Si vous ne pouvez pas vous acquitter de votre tâche immédiatement, mais que vous tenez a en avoir un rappel près de vous, créez une boîte d'urgence et placez-la en face de vous. Cette solution n'est pas idéale, mais peut à la rigueur être acceptable. Petite parenthèse : le volume des affaires en suspens, qui vous apparaîtra avec plus d'évidence durant la collecte, provoquera peut-être en vous un sentiment d'anxiété. Donnez-vous les moyens de surmonter cette angoisse.

La surface de travail

Vous êtes prêt ? Commencez par placer dans la boîte d'entrée toutes les choses qui devraient s'y trouver, mais qui gisent pour l'instant sur votre bureau. Bien des gens se servent du dessus de leur bureau comme d'une énorme boîte d'entrée. Si vous êtes de ceux-là, les piles de paperasse éparpillées sur cette surface constitueront le point de départ de votre collecte. Voici certains des éléments que l'on trouve le plus fréquemment sur un bureau :

- piles de lettres et de notes de service ;
- messages d'appels téléphoniques ;
- paquets de cartes professionnelles ;
- notes de réunions.

Évitez de vous dire, comme presque tout le monde le fait au début, que vous savez très bien ce que vos piles contiennent et que vous préférez les laisser là où elles sont. C'est précisément ce genre d'attitude qui vous a nui jusqu'à présent, et c'est pourquoi vous devez faire disparaître ces piles.

Tout en désencombrant votre surface de travail, demandez-vous si vous avez l'intention de changer certains des outils et appareils qui s'y trouvent. Le téléphone ? L'ordinateur ? Et le bureau lui-même ? Si quoi que ce soit doit être changé, indiquez-le sur une feuille et mettez celle-ci dans la boîte d'entrée.

Les tiroirs du bureau

Attaquez-vous ensuite aux tiroirs de votre bureau, s'il y en a. Inspectez-les un à un. Y a-t-il des choses qui attirent votre attention ? Des éléments qui demandent une action ? Des objets qui ne sont pas à leur place ? Dans tous ces cas, déposez dans la boîte d'entrée l'élément activable ou une note qui en tient lieu. Encore une fois, vous pouvez profiter de cette occasion pour mettre de l'ordre dans vos tiroirs ou simplement prendre note des choses à faire plus tard. Tout dépend du temps dont vous disposez et du volume d'éléments recensés.

Les dessus de meubles

Passez à tout ce qui se trouve sans raison apparente sur les dessus d'armoire, de comptoir ou de classeur. Il s'agira souvent de magazines, de journaux, de lettres, de dossiers divers et de documents d'accompagnement. Collectez-les.

Vous trouverez peut-être aussi des documents de référence que vous avez récemment consultés et que vous n'avez pas rangés. Si tel est le cas, et que vous pouvez les replacer rapidement dans le classeur ou l'étagère qui leur est assigné, faites-le. Demandez-vous toutefois si ces documents peuvent faire l'objet d'une action avant de les ranger. Dans l'affirmative, mettez-les dans la boîte d'entrée en vue de les traiter plus tard.

L'intérieur des armoires

Examinez l'intérieur des armoires. Qu'y trouvez-vous ? C'est l'endroit par excellence où nous avons tendance à accumuler des montagnes de fournitures de bureau et de documents de référence, et à enfouir toutes sortes d'objets. Y a-t-il des choses brisées ou périmées ? Il m'arrive souvent de déterrer de fonds d'armoire des objets de collection ou des souvenirs qui n'ont plus aucune valeur sentimentale pour mes clients. L'un d'entre eux, qui était directeur général d'une compagnie d'assurances, a fini par remplir une poubelle de « prix de reconnaissance » qu'il avait accumulés au fil du temps.

Demandez-vous si vos objets de collection et vos souvenirs ont toujours la même signification pour vous.

Là encore, si vous n'avez d'autre choix que de vider entièrement vos armoires afin d'en réorganiser le contenu, contentez-vous d'en faire l'objet d'une note que vous mettrez dans la boîte d'entrée.

Les planchers, les murs et les étagères

Les tableaux d'affichage sont-ils encombrés de petites choses qui nécessitent une action ou une autre de votre part ? Y a-t-il des papiers collés au mur qui ne sont pas à leur place ? Y a-t-il quelque chose à faire au sujet des photographies, œuvres d'art, objets décoratifs et prix que vous trouvez ? Et les étagères ? Y a-t-il des livres que vous devez lire ou que vous pouvez donner ? Que faire des catalogues, manuels ou classeurs à anneaux dont vous ne vous servez plus ou dont vous pourriez faire un autre usage ? Et où vont les piles de papiers et les amas d'objets déposés sur le sol ? Placez-les dans votre boîte d'entrée. Ils s'ajouteront à l'inventaire des affaires à traiter.

L'équipement, le mobilier et les lampes

Y a-t-il quelque chose à faire ou à changer à propos de l'équipement, du mobilier ou de l'espace physique lui-même ? Les appareils sont-ils en bon état ? L'éclairage est-il convenable ? S'il existe des éléments activables, vous savez désormais quoi faire : rédiger une note et la mettre dans la boîte d'entrée.

Les autres espaces

Au travail comme chez vous, ne laissez pas les choses « sans importance » saper votre énergie.

Selon l'étendue du travail de collecte que vous vous fixez, vous déciderez peut-être d'appliquer le même type de démarche à tous les endroits où vous conservez vos affaires. Si vous êtes déterminé à évacuer complètement toutes les affaires en suspens de votre esprit, il est impératif de faire ce travail *partout*.

Certains des cadres que j'accompagne trouvent extrêmement bénéfique de m'inviter chez eux pour les aider à faire le même travail de collecte. Cette simple démarche leur permet souvent de se libérer du piège de ces « petites choses sans importance » qui envahissent leur vie domestique et rongent leur énergie.

Balayer l'espace mental

Quand vous serez certain d'avoir collecté tous les éléments encombrant votre environnement physique, il faudra vous attaquer à ceux qui occupent votre mémoire vive psychique. Sur quels éléments autres que ceux qui se trouvent déjà dans votre boîte d'entrée votre attention se porte-elle ?

C'est à ce stade que la rame de papier blanc entre en jeu. Je vous recommande d'écrire chaque pensée, idée, projet ou affaire qui retient votre attention sur une feuille de papier *distincte*. Vous pourriez évidemment en dresser la liste dans un quelconque carnet, mais comme vous allez traiter ces éléments un à un, il est plus logique et plus pratique de consacrer une feuille distincte à chacun d'eux. Vous ne conserverez probablement pas toutes les feuilles ainsi produites (à moins que le support papier ne soit pour vous le meilleur outil d'organisation), mais il sera commode de les examiner comme éléments distincts au moment du traitement.

Le balayage mental devrait vous prendre de vingt minutes à une heure. Vous constaterez que vos idées surgiront pêle-mêle et concerneront toutes sortes de sujets (importants, insignifiants, personnels, professionnels, etc.).

Collectez le plus grand nombre d'idées possibles pour ne rien oublier d'important. Il est de très loin préférable d'en faire trop que de ne pas en faire assez. Vous pourrez toujours écarter plus tard les idées sans intérêt. Il se peut qu'une idée comme « Respecter l'environnement » soit suivie d'une idée complètement différente comme « Acheter de la nourriture pour le chat ». Retranscrivez-les toutes deux. Ne soyez pas surpris par l'importante pile de papiers que vous aurez accumulée durant ce travail.

La liste d'éléments possibles à activer

Pour vider votre esprit, vous pouvez vous inspirer de la « Liste des éléments possibles à activer » qui suit. Examinez-la point par point pour vérifier que vous n'avez rien oublié. La moindre association d'idées peut permettre de déterrer un élément tapi dans le fond de votre esprit. Dès qu'une nouvelle idée vous vient en tête, notez-la sur une feuille de papier et déposez celle-ci dans la boîte d'entrée.

VIE PROFESSIONNELLE

- **Projets commencés et non terminés**
- **Projets à entreprendre**
- **Engagements et promesses envers les autres**
  - Patron/associés
  - Collègues
  - Subalternes
  - Autres employés de l'entreprise
  - Personnel externe
    - Clients
    - Autres entreprises
    - Experts
- **Communications internes/externes**
  - Laisser/répondre à :
    - Appels téléphoniques
    - Messages vocaux
    - Mails
    - SMS
    - Télécopies
    - Lettres
    - Notes de service
- **Documents à terminer/soumettre**
  - Rapports
  - Évaluations/examens
  - Propositions
  - Articles
  - Matériel de promotion
  - Manuels/Modes d'emploi
  - Réécriture et édition
- **Réunions à organiser/convoquer**

- **Décisions – qui doit savoir quoi ?**
- **Lecture/révision d'envergure**
- **Questions financières**
  - Budget de trésorerie
  - Statistiques
  - Budgets
  - Prévisions/projections
  - Pertes et profits
  - Bilan
  - Marge de crédit
- **Planification/organisation**
  - Planification formalisée (buts, cibles, objectifs)
  - Projets en cours (prochaines étapes)
  - Projets à venir
  - Plans d'affaires/de marketing
  - Initiatives organisationnelles
  - Événements à venir
  - Réunions
  - Présentations
  - Structuration organisationnelle
  - Changements dans les installations
  - Installation de nouveaux systèmes/équipements
  - Déplacements
- **Banques**
  - Comptes clients
  - Comptes fournisseurs
  - Fonds de caisse
- **Administration**
  - Contentieux
  - Assurances
  - Personnel
  - Politiques/procédures
- **Clients**
  - Internes
  - Externes
- **Marketing**
- **Promotion**
- **Vente**
  - Service à la clientèle
- **Systèmes**
  - Téléphones
  - Ordinateurs
  - Matériel de bureau
  - Autres équipements
  - Services publics
  - Classement
  - Stocks
    - État des stocks/inventaire
- **Fournitures**
- **Bureau/emplacement**
  - Organisation du bureau
  - Mobilier
  - Décoration
- **Dossiers en attente**
  - Information
  - Tâches/projets délégués
  - Achèvement de projets cruciaux
  - Répondre à :
    - Lettres
    - Notes de service
    - Appels
    - Propositions
    - Demandes d'achat
    - Remboursements
    - Fonds de caisse
    - Assurances
    - Articles commandés
    - Articles en réparation

Billets
Décisions prises par d'autres

- **Développement professionnel**
  - Ateliers de formation/séminaires
  - Connaissances à acquérir
  - Matières à rechercher
  - Aptitudes et connaissances pratiques dans un domaine spécialisé :
    Informatique
  - Formation en techniques vidéo
  - CV
- **Cours hors entreprise**
- **Recherche – domaines à explorer...**
- **Habillement – travail**

VIE PERSONNELLE

- **Projets commencés et non terminés**
- **Projets à entreprendre**
- **Engagements et promesses envers les autres**
  - Conjoint
  - Enfants
  - Famille
  - Amis
  - Experts
  - Objets empruntés
- **Projets : autres organismes**
  - Services
  - Droits civiques
  - Caritatifs
- **Communications à/de**
  - Famille
  - Amis
  - Experts
  - Envoyer/répondre à :
    Messages téléphoniques
    Lettres
    Cartes
- **Événements à venir**
  - Occasions spéciales
  - Anniversaires
  - Célébrations
  - Mariages
  - Remises de diplôme
  - Congés
  - Voyage
  - Week-ends
  - Vacances
  - Réceptions
  - Événements culturels
  - Événements sportifs
- **R&D – Choses à faire**
  - Endroits à découvrir
  - Personnes à rencontrer/inviter
  - Divertissements locaux
- **Administration**
  - Finances
    Factures
    Banques
    Investissements
    Prêts
    Impôts et taxes

- Assurances
- Questions juridiques
- Classement

- **En attente...**
  - Commandes postales
  - Réparation
  - Remboursements
  - Objets prêtés
  - Dossier médical
  - Cartes-réponses
- **Maison**
  - Propriétaires
  - Propriétés
    - Questions juridiques
    - Immobilier
    - Zonage
    - Taxes
    - Constructeurs/entrepreneurs
  - Chauffage/climatisation
  - Plomberie
  - Électricité/éclairage
  - Toiture
  - Aménagement paysager
  - Entrée maison
  - Murs, planchers, plafonds
  - Décoration
  - Mobilier
  - Services publics
  - Appareils ménagers
  - Ustensiles de cuisine
  - Lave-linge/séchoir/aspirateur
  - Pièces et endroits à organiser/nettoyer
- **Ordinateurs/télécommunications**
  - Logiciels
  - Matériel
  - Connexions
  - CD-ROM
  - Courrier électronique/Internet
  - Téléviseur
  - Lecteur de cassettes
  - Musique/CD/cassettes
  - Appareils photo/caméras
  - Téléphones
  - Répondeur
  - Équipement divers
  - Équipement de sport
  - Armoires/vêtements
  - Garage/entreposage
  - Réparation et entretien de véhicules
  - Outils
  - Valises
  - Animaux de compagnie
- **Santé**
  - Médecins
  - Dentiste
  - Spécialistes
- **Loisirs**
  - Livres/disques/cassettes/DVD
- **Courses**
  - Supermarché
  - Quincaillerie
  - Pharmacie
  - Marché
  - Banque
  - Pressing
  - Papeterie
- **Communauté**
  - Voisins
  - Écoles
  - Administration
  - Affaires municipales

L'inventaire des entrées

La collecte est achevée quand le tracé de l'inventaire des entrées vous apparaît clairement.

Si vous avez évacué de votre esprit tous vos sujets de préoccupation personnels et professionnels, votre boîte d'entrée est très probablement pleine. Il se peut même qu'elle déborde. En plus des feuilles de papier et des objets que vous y avez déposés, vous devez y intégrer tout message courant issu de votre boîte vocale. Votre inventaire doit également comprendre tous les éléments de vos listes d'organiseur qui ne font pas encore l'objet de premières actions.

Je recommande habituellement à mes clients de retranscrire leurs messages vocaux sur des feuilles de papier et de déposer celles-ci dans leur boîte d'entrée. Si vous vous servez d'un PDA, de Microsoft Outlook ou de Lotus Organizer pour d'autres fonctions que celles de l'agenda, du répertoire téléphonique ou du carnet d'adresses, je vous suggère d'imprimer toutes vos listes de tâches ou de choses à faire et de les déposer également dans votre boîte d'entrée. En ce qui concerne les mails, il vaut mieux les laisser sur support informatique. En raison de leur volume, il sera plus facile de les traiter au sein du système de messagerie où ils sont stockés.

Tout ce vous avez déposé dans la boîte d'entrée doit en sortir

Au terme de ce processus, vous serez prêt à entamer la prochaine étape. En effet, vous ne pouvez laisser indéfiniment vos affaires en suspens dans votre boîte d'entrée. Sachant que vous ne les avez pas réglées, vous commencerez de nouveau à vous en préoccuper. Si tant de gens ne voient pas l'utilité des boîtes d'entrée, c'est justement parce qu'ils ne disposent pas de méthodes leur permettant d'en traiter et d'en organiser le contenu.

Ce sont ces méthodes que je présenterai dans le prochain chapitre.

6

Le traitement : vider votre boîte d'entrée

VOUS AVEZ COLLECTÉ tout ce qui retenait votre attention. Vous devez maintenant vider votre boîte d'entrée et traiter tous les éléments qui s'y trouvent. Il ne s'agit pas pour le moment d'exécuter toutes les actions ou de lancer tous les « projets » que nécessitent ces entrées. Vous devez simplement identifier celles-ci, déterminer à quoi elles correspondent et décider ce que vous allez en faire.

Quand vous aurez fini de les traiter, vous aurez :

- jeté tout ce dont vous n'avez pas besoin ;
- exécuté les actions qui demandent moins de deux minutes ;
- transféré à d'autres les actions que vous pouvez déléguer ;
- classé dans votre propre système d'organisation les rappels d'actions qui demandent plus de deux minutes ;
- regroupé les engagements plus vastes (« projets ») qui découlent de vos entrées.

Pour avoir une vue d'ensemble de cette démarche, vous jugerez peut-être utile de revoir le schéma du flux du travail, à la page suivante. La colonne centrale représente toutes les étapes à suivre pour traiter les entrées et décider des premières actions à exécuter.

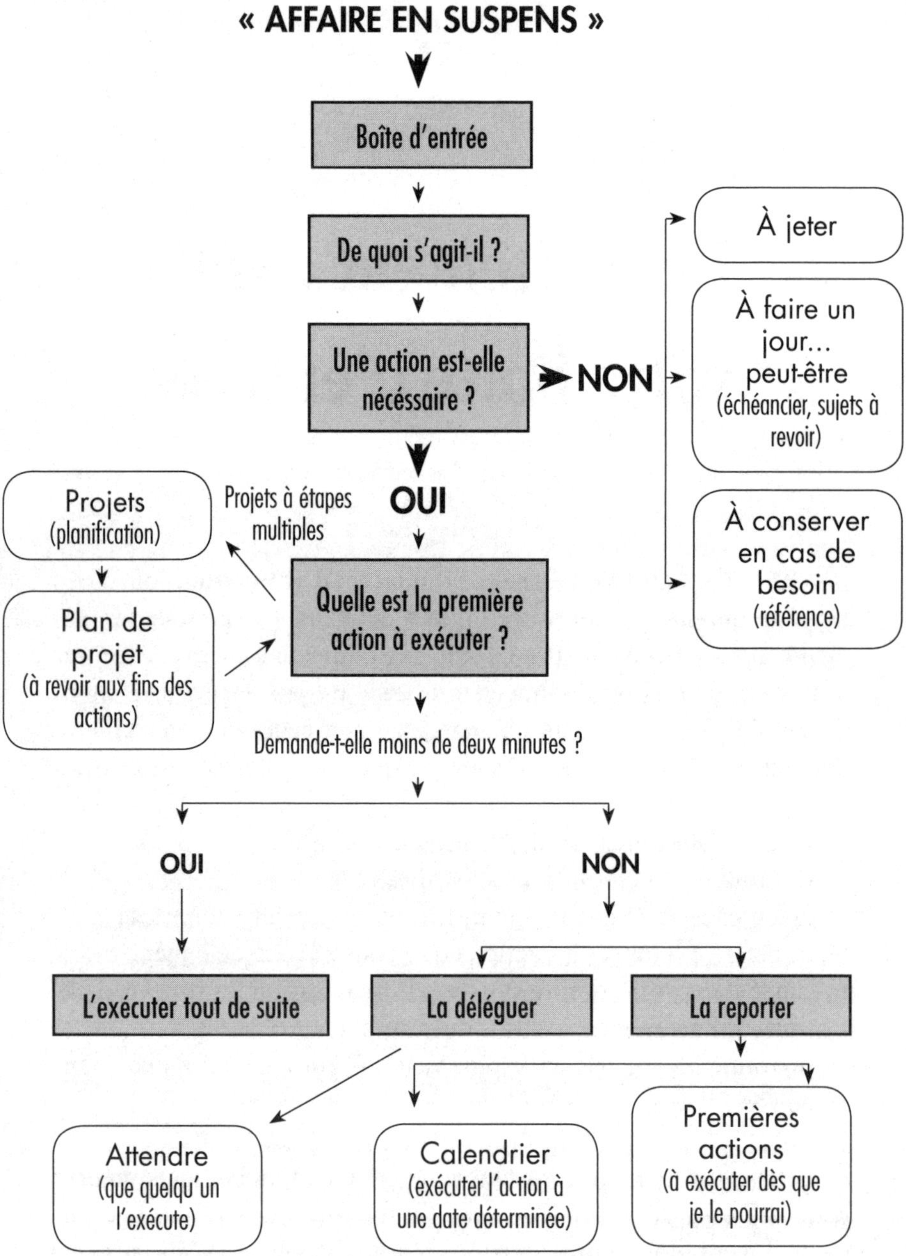

SCHÉMA DU FLUX DU TRAVAIL – TRAITEMENT

Ce chapitre traite des composantes qui occupent la colonne centrale du schéma, c'est-à-dire la série d'étapes qui va de l'examen des entrées aux premières actions à exécuter. Vous constaterez immédiatement que les composantes s'enchaînent naturellement. Exemple : vous retirez une entrée qui vous rappelle que vous devez appeler une collègue. Or, cette collègue ne sera au bureau que lundi prochain. Vous vous dites : « Je dois appeler Jeanne à ce sujet, mais je ne peux le faire que lundi, quand elle sera à son bureau. » Vous reportez donc l'action immédiatement et vous notez l'appel à donner sur votre agenda, à la page du lundi.

Je vous recommande de lire entièrement à la fois ce chapitre et le suivant (sur l'organisation des actions) avant de commencer à traiter les entrées. Vous vous épargnerez ainsi certains efforts inutiles. Quand j'initie mes clients à cette démarche, nous aboutissons invariablement à un va-et-vient entre deux étapes. La première, relativement simple, se résume à prendre des décisions afférentes au traitement. La seconde, plus complexe, consiste à trouver le meilleur moyen d'appliquer ces décisions au système d'organisation propre au client.

Par exemple, de nombreux clients désirent créer leur système personnel sur un PDA qui permette un échange de données avec Microsoft Outlook, si tel est le logiciel utilisé par leur entreprise pour gérer mails et calendriers. Dans ce cas, après avoir terminé la collecte, nous vérifions en premier lieu que le matériel et le logiciel fonctionnent bien. Nous épurons ensuite les éléments que le client a précédemment classés dans sa liste de tâches Outlook (ce qui revient généralement à les imprimer ou les effacer) et nous les déposons tous dans la boîte d'entrée. En dernier lieu, nous créons quelques catégories comme « Appels », « Courses », « Ordres du jour », « À l'ordinateur », etc. Quand nous commençons à traiter les entrées, le client se rend immédiatement à son ordinateur pour saisir les premières actions à exécuter dans le système définitif dont il se servira plus tard.

Si vous ne savez pas encore quel système vous utiliserez pour noter vos rappels, ne vous en faites pas. Vous pouvez très bien continuer de vous servir d'un stylo et de feuilles de papier. Vous pourrez toujours changer vos outils plus tard, quand votre système d'organisation sera au point.

Lignes directrices du traitement

Le meilleur moyen de se familiariser avec ce système est de le mettre en œuvre. Il y a toutefois quelques règles de base à suivre :

- commencer par le premier élément du dessus de la pile ;
- traiter un élément à la fois ;
- ne jamais remettre un élément dans la boîte d'entrée.

Commencer par le premier élément

Traiter un élément ne veut pas dire *s'y attarder.*

Même si le premier élément est un vulgaire spam, alors que le second est une lettre personnelle du PDG, commencez par le premier ! J'exagère, bien sûr, mais c'est pour souligner un principe important : tous les éléments doivent être traités sur un pied d'égalité. En revanche, *traiter* un élément ne signifie pas *s'y attarder*. Il suffit de déterminer de quoi il s'agit, de décider de la première action qui s'y rapporte et de faire un tri en conséquence. Il est inutile de sauter les étapes, car vous allez de toute façon atteindre le fond de la boîte et qu'il ne faudrait pas, en attendant, négliger le moindre élément qui s'y trouve.

Ne pas confondre traitement et dépouillement sélectif

La plupart des gens plongent dans leur corbeille d'arrivée ou leur boîte de réception pour y piger ce qui leur semble le plus urgent, le plus agréable ou le plus intéressant. C'est ce que j'appelle le dépouillement sélectif. C'est une pratique acceptable et parfois nécessaire (à laquelle je m'adonne aussi). Il se peut, par exemple, que vous reveniez d'une réunion chez un client et que vous deviez participer à une conférence téléphonique sur cette réunion dans quinze minutes. Vous jetez alors un coup d'œil sur vos boîtes d'entrée pour vous assurer qu'aucune tâche pressante ne vous attend.

Fort bien, mais il ne s'agit plus alors du traitement des entrées, mais d'un dépouillement d'urgence. Le traitement consiste à passer au peigne fin tous les éléments, et ce dans l'ordre où ils se présentent. Dès que vous enfreignez cette règle et que vous ne traitez que ce qui vous intéresse dans l'ordre qui vous plaît, vous finissez inévitablement par vous retrouver avec des éléments non traités. Résultat : votre système n'est plus fonctionnel, et tout ce qui y échappe viendra s'éparpiller sur votre table et aux quatre coins de votre bureau.

Quel est le bon ordre ?

Faut-il adopter la méthode du « dernier entré, premier sorti » ou celle du « premier entré, premier sorti » ? En théorie, vous devez renverser votre boîte d'entrée et commencer par le premier élément qui vous tombe sous la main. Mais le point de départ n'a pas tellement d'importance tant que vous défrichez la pile d'un bout à l'autre en un laps de temps raisonnable. Toutefois, si vous avez à trier une longue série de mails, vous vous apercevrez qu'il est plus commode de commencer par le premier entré. De cette façon, vous ne risquez pas de perdre le fil des commentaires générés par le premier message.

Un élément à la fois

Durant le traitement des entrées, vous aurez peut-être tendance à ramasser un élément, le regarder sans trop savoir quoi en faire, puis vous laisser attirer par un autre élément de la pile et décider de le traiter. Il est probable que ce nouvel élément retienne davantage votre attention parce que vous savez tout de suite ce que vous devez en faire, alors que vous ne saviez pas très bien quoi faire du premier. C'est un terrain glissant. Ce que vous laissez ainsi tomber va atterrir sur votre bureau ; sous peu, vous serez revenu à votre désordre initial.

La plupart de mes clients ont tendance à s'emparer d'une grosse pile de documents, à la placer en face d'eux et à la dépouiller. Je comprends très bien leur désir légitime de s'attaquer à de « gros morceaux » à la fois, mais je dois malgré tout leur demander de remettre la pile à sa place et de ne conserver que le premier élément du dessus. Ce n'est qu'en se concentrant sur une chose à la fois qu'on parviendra à traiter toutes ses affaires en suspens. Et en cas d'interruption, on ne risque pas de laisser sur son bureau une montagne de documents en traitement.

Une exception

Il y a une exception subtile à la règle précédente. De par leur personnalité, certains individus ont absolument besoin de détourner leur attention d'un élément pendant au moins une minute avant de prendre une décision à son sujet. Dans ce cas, je laisse la personne retirer deux ou trois éléments de la boîte d'entrée en même temps. Ce « traitement simultané » lui permet de décider plus facilement et plus rapidement de l'action à exécuter.

Le traitement simultané n'est valable que dans des circonstances exceptionnelles. De plus, il requiert beaucoup de discipline. Il faut effectivement s'astreindre à dépouiller méthodiquement tous les éléments et à ne jamais esquiver une décision pendant plus d'une ou deux minutes.

Ne jamais remettre un élément dans la boîte d'entrée

Aussitôt que vous retirez un élément de la boîte, vous devez décider ce que vous allez en faire et dans quelle catégorie vous devez le classer. Ne remettez jamais un élément dans la boîte d'entrée.

Quelle est la première action à exécuter ?

Il est entendu que vous ne devez traiter qu'un seul élément à la fois. Vous devez maintenant décider de la première action à exécuter pour chaque élément. La chose peut sembler facile (et elle l'est), mais elle exige une réflexion rapide et aiguë. Dans la plupart des cas, l'action ne s'impose pas d'elle-même ; elle doit être déterminée.

Prenons le premier élément que vous retirez. Que devez-vous faire à son sujet ? Appeler quelqu'un ? Rédiger quelque chose ? Chercher de l'information sur le Web ? Acheter un article dans un magasin ? Parler à votre secrétaire ? Envoyer un mail à votre patron ? C'est de la nature spécifique de l'action, s'il y en a une, que découleront vos options suivantes. Mais s'il n'y a rien à faire ?

S'il n'y a rien à faire…

Il est à peu près sûr que certaines de vos entrées ne nécessiteront pas d'action. Trois types d'éléments entrent dans cette catégorie d'entrées « non activables » :

- éléments à jeter (poubelle) ;
- éléments à revoir plus tard (incubation) ;
- éléments à conserver en cas de besoin (référence).

Dans la poubelle

Si vous avez suivi mes recommandations, vous avez très certainement déjà jeté beaucoup de choses à l'étape de la collecte. Il est malgré tout fort probable que vous ayez déposé dans votre boîte d'entrée des éléments dont vous n'avez plus besoin. Ne soyez donc pas surpris si vous remplissez aussi votre poubelle durant le traitement.

En traitant tous les éléments qui font partie de votre environnement, vous prendrez conscience des comportements qui vous nuisent. L'un de mes clients, par exemple, s'est aperçu qu'il laissait s'accumuler dans sa boîte de réception d'innombrables mails auxquels il savait pertinemment qu'il ne répondrait jamais. Ma méthode, m'a-t-il confié, l'avait forcé à mettre un terme à ce genre d'accumulation insensée.

Il vous arrivera certainement de vous demander si vous devez conserver ou non un élément aux fins de référence future. Voici les deux solutions que je propose :

- en cas de doute, jetez-le ;
- en cas de doute, conservez-le.

Selon moi, les deux solutions se valent. Il vous faut seulement faire confiance à votre intuition et tenir compte de l'espace physique dont vous disposez. La plupart des gens sont désemparés par ce genre de choix parce que leurs systèmes n'ont jamais été vraiment fonctionnels. Si vous différenciez clairement ce qui est référence de ce qui est activable, et si votre système de référence est simple et efficace, vous pouvez conserver autant d'éléments que votre espace le permet. Dans la mesure où aucune action n'est nécessaire, tout devient question d'espace et de logistique.

Les spécialistes en classement pourront vous donner des directives plus détaillées à ce sujet. Votre comptable pourra aussi vous renseigner sur les délais de conservation des documents, ce qui vous permettra de savoir quels éléments garder et combien de temps les garder. L'important, selon moi, est de faire une distinction entre ce qui est activable et ce qui ne l'est. Une fois cette distinction faite, de nombreuses possibilités s'ouvriront à vous.

L'incubation

Votre boîte d'entrée comprend sûrement des éléments qui ne demandent pas d'action pour le moment, mais qui pourraient en demander plus tard.

Exemples :

- L'ordre du jour d'une réunion du conseil d'administration à laquelle vous êtes invité. Aucune action n'est nécessaire pour l'instant ; vous devrez seulement lire l'ordre du jour vingt-quatre heures avant la réunion pour vous y préparer.
- Une publicité annonçant la prochaine version du logiciel Money Microsoft pour la gestion des finances personnelles. Avez-vous vraiment besoin de cette nouvelle version ? Vous ne le savez pas encore. Vous vous donnez une semaine pour y penser.
- Une note que vous vous êtes laissée à propos d'un cours d'aquarelle que vous aimeriez suivre. Le projet tient toujours, mais vous n'avez pas le temps de le réaliser pour l'instant.

Que faire de ce genre d'éléments ? Il y a deux solutions pratiques :

- les inscrire sur une liste « Un jour... peut-être » ;
- les inscrire dans votre agenda ou un « échéancier ».

Le but de ce travail d'incubation est d'évacuer *immédiatement* ces éléments de votre esprit tout en enclenchant un rappel de l'action possible en temps opportun. J'y reviendrai plus en détail dans le prochain chapitre, consacré à l'organisation. Pour l'instant, collez simplement un Post-it sur ces éléments (avec les mentions « Peut-être » ou « À revoir le 17 octobre », par exemple) et mettez-les de côté dans une boîte provisoire dont vous trierez le contenu plus tard.

En référence : à conserver

De nombreux éléments que vous déposerez dans la boîte d'entrée ne nécessiteront pas d'action, mais contiendront une foule de renseignements utiles. Idéalement, vous avez déjà mis sur pied un système de classement fonctionnel pour vos documents de référence et d'accompagnement (voir le chapitre 4). En dépouillant votre corbeille d'arrivée et votre boîte de réception, vous tomberez sur des documents que vous voudrez archiver ou conserver comme matériel de référence. Classez-les.

Dès que vous repérez un document que vous voulez conserver, placez-le dans une chemise, étiquetez celle-ci et rangez-la dans le tiroir de classement. Quand j'ai commencé à travailler comme consultant, j'autorisais mes clients à créer un dossier « À classer ». Plus maintenant. J'ai découvert que si l'on ne classe pas ses documents sur-le-champ, il y a de fortes chances qu'on ne le fasse jamais.

Et s'il y a quelque chose à faire ?

Dans ce cas, vous devez décider ce que sera exactement la première action à exécuter. Il s'agit là, comme nous l'avons déjà expliqué, d'un geste qui s'impose pour amener progressivement une situation vers le résultat voulu.

Cette décision est à la fois plus facile et plus difficile que nous pourrions le croire. En effet, pour y arriver, il faut souvent savoir planifier et analyser des questions de façon anticipée.

Considérons la liste suivante :

- Nettoyer le garage
- Préparer ma déclaration de revenus
- Assister à une conférence

Bien que la tâche ou le « projet » correspondant à chacun de ces éléments semble relativement clair, la première action à déterminer demande une certaine réflexion.

- Nettoyer le garage
  Tout ce que j'ai à faire, c'est d'aller au garage et de m'y mettre. Oui, mais il y a ce gros réfrigérateur dont je dois me débarrasser d'abord… Je devrais demander à Jean s'il le veut pour son chalet. Je dois…
- appeler Jean au sujet du réfrigérateur qui se trouve dans le garage.

- Préparer ma déclaration de revenus
  J'ai besoin de mon formulaire, mais je ne l'ai pas. Il n'y a rien que je puisse faire en attendant. Donc, je vais…
- attendre de recevoir le formulaire de déclaration.

- Assister à une conférence
  Je dois savoir si Sandra a préparé un dossier de presse pour nous. Je vais…
- Envoyer un mail à Sandra pour tirer ça au clair.

Ces premières actions (« Appeler Jean », « Attendre le formulaire du centre des impôts », « Envoyer un mail à Sandra ») doivent être décidées pour chacun des éléments activables qui se trouvent dans la boîte d'entrée.

Les premières actions doivent absolument être tangibles

Tant que vous n'aurez pas décidé de première action physique à exécuter, vous ne cesserez pas de ruminer votre projet.

La première action à exécuter doit être physique et visible. On ne peut pas la ramener à une phrase comme « convoquer une réunion », parce que cet énoncé ne décrit pas un acte physique. Par quoi faut-il commencer pour convoquer une réunion ? Par un coup de fil ou un mail ? À qui ? C'est ce qu'il vous faut décider. Si vous ne le faites pas immédiatement, vous serez bien obligé de le faire plus tard, de toute façon. Le but de l'exercice, c'est justement de vous amener à *clore* des questions, plutôt que de les ruminer.

Demandez-vous ce que vous devez *faire* pour *prendre* une décision.

Plutôt que de prendre une décision tout de suite, vous vous direz peut-être que votre première action consistera à prendre une décision. Le piège est évident : décider n'est pas agir, car l'action est physique, alors que la décision ne l'est pas. Demandez-vous plutôt quelle activité concrète vous pouvez enclencher pour faciliter votre prise de décision. Dans l'immense majorité des cas, il vous faut simplement obtenir plus d'information. Cette information peut provenir de l'extérieur (« Demander à Suzanne de me donner ses commentaires sur la proposition ») ou être le fruit de vos propres réflexions (« Élaborer quelques idées sur le nouveau service »). Dans les deux cas, il y a toujours une première action à définir pour amorcer le projet.

Une fois la première action décidée…

À partir du moment où vous avez déterminé quelle action exécuter pour commencer, trois options se présentent à vous :

- **exécuter** l'action (si elle prend moins de deux minutes) ;
- la **déléguer** (si vous n'êtes pas la personne la plus indiquée pour l'exécuter) ;
- la **reporter** et l'intégrer à votre système d'organisation personnelle (si vous devez lui donner suite plus tard).

1 - Exécuter l'action

Si la première action prend deux minutes ou moins, exécutez-la immédiatement après avoir retiré de la boîte d'entrée l'élément qui lui est relié. Répondez sur-le-champ à une note de service que vous pouvez lire en moins de trente secondes et renvoyez-la à l'expéditeur en indiquant votre réponse (oui, non ou autre) sur un Post-it. Repérez rapidement ce qui vous intéresse dans un catalogue que vous pouvez parcourir en une minute ou deux, puis prenez la décision qui s'impose (le jeter, l'acheminer à quelqu'un d'autre ou le classer avec vos documents de référence). Si la première action que demande un élément est d'envoyer un bref message à quelqu'un, faites-le tout de suite.

La règle des deux minutes s'impose dès qu'il vous faut plus de temps pour classer et retrouver un élément qu'il ne vous en faut pour le traiter tout de suite. C'est un facteur d'efficacité.

La règle des deux minutes est magique.

Chez de nombreuses personnes, l'application systématique de cette règle entraîne une hausse spectaculaire de la productivité. L'un des vice-présidents d'une importante société d'informatique m'a expliqué que cette habitude lui avait fait gagner une heure de temps par jour. C'était l'un de ces cadres, très représentatifs des entreprises de haute technologie, qui reçoivent des centaines de mails par jour. Un grand nombre de ses messages provenaient de subalternes qui lui demandaient d'examiner, de commenter ou d'approuver des suggestions avant de poursuivre leur travail. Mais comme ces mails n'étaient pas absolument prioritaires, il les classait parmi les affaires à régler plus tard. Ce n'est que quand il se retrouvait avec des milliers de mails accumulés qu'il décidait de s'y attaquer, et il lui fallait souvent travailler des week-ends complets pour rattraper son retard. Ce rythme aurait pu stimuler un jeune cadre, mais ne convenait pas à mon client, un père de famille trentenaire. Il lui fallait trouver une autre solution que celle de travailler tous les week-ends.

Durant l'une de nos premières rencontres, nous avons parcouru les quelque 800 mails qu'il avait reçus. Un grand nombre ce ces messages pouvaient être supprimés, quelques-uns devaient être classés aux fins de référence, et de nombreux autres exigeaient une réponse pouvant être rédigée en moins de deux minutes. Un an après cet exercice, j'ai rappelé mon client. Il s'en tenait à notre méthode et ne laissait plus s'entasser des piles monstrueuses de mails dans sa boîte de réception. Et parce que ses délais de réponse étaient devenus infiniment plus rapides, sa division tout entière profitait des bienfaits de cette pratique.

Ce cas est peut-être un peu extrême, mais il montre bien comment des pratiques de traitement fort simples peuvent entraîner des changements en profondeur dans votre travail, surtout si le volume et le rythme de vos entrées augmentent.

Le délai de deux minutes a simple valeur d'indication. Si vous disposez d'un certain temps pour traiter vos entrées, vous pouvez étendre ce délai à cinq ou dix minutes par élément. Si, au contraire, vous devez dépouiller vos entrées rapidement pour mieux planifier votre journée de travail, vous pouvez le réduire à une minute ou même trente secondes pour aller plus vite.

Vous serez étonné du nombre d'actions que vous pouvez exécuter en deux minutes, même lorsque vous traitez des projets cruciaux.

Il serait bon de vous chronométrer durant quelque temps pour vous familiariser avec cette pratique. La plupart de mes clients parviennent difficilement à estimer ce que représentent exactement deux minutes et tendent aussi à sous-estimer le temps que leur prennent certaines actions. Par exemple, si l'action que vous avez déterminée consiste à laisser un message à quelqu'un, mais que c'est la personne elle-même qui vous répond, l'appel durera normalement plus de deux minutes.

Les actions de deux minutes ne nécessitent pas de suivi ; elles doivent tout simplement être exécutées et classées. Toutefois, si vous exécutez une action qui ne suffit pas à clore votre projet, vous devez déterminer la *prochaine* action qu'elle demande et gérer celle-ci selon les mêmes critères. Par exemple, si vous avez décidé de remplacer la cartouche de votre stylo préféré et que vous vous apercevez que vous n'avez plus de recharge, vous déciderez de la première action nécessaire (« Acheter des recharges de stylo »), laquelle pourra être, selon les cas, exécutée, déléguée ou reportée.

Respectez cette règle de deux minutes. Vous constaterez rapidement à quel point elle accélère le traitement des entrées. Mes clients sont nombreux à s'étonner du nombre d'actions qu'ils peuvent exécuter en deux minutes, même lorsqu'ils traitent certains de leurs projets les plus importants.

Permettez-moi de faire une dernière observation sur cette règle. Si vous envoyez un grand nombre de mails, vous améliorerez considérablement votre productivité en augmentant votre vitesse de frappe et en vous servant davantage des raccourcis clavier. Il est regrettable que tant de cadres brillants soient ouverts à la technologie, mais complètement fermés à leur clavier…

2 - Déléguer l'action
Si la première action doit prendre plus de deux minutes, demandez-vous : « Suis-je la personne la mieux placée pour l'exécuter ? » Dans la négative, confiez-la à la partie intéressée. Il ne s'agira pas forcément d'un subalterne. Vous pouvez, par exemple, confier cette action au service clientèle, la signaler à votre patron ou demander l'opinion de votre associé à son sujet.

Il importe de suivre une procédure « systématique » en matière de délégation. Ainsi, vous pourrez :

- envoyer un mail à la personne concernée ;
- lui envoyer une note ou un commentaire par écrit ;
- lui laisser un message vocal ;
- ajouter l'action à la liste des choses à faire le jour où vous devez normalement rencontrer la personne concernée ;
- parler directement à celle-ci, soit en tête à tête, soit par téléphone.

Bien que toutes ces solutions soient valables, je recommande l'ordre donné ci-dessus. Le mail est généralement le moyen de communication le plus rapide ; il fournit une preuve électronique de l'opération, et le destinataire peut lui donner suite au moment le plus opportun pour lui.

La note écrite vient en deuxième lieu, parce qu'elle peut aussi parvenir immédiatement au destinataire. En outre, celui-ci possédera un élément tangible qui lui servira d'aide-mémoire dans son propre système d'organisation. Si vous transmettez à la personne concernée des documents papier, la note écrite est de toute évidence le meilleur moyen de communication ; comme le mail, elle permet au destinataire de donner suite à votre demande dès que son emploi du temps le lui permet.

Le message vocal peut également être pertinent, et de nombreux cadres s'en accommodent très bien. L'inconvénient, c'est qu'il est plus laborieux d'en faire le suivi. De plus, comme dans le cas de toute communication orale, le risque d'un malentendu est non négligeable.

Vous pouvez aussi choisir d'ajouter l'élément à une liste de choses à faire ou de le conserver dans un dossier en attendant de rencontrer la personne concernée. Cette solution s'impose parfois lorsque le sujet à traiter est délicat ou qu'il exige des explications très détaillées. Évidemment, rien ne bougera jusqu'à ce que la rencontre ait lieu.

La dernière solution est la moins souhaitable, puisque les deux parties doivent interrompre leur travail pour se parler de la question à traiter. Certes, elle donne des résultats immédiats, mais elle perturbe le flux du travail et présente le même inconvénient que le message vocal, c'est-à-dire l'absence de preuve écrite.

Le suivi de l'action. Si vous voulez vous assurer que l'action déléguée sera réalisée, vous devez en faire le suivi. J'y reviendrai au prochain chapitre, où sera abordée la gestion des affaires « en attente ».

En attendant de mettre sur pied un système fiable (si vous n'en avez pas encore un), contentez-vous de noter chaque élément nécessitant un suivi sur une feuille de papier distincte (par exemple : En attente – réponse de Bernard). Ajoutez cette note aux autres notes sur les actions en instance que vous aurez déterminées durant le traitement. Rangez toutes ces notes dans une pile ou une boîte à part.

Que faire si l'action dépend d'une autre action d'un tiers ? Dans l'exemple cité ci-dessus (attendre le formulaire du centre des impôts pour faire votre déclaration fiscale), la première action incombe à quelqu'un d'autre. Il demeure souhaitable d'en faire le suivi. Sur la feuille de papier indiquant « Préparer ma déclaration de revenus », écrivez une note comme « Attendre le formulaire du centre des impôts » et classez-la avec les notes sur les actions en instance.

N'oubliez pas de prendre note de la date à laquelle vous avez remis un document à quelqu'un d'autre. Cette habitude, dont on ne saurait sous-estimer l'importance, vous évitera bien des mauvaises surprises.

3 - Reporter l'action

Dans la plupart des cas, c'est à vous qu'il incombera d'exécuter les premières actions que nécessiteront vos entrées, et ces actions prendront probablement plus de deux minutes. Entrent dans cette catégorie des actions comme une visite que vous devez faire à un client, la rédaction d'un mail élaboré que vous devez envoyer à votre équipe, l'achat d'un cadeau que vous voulez offrir à votre frère ou une conversation avec votre conjoint à propos d'un investissement qui vous intéresse.

Il faut bien consigner ces actions quelque part, et les classer dans des catégories auxquelles vous pouvez avoir accès quand vous en avez besoin. J'y reviendrai. Pour l'instant, collez des Post-it indiquant l'action à exécuter sur ce genre d'entrées et ajoutez ces notes à la pile de notes sur les actions en instance que vous avez traitées.

Les actions en instance

Si vous avez suivi les directives présentées dans ce chapitre, vous avez jeté des centaines d'éléments et vous en avez classé autant. Vous avez aussi exécuté un certain nombre d'actions (celles qui prenaient moins de deux minutes), et vous avez délégué certaines actions à d'autres personnes. Vous avez également regroupé les éléments activables (à exécuter bientôt, un jour ou à une date déterminée), ainsi que des rappels portant sur des actions qui seront exécutées par des tiers. Ce groupe d'actions en « instance » comprend les actions que vous avez déléguées et celles que vous avez reportées – et ce sont ces actions qui restent à être planifiées d'une manière ou d'une autre dans votre système d'organisation personnelle. J'étudierai ce processus en détail dans le prochain chapitre.

Définir vos projets

Il reste une dernière étape pour achever de traiter les entrées : passer du détail à la vision d'ensemble. En d'autres termes : définir vos projets.

Au risque de me répéter, je donne au mot « projet » le sens de tout travail dont le résultat demande plus d'une étape. Si vous passez en revue l'inventaire des actions que vous avez déjà enclenchées (« Appeler Franck à propos du système d'alarme de la voiture », « Mail à Bernadette pour lui demander de préparer les documents pour la conférence », etc.), vous repérerez sans difficulté les éléments qui dépassent la seule action que vous avez définie. En effet, il reste encore quelque chose à faire après avoir appelé Franck et écrit à Bernadette.

Si je donne au mot « projet » une définition aussi vaste, c'est pour une raison fort simple : si l'action enclenchée ne suffit pas pour produire le résultat voulu, vous devez vous fixer des repères vous permettant d'atteindre ce résultat. Vous devez créer une liste de projets. Une telle liste peut comprendre des éléments aussi divers que « Organiser un dîner du personnel pour les Fêtes » ou « Mettre à jour le régime d'avantages sociaux ». Le but de ces listes n'est pas d'établir des priorités, mais de créer des « emplacements » sûrs pour les affaires en suspens.

Vous pouvez faire ces listes de projets pendant le traitement de vos entrées ou après l'établissement de vos listes d'actions ; cela importe peu. Ce qui compte, c'est non seulement de les créer, mais de les conserver et de les mettre à jour, car elles seront indispensables pour faire le point sur le travail accompli et le résultat à atteindre.

Pour l'instant, voyons comment nous pouvons créer un système d'organisation fonctionnel.

7

L'organisation : établir les bonnes catégories

UN SYSTÈME D'ORGANISATION fluide et complet vous dotera d'un immense pouvoir parce qu'il vous permettra de dépasser la pensée « au ras du sol » pour accéder à un raisonnement focalisé et intuitif, libéré des petits problèmes non résolus.

Les compartiments de votre système d'organisation doivent absolument être étanches si vous voulez conserver la pleine maîtrise de vos projets.

Dans ce chapitre, je décrirai les étapes et les outils d'organisation qui vous seront nécessaires durant le traitement des entrées. Au début de ce processus, vous regrouperez (par listes ou catégories) les éléments que vous voulez structurer. Ce faisant, bien sûr, il vous en viendra d'autres à l'esprit, que vous devrez trier à leur tour. C'est dire que votre système d'organisation ne prendra pas forme d'un seul coup. Il évoluera au fur et à mesure que vous traiterez vos entrées et que vous leur assignerez les emplacements qui seront les plus pratiques pour *vous.* C'est donc tout le contraire d'un système en vase clos.

Dans le schéma du flux du travail ci-après, les cases périphériques correspondent aux principales catégories où vous devez classer vos éléments après avoir déterminé en quoi ils consistent et décidé ce que vous devez en faire.

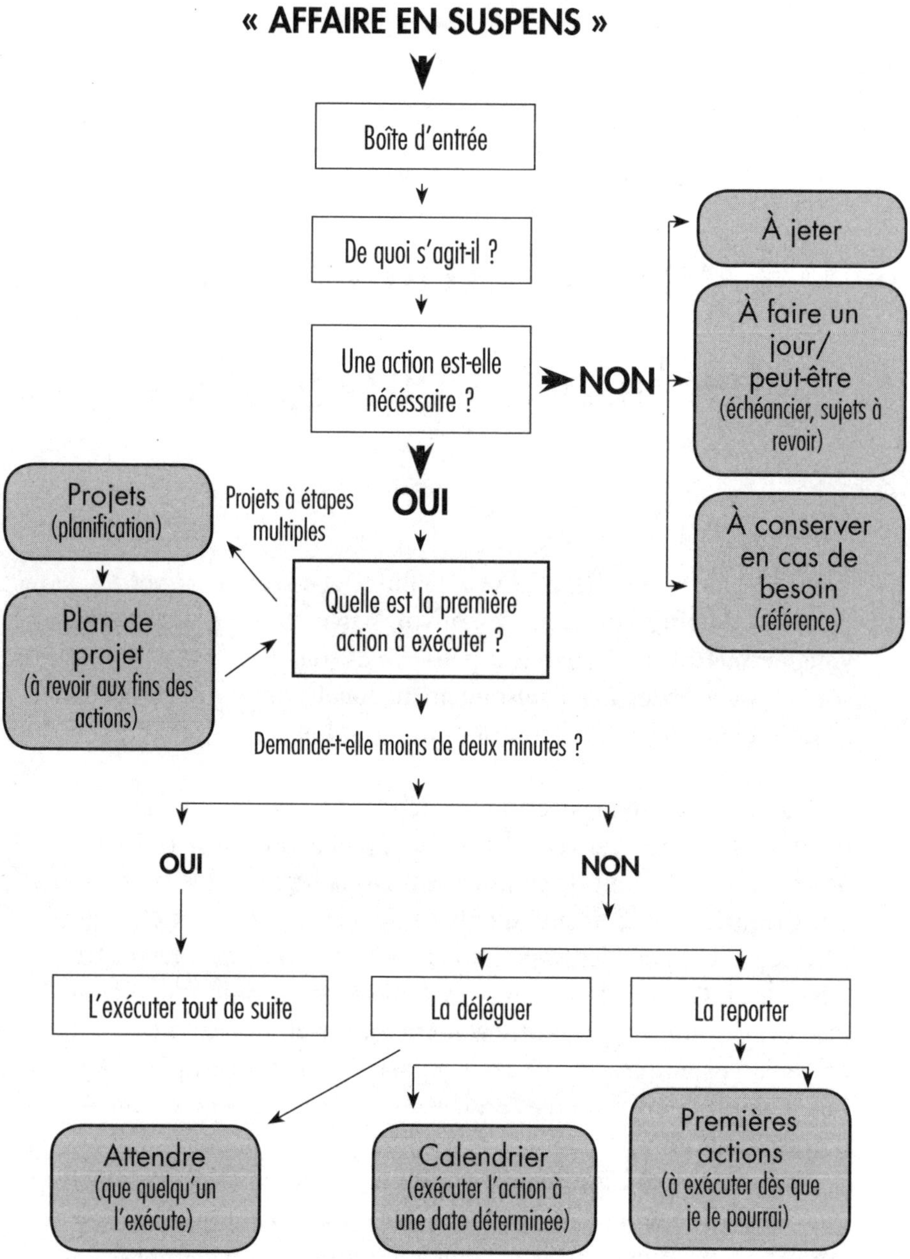

SCHÉMA DU FLUX DU TRAVAIL – ORGANISATION

Les catégories de base

Il y a sept principaux types d'éléments qu'il vous faudra surveiller et gérer du point de vue de l'organisation :

- liste de projets ;
- documents d'accompagnement de projets ;
- actions et information notées sur votre agenda ;
- liste des premières actions ;
- liste des actions « en attente » ;
- documentation de référence ;
- liste des choses à faire « un jour... peut-être ».

Les catégories doivent être cloisonnées

Il est essentiel que toutes ces catégories soient très nettement séparées les unes des autres. Étant donné que chacune d'elles correspond à un type d'engagement distinct, le système sera beaucoup moins opérant si elles débordent de leurs frontières et se mélangent les unes aux autres.

Le cloisonnement entre catégories doit être visuel, physique et psychologique.

Par exemple, si vous placez vos documents de référence dans la même pile que ceux que vous voulez lire un jour, vous finirez pas abandonner tout espoir d'y trouver quoi que ce soit. Si vous inscrivez dans vos listes de prochaines actions des éléments qui doivent absolument figurer dans votre agenda (parce que l'action qu'ils exigent doit être exécutée à une date précise), vous ne pourrez plus vous fier à votre agenda, et vous réévaluerez continuellement vos listes d'actions.

Si vous créez un projet que vous comptez réaliser plus tard, vous devez l'inscrire dans votre liste de choses à faire « un jour... peut-être » de manière à vous focaliser uniquement sur les actions qu'exigent vos listes de projets actifs. Enfin, si vous mêlez les éléments « en attente » à vos listes d'actions, vous réévaluerez perpétuellement votre travail, ce qui ralentira inutilement votre productivité.

Les listes et les dossiers sont les seuls outils nécessaires

Une fois que vous savez ce que vous devez surveiller (vous l'avez vu dans le chapitre précédent sur le traitement), il ne vous faut plus que des listes, ainsi que des dossiers pour la documentation de référence et les documents d'accompagnement. Vos listes (qui, comme je l'ai indiqué, peuvent prendre la forme d'éléments classés dans une chemise) vous permettront de faire le suivi de vos projets, des actions à exécuter « un jour... peut-être » et des actions à classer dans les affaires en suspens. Les dossiers (numériques ou papier) vous serviront à sauvegarder votre documentation de référence et les documents d'accompagnement de vos projets actifs.

Bien des gens affirment avoir fait des listes pendant de longues années sans obtenir de résultats concluants. Des systèmes aussi simples que celui que je recommande suscitent toujours un certain scepticisme chez eux. Je rétorquerai qu'ils ne font pas les bonnes listes ou qu'ils ne les ont pas vraiment terminées, ce qui leur ôte toute efficacité. Quand on sait quels éléments on doit mettre sur quelles listes, le système devient beaucoup plus clair, et il ne reste plus qu'à trouver un moyen de le gérer.

J'ai expliqué plus haut qu'il était inutile de structurer vos éléments en fonction de priorités, ceux-ci étant inéluctablement appelés à changer. En vous imposant un tel cadre, vous ôtez toute flexibilité à votre système d'organisation, ce qui ne pourra que constituer pour vous une source de frustration. Vous établirez vos priorités de manière plus intuitive en contrastant l'ensemble de vos projets avec des contextes dont la seule constante est le changement. Les listes ne représentent qu'un moyen d'inventorier ces projets et d'y accéder instantanément pour les passer en revue.

Par « listes », je désigne simplement un regroupement d'éléments de mêmes caractéristiques. Une liste peut prendre plusieurs formes :

1. un dossier contenant des notes distinctes pour chacun des éléments d'une même catégorie,
2. une simple énumération sur une feuille de papier (souvent intégrée à un organiseur à feuilles mobiles ou à un tableau de planification)

3. un inventaire enregistré dans un PDA ou dans une application logicielle comme Microsoft Outlook.

L'organisation des rappels d'actions

Quand vous aurez vidé votre boîte d'entrée, vous aurez devant vous une pile de feuilles où vous aurez noté les projets en instance. Ces feuilles sont vos rappels personnels des actions qui prennent plus de deux minutes et qui ne peuvent être déléguées. Leur nombre varie en général de 20 à plus de 60. Vous aurez également accumulé les rappels d'actions que vous avez déléguées à d'autres, ainsi que les éléments que vous devez inscrire à votre agenda et ceux qui figureront dans le dossier « un jour... peut-être ».

Il reste à classer tous ces éléments en catégories, de sorte que vous puissiez passer en revue les actions qu'ils exigent quand vous en aurez le temps. Hormis la définition même des catégories, vous devez également choisir une structure physique pour organiser ces catégories (les éléments pouvant êtres classés dans des chemises ou énumérés sous forme de liste papier ou numérique).

Les actions à inscrire dans votre agenda

L'agenda ne doit afficher que les engagements incontournables de la journée.

Comme nous l'avons vu, l'organisation gravite autour de deux principaux types d'actions : celles qui doivent être exécutées à une date ou à une heure précises et celles qui doivent être exécutées après avoir réglé les activités inscrites dans votre agenda. L'agenda comprend les activités à exécuter à une heure précise (« Rendez-vous avec Jacques entre 14h et 15h ») ou un jour en particulier (« Appeler Rachel jeudi pour vérifier si elle a reçu la proposition »).

Pendant que vous traitiez les entrées, vous avez probablement recueilli des éléments que vous avez retranscrits directement dans votre agenda. Vous avez pensé, par exemple, que la première action à enclencher pour passer un examen médical était d'appeler le cabinet de votre médecin pour prendre un rendez-vous. C'est ce que vous avez fait (la démarche prenant moins de deux minutes). Puis vous avez noté l'heure du rendez-vous dans votre agenda. Tout cela vous semblait relever du simple bon sens.

C'est pourtant une logique qui semble échapper à bien des gens. Influencés par la vieille habitude de faire des listes quotidiennes de choses à faire, ils inscrivent dans leur agenda ce qu'ils *aimeraient* faire un jour donné. Mais comme ils ne peuvent pas toujours le faire ce jour-là, ils reportent leur activité au(x) jour(s) suivant(s). Résistez à cette tentation. L'agenda doit être un territoire sacré. Vous devez pouvoir vous y fier sans réserve aucune. Cet instrument doit refléter fidèlement et clairement les activités incontournables de la journée – et rien d'autre.

Trier les actions à exécuter aussitôt que possible en fonction du contexte

Au fil des années, j'ai constaté que la meilleure manière de se remémorer les actions à réaliser aussitôt que possible est de les associer au contexte nécessaire à leur exécution, c'est-à-dire à l'outil, au lieu ou à la personne qui va nous permettre d'enclencher l'action. Si l'action nécessite l'usage d'un ordinateur, par exemple, elle doit figurer dans une liste « À l'ordinateur ». Si elle exige que vous preniez votre voiture (passer à la banque ou vous rendre dans une quincaillerie, par exemple), vous pourriez créer une liste « Courses ». Si l'une des premières actions est de vous entretenir en tête à tête avec votre associée Émilie à propos d'une transaction quelconque, un dossier « Émilie » sera sans doute le plus pertinent.

Si vous faites partie des rares personnes qui n'ont que 25 premières actions à exécuter, vous réussirez sans doute à recenser celles-ci au moyen d'une seule liste. En revanche, si vos premières actions se chiffrent à 50 ou à 100, il vous sera plus difficile de les distinguer si vous les énumérez sur une même liste : vous passerez une grande partie de votre temps à les trier au lieu de les exécuter. Par exemple, s'il vous est possible de passer quelques coups de fil durant les pauses que vous laisse un congrès, il vous faudra repérer tous les éléments « appels » au milieu d'un fouillis d'autres éléments.

Vous pouvez également rentabiliser l'organisation par contextes en mobilisant l'énergie que vous inspirent certaines tâches. Quand vous vous trouvez près d'un téléphone, par exemple, consultez votre liste « Appels ». Quand vous naviguez sur Internet, exécutez le plus grand nombre de tâches que vous pouvez faire en ligne sans les interrompre par d'autres activités. Il faut beaucoup plus d'énergie qu'on ne le pense pour s'arracher à une disposition d'esprit et à un rythme de travail et se lancer dans des activités d'une autre nature. Enfin, quand une personne-ressource importante vous annonce qu'elle passera à votre bureau, il serait sage d'avoir à portée de main la liste de tous les sujets dont vous voulez l'entretenir.

Les catégories les plus fréquentes de rappels d'actions

Les listes suivantes (ou du moins certaines d'entre elles) pourront vous être utiles :

- « Appels »
- « À l'ordinateur »
- « Courses »
- « À faire au bureau » ou « Au bureau » (tâches variées)
- « À la maison »
- « Questions à aborder » (personnes et réunions)
- « Lire/revoir »

Appels. C'est la liste des coups de fil que vous avez à passer ; vous pouvez vous en servir dès que vous avez un téléphone à portée de la main. Plus vous vous déplacez, plus vous jugerez utile d'avoir une seule liste d'appels (surtout si vous avez un téléphone portable). Quand vous êtes loin de votre bureau ou que vous voyagez, vous pouvez profiter des moment creux qui se présentent à vous ici et là (une pause durant une conférence ou vos moments d'attente dans un aéroport, par exemple) pour passer vos coups de fil. Avec une liste réservée exclusivement aux appels, il vous sera plus facile de vous focaliser sur les appels importants et de choisir ceux qui conviennent le mieux à la situation dans laquelle vous vous trouvez.

Je vous recommande d'inscrire le numéro de téléphone du destinataire à côté de chaque appel donner. De fait, vous risquez de reporter un appel s'il vous faut fouiller dans votre carnet d'adresses pour trouver le numéro à composer.

À l'ordinateur. Si vous travaillez sur ordinateur (et plus encore si vous vous déplacez avec un portable ou que vous utilisez un PC au travail et un autre chez vous), il serait pertinent de regrouper toutes les tâches que vous devez exécuter quand vous vous trouvez devant cet appareil. Vous pourrez ainsi passer sans délai aux actions à exécuter (répondre à vos mails, rédiger ou réviser des documents, etc.).

Demandez-vous quelles actions vous pouvez (ou ne pouvez pas) exécuter en fonction du *lieu* et du *mode opératoire*, et créez vos listes en conséquence.

Comme je voyage beaucoup, je possède même une liste d'actions « En ligne », distincte de ma liste « À l'ordinateur ». Quand je suis en avion, je peux difficilement me connecter à Internet ou à mon serveur. J'en profite alors pour sortir ma liste « À l'ordinateur », sachant qu'aucune des actions qui y figurent ne nécessite une connexion Internet.

Si vous n'avez accès à un ordinateur qu'au travail, il n'est sans doute pas utile de créer une liste distincte consacrée aux activités « À l'ordinateur ». Celles-ci pourraient être inscrites dans la liste « À faire au bureau », étant donné que c'est le seul endroit où vous les ferez. (Inversement, si vous ne possédez un ordinateur qu'à la maison, vous pourriez inscrire toutes les actions qui nécessitent l'usage d'un ordinateur dans la liste « À la maison ».)

Courses. Il serait logique de regrouper dans une seule catégorie les rappels de toutes les actions que vous pouvez exécuter quand vous faites des courses. Vous pourrez prendre cette liste avec vous et la consulter en chemin. Des actions comme « Retirer des certificats d'actions du coffre », « Passer prendre les reproductions chez l'encadreur » ou « Acheter des pétunias à la pépinière » figurent dans ce genre de liste.

Il est souvent utile de créer des sous-listes. Si vous devez acheter un produit dans une quincaillerie, par exemple, vous pourriez créer une rubrique « Quincaillerie » et y ajouter une sous-liste des produits que vous devez acheter dans ce magasin au fur et à mesure que vous y pensez.

Mon travail m'amène souvent à voyager. Je me suis donc constitué deux listes « Courses », l'une intitulée « Courses - Ojai » (pour les articles que je peux ou dois acheter à Ojai, la ville où je vis en Californie) et l'autre « Courses - Partout » (pour les articles que je peux acheter quand je suis en voyage). Par exemple, un achat comme « Raccords pour la tuyauterie » entre dans la première catégorie, alors qu'un achat comme « Chemise habillée » entre dans la deuxième catégorie.

Au bureau. Si vous travaillez dans un bureau, il y a un certain nombre de choses que vous ne pouvez faire que quand vous vous y trouvez. Il est donc utile d'en faire l'objet d'une liste que vous garderez à portée de main. Évidemment, il faut veiller à minimiser les recoupements possibles avec d'autres listes (« Appels » ou « À l'ordinateur », par exemple). En ce qui me concerne, je consulte fréquemment la liste « À faire au bureau » (ou « Au bureau ») pour exécuter toutes les actions qui exigent une connexion Internet très haut débit. Ainsi, je sais que je n'oublierai par de télécharger tel logiciel volumineux quand je passerai au bureau.

À la maison. Certaines actions ne peuvent être exécutées que chez soi, et il est par conséquent logique de créer une liste d'actions propres à ce contexte. Vous avez très certainement plusieurs projets personnels ou travaux domestiques en vue, et il se trouve souvent que la première action qu'ils exigent est tout simplement de les exécuter. Des actions comme « Accrocher le nouveau cadre » ou « Ranger les vêtements d'hiver » entrent dans cette catégorie.

Si, comme moi, vous avez un bureau chez vous, tout ce que vous ne pouvez faire qu'à ce bureau entre dans la catégorie « À la maison ». Si vous travaillez uniquement chez vous et que vous ne vous rendez jamais dans un autre bureau, vous pouvez carrément vous dispenser de la liste « À faire au bureau ». Une liste « À la maison » suffira.

Réservez des listes distinctes aux réunions régulières et aux personnes avec lesquelles vous communiquez fréquemment.

Questions à aborder. De nombreuses premières actions ne peuvent être exécutées que dans le cadre de conversations en tête à tête ou de réunions de comité, d'équipe ou du personnel. Exemples : parler à votre associée d'un programme qui vous semble intéressant, vous enquérir de l'emploi du temps de votre épouse pour le printemps, confier à votre secrétaire une tâche qu'il serait trop compliqué de lui expliquer par mail, annoncer à votre équipe les changements apportés aux comptes de frais...

Dans de tels cas, créez des listes de questions à aborder avec telle personne ou durant telle réunion. Certains cadres appliquent déjà ce genre de méthode en créant des dossiers contenant tous les documents qu'ils doivent passer en revue avec leur patron. Si vous voulez vraiment déterminer toutes vos premières actions, toutefois, il vous faudra entre 3 et 15 dossiers de ce genre. Je recommande de consacrer des listes ou des dossiers distincts à votre patron, votre associé, votre épouse ou époux, et vos enfants. Vous devriez également réserver des listes semblables à votre avocat, votre conseiller financier, votre comptable, votre conseiller informatique et, de manière générale, toute personne avec laquelle vous devez aborder plus d'un sujet quand vous vous rencontrez.

Les réunions régulières (réunions de l'équipe de direction, du conseil d'administration ou d'un comité d'entreprise) méritent aussi qu'on leur consacre des dossiers distincts où sont regroupés tous les éléments qui doivent être abordés à ces occasions.

Vous pourriez également envisager de créer une liste « ouverte » des questions que vous devez revoir avec des collaborateurs occasionnels. Dans le cas où un entrepreneur exécute des travaux importants dans votre maison, par exemple, vous pourriez établir une liste des sujets à aborder avec lui durant la période des travaux.

En raison de l'utilité que revêt ce type de liste, votre système doit vous permettre d'y ajouter promptement et simplement les questions qui s'imposent au fil des situations. Il ne vous faudra que quelques secondes pour insérer une page réservée à une personne ou à une réunion dans la section « Questions à aborder » d'un agenda à feuilles mobiles ou pour enregistrer une note à ce sujet dans votre PDA.

Lire/revoir. Votre boîte d'entrée comprendra très probablement un certain nombre d'éléments qui exigent pour première action une « lecture ». Conformément à la règle des deux minutes, vous en aurez liquidé un certain nombre, soit tous ceux qui pouvaient être jetés, classés ou acheminés à un responsable.

Restent les documents dont la lecture prend plus de deux minutes. La meilleure manière de les gérer est de les regrouper dans une boîte distincte portant l'étiquette « Lire/revoir ». Il s'agit encore d'une liste, selon la définition que je donne de ce terme, mais d'une liste constituée des documents et des magazines eux-mêmes.

Les documents à lire ou à revoir s'accumuleront très rapidement. Voilà pourquoi il est essentiel de ne conserver que ceux dont la lecture demande plus de deux minutes et que vous *voulez* vraiment lire. En vous astreignant à suivre cette règle, vous en viendrez à pouvoir l'appliquer presque automatiquement.

Par ailleurs, les moments creux constituent d'excellentes occasions de parcourir ce genre de documents. Veillez donc à en garder à portée de main.

L'organisation des éléments « en attente »

Au même titre que les rappels d'actions que vous *devez* exécuter vous-même, les rappels d'actions que vous confiez à d'autres doivent être triés et regroupés. Habituellement, il ne s'agira pas de surveiller minutieusement l'exécution de ces actions, mais de prendre note de résultats attendus définitifs ou de faire le suivi de projets confiés à d'autres. Exemples : qu'en est-il des billets que vous avez fait réserver, de l'imprimante qu'on devait installer dans votre bureau, de la réponse d'un client à votre offre ?

Quand la première action incombe à quelqu'un d'autre, vous n'avez donc pas besoin d'un rappel de cette action, mais d'une indication de ce que vous attendez et de la part de qui. Votre rôle se limite à revoir votre liste d'éléments en attente aussi souvent que nécessaire et de décider si vous devez entamer une action (comme vérifier où en est tel projet ou, s'il n'a pas avancé, le relancer).

Vous découvrirez probablement qu'il est préférable de conserver cette liste près de vous, au même endroit que vos listes de premières actions. En effet, plusieurs personnes peuvent s'échanger la responsabilité d'un projet avant qu'il soit mené à terme. Par exemple, vous appelez un fournisseur pour lui demander une estimation pour un travail donné (liste « Appels »). Vous attendez ensuite que le fournisseur vous rappelle pour vous donner l'estimation (liste « En attente »). Quand vous obtenez l'estimation, vous l'examinez (« Lire/revoir »), puis vous la faites parvenir à votre patron pour la faire approuver (retour à la liste « En attente »).

La certitude que la liste « En attente » représente l'inventaire complet de tous les projets dont des tiers sont responsables vous apportera une grande tranquillité d'esprit.

L'utilisation de l'objet comme descriptif

Isolez les mails et les documents activables des autres documents.

La manière la plus efficace de suivre les rappels d'actions est de les ajouter à vos listes ou à vos dossiers au fur et à mesure qu'ils se présentent à vous. Le rappel sera éliminé lorsque vous aurez traité l'action. Par exemple, les notes que vous aurez prises durant une réunion avec votre patron pourront être jetées dès que vous aurez réalisé tous les projets et toutes les actions qui leur sont reliés. Certains gestionnaires choisissent d'archiver les messages vocaux qui donnent encore lieu à une ou des actions, mais cette méthode de gestion des rappels n'est guère efficace.

Il y a toutefois quelques exceptions à cette règle. Dans certains cas, l'entrée elle-même est plus représentative de l'action à déclencher qu'un rappel inscrit sur une liste. C'est notamment le cas pour certains documents papier et certains mails.

La gestion du flux du travail sur support papier

Certains objets représentent en eux-mêmes le travail à faire. Les articles, publications et documents de la catégorie « Lire/revoir » en sont les meilleurs exemples. Il est de toute évidence redondant d'écrire : « Feuilleter le magazine *Fortune* » sur une liste d'actions, alors qu'il suffirait de placer le magazine lui-même dans la boîte réservée à cette catégorie. L'objet se passe de descriptif et agit comme déclencheur de l'action.

Autre exemple : les factures. Certaines personnes jugent plus commode de payer toutes leurs factures en même temps et au même endroit. Elles auraient par conséquent avantage à les regrouper dans un même dossier ou une même corbeille portant l'étiquette « Factures à payer » (ou, plus généralement, « Comptes »). De la même manière, les reçus aux fins de remboursement de frais devraient être envoyés aussitôt qu'ils sont émis ou conservés dans leur propre enveloppe ou dossier « Reçus à envoyer ».

Selon la nature de vos fonctions, votre volume de travail et la configuration de votre bureau, il est parfois plus efficace de créer d'autres catégories constituées uniquement des pièces d'origine. Un gérant du service clientèle, par exemple, traite plusieurs demandes qui se présentent sous forme de formulaires administratifs standard. Ces éléments activables seront mieux gérés s'ils sont regroupés dans une corbeille ou un dossier qui leur est réservé.

Est-il préférable d'écrire des descriptifs sur une liste ou de classer directement les pièces d'origine dans un dossier ou une corbeille ? Tout est en grande partie question de logistique. Allez-vous vous servir de ces rappels ailleurs que dans votre bureau ? Dans l'affirmative, il faut tenir compte de la portabilité des documents. Dans la négative, et s'il n'y a aucune éventualité que vous fassiez ce travail ailleurs que dans votre bureau, il vaut mieux gérer les pièces d'origine plutôt que les descriptifs.

Quel que soit votre choix, les rappels doivent être classés dans des catégories distinctes et bien visibles en fonction des premières actions qu'ils exigent. Si la première action reliée à une commande est de donner un appel, le rappel doit être classé dans le groupe « Appels » ; si elle consiste à retranscrire des données sur ordinateur, le rappel doit figurer dans le groupe « À l'ordinateur ». Selon moi, l'efficacité de nombreux systèmes de gestion du flux du travail est minée par le fait qu'on regroupe tous les documents de même type (demandes de service, par exemple) dans une seule corbeille, alors que les premières actions que demandent ces divers documents peuvent être très différentes les unes des autres. Au lieu d'isoler les premières actions (appels à faire, données à modifier ou renseignements à attendre), on les amalgame, ce qui embrouille et décourage l'utilisateur.

Le système que je préconise est parfaitement « portable ». Presque tous les éléments y sont consignés dans des listes, mais je conserve quand même deux catégories distinctes de rappels sur support papier. Quand je suis en déplacement, j'emporte avec moi un dossier « Lire/revoir » sous chemise plastique et un autre que j'intitule « Entrée de données ». Dans ce dernier dossier, je range tout ce qu'il me faut enregistrer sur ordinateur (adresses et numéros de téléphone figurant sur des cartes professionnelles que je dois ajouter à mes répertoires électroniques, citations à intégrer à ma base de données personnelle, articles sur des restaurants à ajouter à ma sous-liste « Voyages – métropoles », etc.).

La gestion des mails

Comme certains documents papier, les mails activables sont parfois mieux gérés sous leur forme de départ, c'est-à-dire au sein du système de messagerie que vous utilisez. Cette option est tout particulièrement indiquée si vous recevez un grand nombre de mails et que vous affichez fréquemment vos messages durant votre travail. Dans ce cas, les mails auxquels vous devez donner suite peuvent être classés dans votre logiciel de messagerie au lieu d'être retranscrits sur une liste.

Mes clients jugent souvent utile de créer deux ou trois dossiers distincts dans la barre de navigation de leur logiciel de courrier électronique. Habituellement, ces dossiers servent à stocker du matériel de référence ou à archiver des messages. Cependant, on peut aussi créer un système fonctionnel pour stocker séparément les messages activables, et ce à l'extérieur de la boîte de réception elle-même (où nous avons généralement l'habitude de les conserver).

Je vous recommande de créer un dossier pour tous les mails qui nécessitent une action de plus de deux minutes (ce qui suppose, là encore, que vous ayez traité sur-le-champ les nombreux mails activables en moins de deux minutes). Le nom du fichier doit commencer par un chiffre ou un symbole de manière à : 1) le différencier des dossiers de référence et 2) le faire apparaître en tête des dossiers de la barre de navigation.

Choisissez un préfixe comme le signe @ dans Microsoft ou le tiret (-) dans Lotus ; le dossier sera automatiquement placé au haut de la liste.

Commencez par créer un dossier @Action, qui comprendra tous les mails auxquels vous devez donner suite. Créez ensuite un dossier @En attente. Quand vous recevrez un message indiquant que quelqu'un se charge d'une action dont vous tenez à faire le suivi, il vous suffira de le déplacer dans le dossier @En attente. Ce dossier peut également regrouper les rappels de toutes les actions que vous avez déléguées par mail. Il suffit d'y enregistrer une copie des messages relatifs à la délégation.

Certaines applications (comme Lotus Notes) vous permettent de choisir où stocker les messages sauvegardés au moment de l'envoi (au moyen du bouton « Envoyer et classer »). D'autres (comme Outlook) sauvegardent automatiquement les messages envoyés dans le dossier « Éléments envoyés ». Dans ce dernier cas, la meilleure idée serait de vous envoyer une copie conforme (cc ou cci) des messages où vous déléguez une action, puis de déplacer cette copie vers le dossier « @En attente ». (Il est relativement facile de configurer Outlook de telle sorte qu'il achemine automatiquement toutes les copies que vous vous adressez vers un dossier particulier, ce qui vous fournit un moyen plus rapide de les classer.)

Vider votre boîte de réception. La méthode que je viens de décrire vous permettra de vider cette boîte, ce qui clarifiera énormément l'organisation de vos tâches quotidiennes. Vous n'aurez sous les

Vider votre boîte de réception électronique demande beaucoup moins d'énergie que de la garder pleine.

yeux que les derniers messages que vous avez reçus, c'est-à-dire uniquement ceux qui nécessitent une première action. La plupart des gens se servent de leur boîte de réception pour stocker les mails à propos desquels ils n'ont pas encore pris de décision. Chaque fois qu'ils ouvrent leur boîte de réception, ils doivent donc en réévaluer le contenu de fond en comble. Si vous n'aviez qu'une poignée de mails, cette pratique pourrait à la rigueur être acceptable. Avec le volume faramineux de mails qui inondent actuellement la plupart des cadres, elle ne l'est pas.

Répétons encore une fois que vider votre boîte de réception ne revient nullement à traiter définitivement tous les éléments qu'elle contient. Vous devez simplement *supprimer* les messages inutiles, *classer* ceux que vous voulez conserver, mais que vous n'avez pas à traiter dans l'immédiat, *répondre* à ceux qui vous demandent moins de deux minutes et *déplacer* dans vos dossiers de rappels les éléments activables ou en attente. Vous pourrez par la suite ouvrir le dossier @Action et examiner les mails qui demandent plus de temps. N'est-ce pas plus simple que de basculer interminablement d'une fenêtre à l'autre, à l'affût d'un courrier important qui aurait échappé à votre attention ?

Ne dispersez pas les rappels des premières actions

Conservez près de vous les documents dont vous avez besoin.

Il y a un risque évident à placer les rappels hors de votre vue. Le principe même du système d'organisation est de montrer les rappels quand vous avez besoin de les voir, sans quoi vous ne pourrez être certain de faire la bonne chose au bon moment. Vers la fin de votre journée de travail, vous devez revoir un à un tous les mails activables en suspens, tout comme vous le faites pour les listes « Appels » et « À l'ordinateur ». De fait, le dossier « @Action » est un prolongement de votre liste « À l'ordinateur » et doit être traité exactement de la même manière. Il en va de même pour vos dossiers papier en attente, qui doivent être évalués comme une liste s'ils constituent vos seuls rappels.

Il est tout à fait pertinent de répartir les rappels d'actions dans des dossiers ou des listes, ou encore de les trier au moyen d'un logiciel de courrier électronique, à condition de consacrer autant de temps à l'examen de chacun de ces systèmes de classement. Ce qu'il ne faut surtout pas faire, c'est laisser les rappels croupir au fond de vos systèmes et ignorer l'usage pour lequel ils ont été conçus : vous rappeler ce qu'il reste à faire.

Si vous voulez sortir avec des amis, goûter au plaisir d'une promenade sans but et, en un mot, avoir l'esprit totalement libre, vous devez savoir où sont vos éléments activables et en quoi ils consistent, et être certain qu'ils peuvent attendre. Et cela, vous devez le faire en quelques secondes, et non en quelques jours.

L'organisation des rappels de projets

Il est souvent extrêmement enrichissant de créer et de mettre à jour une liste de projets (qui sont, je le répète, les engagements ou les objectifs dont la réalisation demande plus d'une étape). Vous avez sans doute beaucoup plus de projets que vous ne le pensez. Si vous ne l'avez pas encore fait, je vous recommande de créer une liste de projets de format très simple, semblable à vos listes d'actions. Vous pouvez en faire une catégorie dans un organiseur numérique, l'insérer dans une page d'un tableau de planification à feuilles mobiles ou même la placer dans une chemise « PROJETS ». Il peut s'agir d'une liste unique ou de feuilles de papier distinctes pour chaque projet.

La liste de projets

Cette liste ne sert ni à hiérarchiser, ni à élaborer, ni à planifier les projets. Elle doit plutôt constituer un répertoire exhaustif des affaires en suspens de votre vie. Vous ne la consulterez guère dans le cadre de vos activités quotidiennes, vu que vous consacrerez le gros de votre attention immédiate aux listes d'actions et aux tâches de dernière minute. N'oubliez pas que vous ne pouvez pas exécuter un projet en bloc ; vous pouvez seulement exécuter les étapes successives qu'il comporte.

La liste de projets complète et à jour est l'outil qui nous permet de voir la forêt au-delà des arbres.

L'intérêt réel d'une liste de projets, c'est qu'elle vous permet de passer en revue tout ce qui se rapporte à vos projets. Je vous suggère d'effectuer ce type d'examen au moins une fois par semaine. Vous maîtriserez mieux vos projets, et vous saurez évaluer la charge de travail de toutes les personnes engagées dans leur réalisation.

Une liste unique ou subdivisée ?

La plupart de mes clients préfèrent s'en tenir à une seule liste, car ils disposent ainsi d'un inventaire général plutôt que d'un plan de priorités quotidiennes. Mais en réalité, le nombre de listes de projets importe peu, pourvu que vous les revoyiez *toutes* aussi souvent que nécessaire. C'est d'ailleurs le but de l'examen hebdomadaire.

Les méthodes de subdivision des projets

Dans certaines situations, il est plus logique de subdiviser une liste de projets. Examinons ces situations une à une.

Vie personnelle/professionnelle. Beaucoup de gens trouvent pratique de distinguer objectifs personnels et projets professionnels. Si vous êtes de ceux-là, sachez que votre liste d'entreprises personnelles doit être revue avec la même rigueur que votre liste de projets professionnels : pas question de l'oublier pendant quelques semaines ! Un grand nombre d'actions reliées à notre vie personnelle doivent être gérées au jour le jour, exactement comme celles de notre vie professionnelle. Plus encore, certaines des pressions les plus lourdes que subissent les cadres dérivent d'aspects de leur vie personnelle qu'ils n'ont pas réglés.

Projets délégués à d'autres. Si vous occupez un poste de direction, vous assumez probablement la responsabilité directe de certains projets, mais vous en confiez aussi d'autres à des personnes qui relèvent de vous. Vous pourriez, bien sûr, consigner ces projets dans votre liste « En attente », mais il serait plus judicieux de créer une liste « Projets – Délégués » pour en faire le suivi. Vous n'aurez ensuite qu'à revoir la liste assez régulièrement pour vérifier si tout avance comme vous le souhaitez.

Types de projets spécifiques. Certains cadres doivent gérer des projets différents, mais de même *type*. Il serait pertinent, dans certains cas, de les regrouper dans une sous-catégorie de la liste de projets. En ce qui me concerne, je gère à part une catégorie que j'appelle « Projets à livrer ». Il s'agit d'une liste chronologique de tous les séminaires, cours et mandats de consultant qui figurent à mon programme. Ces entreprises sont des « projets » comme les autres, dans la mesure où je dois veiller à leur bon déroulement. Mais je trouve plus pratique de les noter sur une liste distincte de celles de mes autres projets, et ce dans l'ordre où ils se présentent dans mon agenda.

Si vous travaillez comme agent immobilier, fournissez des services-conseils ou préparez des offres de service pour une clientèle relativement restreinte, vous jugerez sûrement utile d'avoir devant vous la liste de vos clients potentiels. Vous pouvez y consacrer une page distincte de votre carnet de planification (titrée « Projets clients en cours »). Si vous réservez déjà un dossier à chaque projet en cours, vous pouvez regrouper tous vos dossiers dans une même boîte-classeur placée sur votre armoire. N'oubliez pas, toutefois, que cette méthode ne donnera de résultats que si la liste est complète et que vous la revoyez régulièrement pour la mettre à jour, au même titre que toutes vos autres listes de projets.

Que faire des sous-projets ?

Certains de vos projets se divisent en grands sous-projets qui peuvent, en théorie, être traités indépendamment. Si vous vous installez dans une nouvelle maison, par exemple, et que vous y faites d'importantes rénovations, votre liste d'éléments activables comprendra des activités comme « Aménager le jardin », « Rénover la cuisine », « Changer l'installation électrique du sous-sol », etc. Chacune de ces activités peut être considérée comme un projet en soi. Faut-il inscrire tous ces éléments sur une liste de projets (« Finir les rénovations de la maison », par exemple) ou assigner un poste individuel à chaque projet ?

La méthode importe peu, pourvu que vous passiez en revue toutes les composantes du projet aussi régulièrement que nécessaire. Il n'existe pas d'outil externe ni de format d'organisation idéal pour classer tous vos projets à l'horizontale en même temps qu'à la verticale. Vous devez essayer de percevoir le tout de manière cohésive (au moyen de l'examen hebdomadaire, par exemple).

Si vous décidez de consacrer une seule liste au projet global dans votre liste de projets, il serait bon d'avoir une liste des sous-projets ou du plan de projet lui-même à titre de « document d'accompagnement » et de le revoir quand vous parviendrez à l'un des sous-projets. Je recommande cette démarche tout particulièrement quand certaines parties du projet ne peuvent pas progresser avant que d'autres soient réalisées.

Vous pouvez créer vos listes de projets et de sous-projets comme il vous plaît, à condition de savoir quels éléments ils contiennent.

Dans ce cas, les sous-projets ne seront pas accompagnés de premières actions, parce qu'ils seront, en un sens, « en attente » d'autres actions sans lesquelles ils ne peuvent pas être exécutés. Par exemple, il est possible que vous ne puissiez pas rénover la cuisine sans changer d'abord l'installation électrique du sous-sol. En revanche, vous pouvez entreprendre d'aménager le jardin, indépendamment de l'un ou de l'autre sous-projet. Vous ferez par conséquent le suivi des premières actions associées à l'installation électrique du sous-sol et de l'aménagement du jardin.

Ne vous posez pas trop de questions sur la meilleure méthode à adopter. Si vous n'êtes pas certain de ce que vous devez faire, inscrivez le projet global dans votre liste de projets, et intégrez les sous-catégories dans la documentation d'accompagnement. Veillez toutefois à inclure celles-ci dans votre examen hebdomadaire. Si cette méthode ne vous convient pas tout à fait, inscrivez les sous-projets actifs et indépendants comme éléments distincts dans votre liste principale.

Aucun système ne vous permettra de faire un suivi parfaitement identique de tous vos projets et sous-projets. Tout ce qui importe, c'est de savoir que vous *avez* des projets en cours et de pouvoir trouver les rappels qui leur sont associés.

Le document d'accompagnement de projet

Les documents d'accompagnement ne contiennent ni les indications d'actions ni les rappels de projet. Ce sont des ressources qui facilitent la conduite des projets.

Ne vous servez pas des documents d'accompagnement comme rappels. En général, les gens vont placer devant eux des piles de papier ou des chemises de classement pleines à craquer pour se rappeler 1) qu'ils ont un projet et 2) qu'ils doivent faire quelque chose à ce sujet. En d'autres termes, ils se servent des documents d'accompagnement comme rappels d'actions. Le problème, c'est que, très souvent, ni les premières actions ni les actions en attente n'ont été déterminées pour ces projets. Elles demeurent enfouies dans la psyché de l'utilisateur – ou plutôt du non-utilisateur – à l'instar des documents mêmes, ensevelis sous des montagnes de paperasse.

Or, quand vous êtes pressé par le temps, les dossiers sont bien la dernière chose que vous avez envie de fouiller pour déterminer ce que vous avez à faire. Au contraire, toutes ces piles de papier qui ne vous invitent à aucune action alimenteront votre angoisse au point de vous paralyser.

Si vous vous trouvez dans ce genre de situation, vous devez tout d'abord noter le projet dans votre liste de projets pour vous rappeler que vous avez un résultat à atteindre. Vous devez ensuite noter les premières actions et les actions en attente dans leurs listes de rappels correspondantes. En dernier lieu, et lorsque vient le moment de passer à l'action (appeler quelqu'un à propos du projet, par exemple), vous pouvez prendre les documents dont vous pourriez avoir besoin durant votre conversation.

En résumé, vous ne devez pas vous servir de vos documents d'accompagnement comme rappels des actions à exécuter – cette fonction revient aux listes d'actions. Si, toutefois, les documents d'accompagnement comprennent des plans et des aperçus du projet en plus des éléments archivés et des renseignements de référence, il est souhaitable d'en rendre l'accès plus visible que la documentation de référence en tant que telle, que vous conservez normalement dans un classeur. Bien entendu, vous pouvez très bien ranger les documents d'accompagnement dans ce même classeur à condition d'avoir la discipline nécessaire pour retirer le document du classeur et revoir le plan chaque fois que vous effectuez votre examen hebdomadaire. Si vous ne pensez pas avoir cette discipline, il vaut mieux ranger les documents d'accompagnement dans un dossier distinct ou dans une corbeille à papier réservée aux projets en instance, que vous poserez sur votre pupitre ou le dessus de votre armoire.

Pour revenir à l'exemple sur l'emménagement dans une nouvelle maison, vous pourriez créer un dossier « Nouvelle maison » contenant tous les plans, détails et notes sur l'aménagement paysager, la cuisine et le sous-sol. Durant l'examen hebdomadaire, quand vous parviendrez à la section « Finir les rénovations de la nouvelle maison » de votre liste de projets, vous retirerez le dossier « Nouvelle maison » et vous parcourrez toutes vos notes pour vérifier que vous n'avez omis aucune première action possible. Ces actions devront ensuite être exécutées, déléguées ou reportées sur votre liste d'actions. Après quoi, vous rangerez le dossier jusqu'à ce que vous en ayez besoin pour exécuter des actions ou pour entamer votre examen hebdomadaire.

De nombreuses personnes tentent de gérer les dossiers de leurs clients actuels ou potentiels à l'aide de fichiers clients ou de logiciels de gestion de contacts comme Act! Le problème, c'est que l'information qu'elles recueillent est en partie constituée de données purement factuelles ou chronologiques, qui doivent être conservées comme documentation de fond à consulter selon les besoins, et en partie d'actions dont elles doivent faire le suivi pour forger leurs relations d'affaires. Cette catégorie de données sera mieux gérée dans le cadre des listes d'actions. L'information sur le client n'est justement qu'une information, et elle doit à ce titre être classée dans un dossier de référence générale sur le client ou une « bibliothèque » de fiches clients. En ce qui me concerne, je me sers exclusivement du logiciel Act! pour établir des recoupements entre l'information générale sur une entreprise et les personnes qui y occupent des postes clés. Ce logiciel est avant tout une excellente base de données clients. En revanche, si je dois appeler un client, je n'inscris pas ce rappel ailleurs que dans ma liste « Appels ».

Consigner les idées impromptues sur les projets

Il n'y a aucune raison de laisser une idée intéressante s'évaporer.

Dans le chapitre 3, je mentionnais que vous auriez souvent des idées impromptues reliées à vos projets. Vous voudrez parfois les retenir, même si elles n'entraînent pas forcément de premières actions immédiates. Ces idées, qui peuvent porter sur des sujets aussi différents que vos prochaines vacances ou une stratégie d'entreprise, entrent dans la catégorie générale des « documents d'accompagnement de projet ». Elles peuvent vous venir à l'esprit à tout moment et en toute circonstance. Que faut-il en faire ?

Ce que je vous recommande de faire, c'est de localiser l'endroit où vous stockez vos indications sur le sujet auquel se rapporte l'idée, et de vous demander comment et où vous pouvez y ajouter de l'information. Plusieurs solutions se présentent à vous pour gérer les documents d'accompagnement : annexer des notes à un élément de liste, agencer l'information dans un logiciel de courrier électronique ou une base de données, et insérer des fiches et des notes papier dans un carnet.

Annexer des notes. La plupart des logiciels d'organisation vous permettent d'annexer une note numérique à une liste ou une entrée d'agenda. Si vous avez créé une « liste de projets » dans votre programme, vous pouvez sélectionner le projet qui a inspiré votre idée, créer ou annexer une note de renvoi et y décrire votre idée. C'est un excellent moyen de conserver toutes les bonnes idées gribouillées « au dos d'une enveloppe ». Si vous avez créé une liste de projets sur support papier, vous pouvez annexer un Post-it à votre liste principale ou sur la feuille distincte que vous consacrez au projet ou au sujet. Dans tous les cas, vous ne devez pas oublier de lire la note au moment où vous examinez votre projet si vous voulez faire bon usage de ces données.

Mails et bases de données. Les mails contenant des données d'intérêt sur vos projets peuvent être regroupés dans un seul dossier (suivez pour cela les directives données aux pages 163-164 pour créer le dossier @Action et donnez au fichier secondaire un nom comme @ Projets). Vous pourrez également juger utile, si vous ne l'avez pas encore fait, de créer une base de données plus sophistiquée pour structurer vos idées sur un projet ou un sujet. Avec Lotus Notes, logiciel qu'ont adopté bon nombre d'entreprises, vous pouvez créer une telle base où bon vous semble, par exemple sur votre PC personnel, puis le transférer sur un réseau pour usage partagé.

Il vaut également la peine de vous renseigner sur les autres types de base de données en texte intégral que l'on trouve actuellement sur le marché, ne serait-ce que pour votre usage personnel. Vous pourrez ainsi coller des extraits de pages Web ou de mails dans la fiche correspondant à un projet ou un sujet ou y taper vos propres remarques. Explorez aussi les technologies et les outils que vous avez déjà à votre disposition. Mieux vaut utiliser les listes et les annexes d'un organiseur de poche, par exemple, que de griffonner systématiquement vos idées au dos d'une enveloppe.

Dossiers papier. Si vous accumulez un grand nombre de documents papier, il est tout à fait pertinent de consacrer un dossier distinct à chaque projet. Cette méthode est peut-être un peu rudimentaire, mais elle n'en est pas moins pratique et élégante. Elle vous donne notamment la liberté de créer des dossiers à partir de notes improvisées sur une feuille de papier durant une réunion. Et pour classer des documents de référence, il faut justement un système simple et convivial.

Pages d'un carnet. L'un des grands avantages du carnet à feuilles mobiles est qu'il vous permet de consacrer une page complète ou un groupe de pages à un projet en particulier. Je me suis servi très longtemps d'un carnet où je plaçais ma liste de projets au début et mes documents d'accompagnement de projets vers la fin. Il me restait ainsi quelques pages vierges à la fin du carnet pour noter mes idées impromptues ou des plans et des détails reliés à mes projets.

Ces méthodes sont toutes efficaces pour structurer les idées reliées à vos projets. L'essentiel est d'examiner régulièrement toutes les étapes d'action issues de vos notes, et de revoir les notes elles-mêmes aussi souvent que le dicte la nature du projet.

Il importe aussi d'éliminer les notes devenues non pertinentes pour empêcher le système tout entier de sombrer dans la désuétude. J'ai personnellement constaté que beaucoup d'idées dont je prends note ne me servent jamais. Ce qui m'est utile, en revanche, c'est le *fait* de les noter – cela clarifie ma pensée. C'est pourquoi je n'hésite pas à oublier les idées qui ne me servent plus.

Organiser les données non activables

Beaucoup de gens commettent la même erreur en érigeant leur système de gestion personnelle : ils noient quelques éléments activables dans une mer de données et de documents qui, aussi pertinents soient-ils, ne donnent lieu à aucune action. Or, il est important de créer des structures efficaces et homogènes tant pour gérer les éléments non activables que pour gérer les rappels d'actions et de projets. Quand les éléments non activables sont mal gérés, le processus de gestion tout entier est obstrué.

Les éléments non activables entrent dans deux grandes catégories : 1) la documentation de référence et 2) les rappels d'actions n'exigeant pas d'action immédiate, mais pouvant en demander plus tard.

La documentation de référence

De toute la paperasse qui atterrit sur votre bureau, la plus grande partie est constituée de documents de référence. Ceux-ci n'exigent aucune action, mais doivent être conservés pour diverses raisons. Il vous faut alors décider combien de documents vous devez garder, quel espace vous devez leur consacrer, et dans quel emplacement et sous quelle forme vous devez les conserver. Ces décisions seront dictées par votre jugement personnel ou par des impératifs organisationnels (de nature juridique ou logistique, notamment).

Vous ne devriez plus avoir à vous soucier des documents de référence une fois qu'ils ont été classés. Seule exception : vous aurez peut-être à modifier votre système s'il vous incite à accumuler plus (ou moins) d'information qu'il ne vous faut.

Malheureusement, la plupart des gens peinent à faire la différence entre documents de référence et documents courants, c'est-à-dire entre éléments non activables et éléments activables. C'est pourtant simple : une fois cerné et rangé tout ce qui est activable, il ne vous restera que des documents de référence – l'équivalent d'une bibliothèque. La seule question qui se posera alors, c'est celle de la taille à donner à cette bibliothèque.

Si vous avez scrupuleusement séparé l'activable du non activable, il n'y a pas de limite au nombre de documents ou de données que vous pouvez conserver – sauf l'espace physique ou numérique dont vous disposez.

Les divers systèmes de référence

Il y a plusieurs moyens de structurer la documentation de référence, et autant d'outils à votre disposition pour le faire. Voici une description de certaines des méthodes les plus courantes :

- classement des documents de référence générale – documents papier et mails ;
- classement par catégorie ;
- classeurs rotatifs (Rolodex) et répertoires de contacts ;
- bibliothèques et archives.

Classement des documents de référence générale. Comme je l'ai indiqué, un bon système de classement est essentiel pour traiter et organiser les affaires en suspens. C'est aussi une condition indispensable pour gérer le volume – parfois énorme – de documents papier auxquels vous tenez pour une raison ou une autre. Idéalement, vous avez déjà mis en place un système de classement des documents de référence générale durant le traitement des entrées. Vous ne devez pas hésiter à archiver le moindre bout de papier qui pourrait vous être utile un jour. Par ailleurs, votre système doit être assez souple et accessible pour que vous puissiez y intégrer vos documents en un tournemain. Si vous ne vous êtes pas encore organisé de cette manière, reportez-vous au chapitre 4.

Votre système de classement doit se résumer à une simple banque de données et non devenir le dépositaire de vos rappels d'actions, de projets ou de priorités.

Dans la majorité des cas, les gestionnaires amassent de 200 à 400 dossiers de référence papier et de 30 à 100 dossiers de référence mail.

Classement par catégorie. Tous les sujets qui nécessitent plus de 50 dossiers méritent probablement leur propre section ou tiroir, ainsi que leur propre système de classement alphabétique. Par exemple, si vous gérez une fusion d'entreprise et que vous devez conserver un grand volume de documents administratifs, il serait pertinent de consacrer deux ou trois classeurs complets à la documentation requise par les mesures de précaution raisonnable. Si vous vous intéressez au jardinage, à la voile ou à la gastronomie, il vous faudra peut-être consacrer au moins un classeur complet à votre hobby.

Il se peut qu'une zone d'intérêt génère une documentation de référence qui recoupe celle d'autres zones d'intérêt. Vous serez alors placé devant un dilemme : où classer l'information ? Dans votre système de référence générale ou dans vos fichiers de référence spécialisée ? Si vous voulez conserver un article sur la fabrication des clôtures de bois, par exemple, devez-vous le classer dans la section « Jardin » ou dans le système de référence générale, avec les documents sur les projets domiciliaires ? En règle générale, il vaut mieux s'en tenir à un seul système de référence, sauf pour quelques rares sujets distincts.

Classeurs rotatifs et répertoires de contacts. Une grande partie de l'information que vous devez conserver se rapporte directement aux personnes qui forment votre réseau professionnel et social. Vous devez noter toutes sortes de renseignements sur vos contacts : numéros de téléphone et adresses du bureau et du domicile, numéros de portable, numéros de fax, adresses de courrier électronique, etc.

Si vous le jugez utile, vous pouvez aussi noter des dates d'anniversaire, des renseignements pratiques sur la famille immédiate d'amis et de collègues, des données sur vos passe-temps ou vos vins préférés, ou encore des recettes de cuisine. Sur un plan strictement professionnel, vous pouvez inscrire les dates d'embauche d'employés, les dates d'évaluation de leur performance, ainsi que toute autre donnée d'intérêt reliée au développement du personnel.

Encore une fois, la seule question qui se pose vraiment est de déterminer quelle quantité d'information vous voulez conserver, où vous devez la conserver, et quels outils il vous faudra pour y accéder quand vous en aurez besoin. Rien n'est absolument parfait à cet égard, mais il faut souligner l'intérêt des outils numériques portables. Comme ils deviennent plus faciles à utiliser et à connecter à de plus grandes bases de données, ils vous permettront d'accéder à plus d'information que les outils papier, sans qu'il vous en coûte plus d'effort.

S'il s'agit purement d'une documentation de référence, la seule question est de savoir si elle vaut le temps et l'espace qu'on lui consacre.

Bibliothèques et archives : information personnalisée. Les sources d'informations sont presque infiniment variées. Vous pourriez probablement trouver à peu près tout ce que vous voulez si vous étiez disposé à faire des recherches assez poussées. Mais combien d'informations garder, sous quelle forme et sur quel support ? En fait, sur le plan de votre organisation et de votre productivité personnelles, la question revêt peu d'importance, du moment que vos projets et actions restent consignés dans un système de gestion contrôlé que vous mettez à jour régulièrement. Et sa réponse dépend tout simplement des préférences et des exigences de chacun.

Cela dit, une certaine uniformité ne peut que vous faciliter la tâche. Devez-vous disposer de certaines données en permanence ? Elles devraient aller dans votre agenda ou votre PDA. Avez-vous besoin de documents pour les réunions et les activités hors bureau ? Vous les mettrez dans votre porte-documents, votre serviette ou votre sac. À quelle information devez-vous absolument accéder au bureau ? Celle-ci devra être intégrée à votre système de classement personnel ou sauvegardée sur votre ordinateur réseau. Que faire de l'information dont vous vous servez très rarement au travail ? Elle ira dans les dossiers de votre service ou dans des archives hors site. Et que faire de l'information disponible en permanence sur le Web ? Rien du tout, à moins que vous n'en ayez besoin dans un endroit où vous n'aurez pas accès à Internet, auquel cas vous devez l'imprimer quand vous êtes en ligne et la classer dans un dossier que vous emporterez avec vous.

Comme vous pouvez le constater, l'organisation personnelle de la documentation de référence est une simple question de logistique. Son efficacité découle en grande partie de la distinction entre éléments activables et éléments non activables. Une fois cette distinction faite, vous aurez l'entière liberté de gérer et d'organiser le volume d'information de référence qu'il vous plaira, gros ou petit. C'est une décision entièrement personnelle, qui vous demande seulement de tenir compte de la valeur que vous retirez de l'information par rapport au temps et aux efforts que vous déployez pour la recueillir et la mettre à jour.

Les actions à exécuter un jour... peut-être

> Les listes « un jour... peut-être » n'ont rien de gratuit. Ce sont peut-être les outils les plus intéressants et les plus créatifs dont vous disposerez pour gérer votre vie.

Dernière chose à gérer dans votre système d'organisation : les questions sur lesquelles vous reviendrez peut-être un jour. Il peut s'agir d'un voyage que vous envisagez de faire, de livres que vous vous promettez de lire, de projets que vous voulez entreprendre au cours du prochain exercice financier ou encore de compétences que vous désirez perfectionner. Pour mettre pleinement en œuvre ce modèle, vous devez vous doter d'un plan de « mise en veilleuse » ou « d'incubation ».

Il existe plusieurs moyens de classer les éléments à réévaluer plus tard, et ils vous permettront de passer à autre chose dans l'immédiat, bref, de vous libérer l'esprit. Vous pouvez inscrire ces éléments dans des listes « un jour... peut-être » de diverses formes, les noter comme rappels dans votre agenda ou les agencer dans un échéancier papier.

Les listes « un jour... peut-être »

Il est hautement probable qu'en extériorisant dans votre système de collecte tous les projets que vous gardiez en tête, certains d'entre eux suscitent en vous de sérieux doutes. Des projets comme « Acheter un cheval à Marie », « Gravir le Mont Émeraude » ou « Faire construire un chalet d'été » entrent dans cette catégorie.

Si vous ne l'avez pas encore fait, je vous recommande de créer une liste « un jour... peut-être ». Donnez-vous ensuite la liberté de remplir cette liste de tous les projets qui sommeillent en vous. Vous remarquerez probablement que cela libère en vous toutes sortes d'idées créatrices.

Vous serez également surpris de découvrir que certains des projets que vous avez inscrits sur la liste se concrétiseront dans les faits, presque sans que vous ayez fait d'efforts conscients pour en arriver là. Si l'imagination a le pouvoir de modifier nos perceptions et notre performance, vous comprendrez facilement que la rédaction d'une liste « un jour... peut-être » puisse enrichir votre vie personnelle et professionnelle, et très souvent lui donner une nouvelle tournure. Il nous est en effet plus facile de saisir les occasions qui se présentent à nous lorsque nous les avons déjà nommées et envisagées comme possibles. C'est en tout cas ce que m'a appris ma propre expérience. Sans ma liste « un jour... peut-être », je n'aurais sans doute jamais appris à jouer de la flûte ou à piloter des bateaux. En plus des éléments de la liste, vous devez tenir compte de deux précieuses sources d'inspiration : votre imagination créatrice et le bilan de vos projets actuels.

Laissez votre imagination faire un inventaire de projets. Quels sont les projets que vous voudriez vraiment réaliser un jour, si vous en aviez le temps et les moyens ? Écrivez-les sur votre liste « un jour... peut-être ». Voici certains des projets qui pourraient entrer dans cette catégorie :

- achats ou projets de construction reliés à la maison ;
- violons d'Ingres ;
- nouvelles aptitudes ;
- expressions créatrices ;
- vêtements et accessoires ;
- appareils et gadgets ;
- voyages à faire ;
- adhérer à des organismes ;
- contribuer à des projets de service ;
- choses à voir et à faire.

Réévaluez vos projets en cours. Voilà l'occasion rêvée de revoir votre liste de projets sous un autre angle, soit celui de votre disponibilité. Demandez-vous si vous pouvez reporter certains de vos engagements. Si vous jugez qu'un projet optionnel a peu de chances de retenir votre attention dans les quelques prochains mois, transcrivez-le sur la liste « un jour... peut-être ».

Les catégories spéciales d'éléments « un jour... peut-être »
Vous avez très certainement des intérêts personnels qui supposent toutes sortes d'activités possibles. Il serait intéressant de les répertorier sur une liste. Exemples :

- cuisine – recettes, menus, restaurants, vins ;
- enfants – activités à faire avec eux ;
- livres à lire ;
- CD à acheter ;
- vidéos à acheter ou à louer ;
- événements culturels ;
- idées de cadeaux ;

- idées de jardinage ;
- sites Web à visiter ;
- voyages de fin de semaine ;
- idées de réunions ;
- idées de réceptions ;
- idées – divers (c'est-à-dire toutes les idées que vous ne savez pas où classer).

Ce genre de liste se trouve un peu à la croisée de la documentation de référence et des projets « un jour... peut-être » – référence parce que vous pouvez simplement en ajouter certains éléments à vos listes de bons vins, de restaurants ou de livres, et « un jour... peut-être » parce que vous pouvez les revoir régulièrement pour vous inciter à explorer un ou plusieurs de ces domaines.

Dans tous les cas, c'est une excellente raison supplémentaire de créer un système d'organisation qui vous permette de recenser tout ce qui pourrait rendre votre vie plus riche et plus intéressante, sans encombrer votre esprit et votre environnement de travail de questions non achevées et non résolues.

Le risque des dossiers « Conserver et revoir »

Bien des gens consacrent un dossier, une pile ou un classeur complet à ce qu'ils appellent les affaires à « conserver et revoir », lesquelles entrent vaguement dans la catégorie « un jour... peut-être ». Personnellement, je déconseille de créer ce type de sous-système, parce que, dans presque tous les cas que j'ai observés, le client conserve le dossier, mais ne le revoit pas. En général, il finit par s'en laver les mains. Or, la liste « un jour... peut-être » perd toute sa valeur si on ne lui accorde pas une attention régulière.

Il y a aussi une énorme différence entre un système bien géré, comme la liste « un jour... peut-être », et une sorte de dossier fourre-tout, peu importe le nom qu'on lui attribue. Normalement, une grande partie des éléments du dossier « conserver et revoir » peuvent être jetés. Les autres éléments peuvent être classés dans le dossier « lire/revoir », intégrés à la documentation de référence ou consignés dans un agenda ou un échéancier (voir p. 184) pour être revus à une date précise. D'autres éléments encore sont tout simplement activables. Il m'est souvent arrivé de constater que le dossier ou le classeur « Conserver et revoir » d'un client ne contenait plus rien après avoir été correctement dépouillé.

L'utilisation de l'agenda comme calendrier d'activités possibles

L'agenda est parfois un outil très pratique pour noter les activités qu'il vous sera *peut-être* possible de réaliser dans les jours ou les mois à venir. La plupart des gestionnaires que j'ai formés hésitaient à exploiter toutes les possibilités que recèle l'agenda. Sans cette réticence, ils y auraient probablement noté beaucoup plus de choses.

L'agenda a trois usages, dont le premier est de conserver l'information *propre à une journée*. Rien ne vous empêche, en revanche, de prendre note des éléments auxquels vous ne pouvez réfléchir pour l'instant, mais que vous souhaitez réévaluer plus tard. En voici quelques exemples :

- pistes de projets ;
- événements auxquels vous aimeriez assister ;
- catalyseurs de décision.

Pistes de projets. Supposons que vous ayez un projet auquel il n'est pas vraiment nécessaire de penser pour l'instant, mais qui mérite que vous lui accordiez votre attention dans quelque temps. Vous pouvez alors choisir une date qui vous semble indiquée et inscrire un rappel du projet dans la page correspondante de votre agenda. L'élément doit être inscrit dans la partie réservée aux choses à faire à une date en particulier (plutôt qu'à une heure en particulier). Le jour fixé, vous verrez le rappel et vous l'insérerez comme élément de projet actif dans votre liste de projets. Les éléments les plus fréquents que l'on peut traiter ainsi sont les suivants :

- événements spéciaux demandant une certaine période de préparation (lancement de produits, campagne de collecte de fonds, etc.) ;
- événements que vous devez régulièrement préparer : étude de budget, conférence annuelle, activités de planification, réunions,

etc. (Exemple : quand devez-vous ajouter le congrès des ventes de l'année prochaine à votre liste de projets ?) ;
- dates d'activités que vous voulez organiser pour des proches (anniversaires, fêtes, remise de cadeaux, etc.).

Événements auxquels vous aimeriez assister. Il vous arrive sans doute souvent de recevoir des prospectus à propos de séminaires, de congrès, de conférences et d'événements sociaux et culturels. Tout aussi souvent, vous ne saurez que quelques jours avant l'événement si vous pourrez y assister. Évaluez ce que représentent ces « quelques journées » et notez le rappel de l'événement à la page correspondante de votre agenda. Exemples :

- Déjeuner-débat de la chambre de commerce demain
- Mise en vente des billets pour un match des *Alouettes*
- Émission spéciale sur l'Australie sur PBS, ce soir à 20 h

Vous pouvez très bien décider ne pas décider, à condition de disposer d'un système permettant de gérer ce genre de décision.

Catalyseurs de décision. De temps en temps, vous devez prendre une décision importante, mais vous ne pouvez pas (ou ne voulez pas) le faire tout de suite. Il n'y a certes aucun mal à prendre le temps d'y réfléchir. En revanche, si vous avez besoin d'information de source externe pour en arriver à votre décision, vous devez en prendre note dans votre liste de premières actions ou d'actions en attente. Et, pour vous sentir tout à fait à l'aise de ne *pas* décider, vous devez vous munir d'un filet de sécurité qui vous permettra de revenir sur la question au moment opportun. Un rappel d'agenda peut avoir cette fonction.

Voici quelques décisions qui peuvent nécessiter une telle démarche :
- Embauche/licenciement
- Fusion/acquisition/cession/dessaisissement
- Changement d'emploi/de carrière

Je sais que l'espace manque pour aborder un sujet aussi vaste, mais posez-vous quand même la question : « Y a-t-il une décision importante pour laquelle je devrais me fixer un rappel afin de pouvoir la mûrir en toute tranquillité ? » Dans l'affirmative, ouvrez votre agenda et notez-y le rappel.

L'échéancier

L'échéancier est un bon moyen de gérer les éléments qui ne sont pas activables dans l'immédiat, mais qui pourraient l'être à l'avenir. Cette version tridimensionnelle de l'agenda vous permet de conserver les rappels *physiques* de choses que vous voulez considérer à une date ultérieure. Grâce à l'échéancier, vous pourrez vous faire parvenir des rappels à une date déterminée (ce que vous ne pouvez faire avec un logiciel de courrier électronique, par exemple). Cet outil peut être extrêmement utile. Je m'en sers personnellement depuis de nombreuses années, et je peux difficilement concevoir comment on peut s'en passer.

En gros, l'échéancier est un simple ensemble de dossiers qui vous permet de distribuer des documents papier et d'autres rappels physiques de manière à ce que tout ce que vous voulez voir à une date donnée se présente « automatiquement » dans la corbeille d'arrivée de cette date.

Si vous avez une secrétaire ou une assistante, vous pouvez lui confier au moins une partie de ces tâches, à condition qu'elle possède une version fonctionnelle de ce système ou d'un système analogue. Voici quelques directives que vous pourriez lui adresser :

- Remettez-moi cet ordre du jour le matin de la journée où aura lieu la réunion.
- Redonnez-moi ce document lundi pour que j'y repense, vu qu'il porte sur la réunion de mercredi.
- Faites-moi penser au voyage à Hong-Kong deux semaines à l'avance pour que nous puissions planifier la logistique.

À la date prédéterminée, vous disposerez du dossier voulu.

Vous pouvez (et devriez sans doute) faire appel à un ou des assistants pour vous soulager d'une partie de ce travail. Je vous recommande néanmoins de gérer votre propre échéancier dans la mesure du possible. Cet outil possède de nombreuses fonctions qui pourraient vous être utiles, ne serait-ce que pour faire le suivi des tâches qui ne sont pas du ressort de votre assistant. En ce qui me concerne, je me sers de mon échéancier pour gérer d'innombrables choses : réservations de billets d'avion et confirmations de vol ; itinéraires, programmes de la journée et plans des villes reliés à mes déplacements ; information sur les produits que je projette d'acheter, etc.

Condition : l'échéancier exige un léger changement de comportement. Ce changement ne vous demandera qu'une seconde par jour, et le profit que vous en retirerez sera infiniment plus grand que le petit investissement personnel que vous y aurez mis.

Création d'un échéancier. Il vous faut 43 dossiers, dont 31 numérotés de 1 à 31, et 12 consacrés aux 12 mois de l'année. Les dossiers journaliers sont placés à l'avant, en commençant par le dossier du lendemain (si la date d'aujourd'hui est le 5 octobre, le premier dossier sera donc celui du 6 octobre). Les dossiers suivants correspondent aux journées successives du reste du mois (7 à 31). Tout de suite après les 31 dossiers journaliers, se trouve le dossier du mois suivant (novembre) et, aussitôt après, viennent les dossiers journaliers 1 à 5. Suivent les dossiers mensuels pour le reste de l'année (décembre à octobre). Le dossier journalier suivant est vidé chaque jour dans votre corbeille d'arrivée, puis remisé à la fin des dossiers journaliers précédents (de sorte qu'il correspond maintenant au 6 novembre au lieu du 6 octobre). Toujours selon le même principe, quand le dossier mensuel suivant se trouve à l'avant (le 31 octobre, après avoir épuisé les dossiers journaliers, le dossier de novembre apparaît, avec toutes les fiches journalières du 1 au 31), il est vidé dans la corbeille d'arrivée et remisé à la fin des dossiers mensuels (où il représente alors le mois de novembre de l'année suivante). C'est donc un système de dossiers « perpétuel », puisqu'il contient en permanence les dossiers correspondant aux 31 jours suivants et aux 12 mois suivants.

L'utilisation de dossiers dans un échéancier présente un avantage de taille : elle permet de stocker les documents concrets auxquels vous devez donner suite à une date donnée (formulaires à remplir, note de service à revoir, réponse à un appel téléphonique, etc.).

Ce système ne peut fonctionner sans une mise à jour quotidienne. Si vous oubliez de vider un dossier journalier, vous ne vous fierez plus à votre système pour stocker des données importantes, et il vous faudra gérer celles-ci d'une autre manière. Si vous partez en voyage d'affaires (ou si vous n'avez pas accès à votre échéancier durant le week-end), vous devez absolument vérifier les dossiers correspondant aux journées où vous serez absent, et ce, *avant* de partir.

DISPOSITION DES DOSSIERS D'UN ÉCHÉANCIER (5 OCTOBRE)

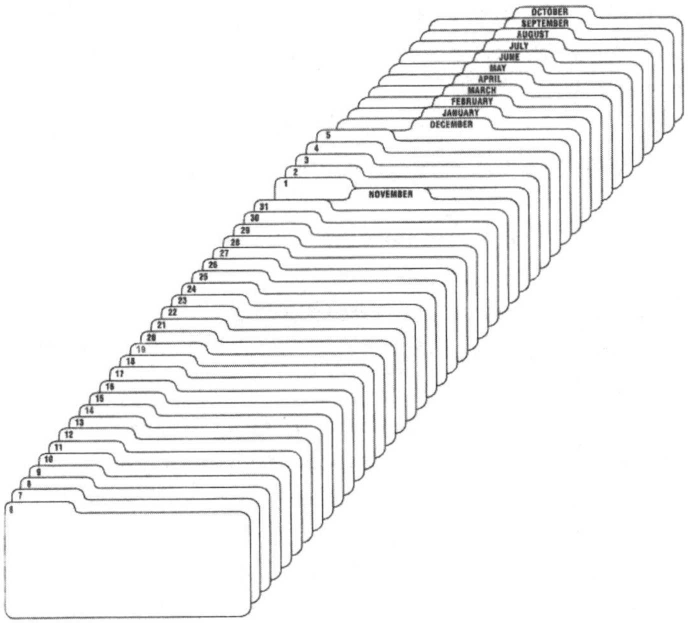

Des sources d'inspiration : les listes de contrôle

Passons maintenant au dernier point du système d'organisation personnelle qui mérite notre attention : le suivi et la mise à jour des listes de contrôle. Ces listes contiennent les *recettes potentielles* de projets et d'événements et mettent en relief les domaines de prédilection, d'intérêt et de responsabilité.

Les listes de contrôle les plus créatives résultent souvent d'un processus de consultation fructueux (mené auprès d'une équipe, d'une entreprise, etc.). Dans certains cas, elles permettent de définir des priorités en matière de formation ou d'embauche du personnel.

En aidant mes clients à vider leurs boîtes d'entrée, je tombe souvent sur des notes qu'ils se sont adressées. En voici des exemples :

- faire de l'exercice physique plus régulièrement ;
- remplir des formulaires d'évaluation pour chaque programme de formation ;
- passer plus de temps avec mes enfants ;
- planifier les activités de la division de manière plus proactive ;
- stimuler le personnel ;
- nous aligner sur la stratégie de l'entreprise ;
- mettre constamment à jour les procédés de facturation client.

Que faire de ces engagements un peu « flous » ?

Clarifier en premier lieu les actions et les projets sous-jacents

Dans de nombreux cas, les éléments à traiter renvoient à un projet ou à une action. L'élément « Faire de l'exercice physique plus régulièrement », par exemple, se rapporte très souvent à un *projet* comme « Suivre un programme d'exercice physique » ou à une *action* comme « Demander à Sandrine de me recommander des entraîneurs personnels ». Ce sont alors les actions et les projets sous-jacents qu'il faut clarifier et intégrer dans un système d'organisation personnelle.

Il y a toutefois certains éléments qui n'entrent pas tout à fait dans cette catégorie.

Esquisser les principaux domaines de travail et de responsabilité

Des objectifs comme « Rester en forme » ou « Santé et énergie » doivent être intégrés à une forme ou une autre de liste de contrôle générale qu'il faut revoir régulièrement. Nos buts et nos critères se superposent en couches multiples dans notre psyché et influencent diversement nos choix, et il est toujours bon de savoir en quoi ils consistent et à quels niveaux ils se situent.

J'ai mentionné plus haut qu'il y avait au moins six niveaux possibles de perception de votre « travail », et que chacun d'eux méritait d'être reconnu et évalué. L'inventaire complet de tout ce que vous jugez important et tenez à accomplir à chacun de ces six niveaux risque d'être énorme. On peut y trouver entre autres les éléments suivants :

- Objectifs de carrière
- Service
- Famille
- Relations
- Communauté
- Santé et énergie
- Ressources financières
- Expressions créatrices

Au niveau de vos activités professionnelles, vous voudrez peut-être vous doter de rappels sur vos principaux champs de responsabilité, votre équipe, vos valeurs, etc. Une telle liste peut comprendre les points suivants :

- Moral de l'équipe
- Procédés
- Délais
- Questions reliées au personnel
- Charge de travail
- Communication

Tous ces éléments pourraient figurer, à titre de rappels, dans les listes de votre système d'organisation personnelle.

Plus la situation est nouvelle, plus elle doit être contrôlée

Quand certaines de nos responsabilités nous sont peu familières, il nous faut disposer de mécanismes de contrôle externes. C'est là l'intérêt des listes de contrôle. Si vous exercez vos fonctions depuis de nombreuses années et que rien ne vous contraint à modifier vos pratiques, vous n'aurez peut-être pas besoin de ces outils.

Mais supposons, par exemple, que votre PDG s'absente soudainement et qu'il vous faille le remplacer au pied levé. Vous devrez pendant quelque temps avoir sous les yeux certains plans et certaines lignes directrices pour gérer les aspects les plus névralgiques de votre mandat. De la même manière, si vous venez de changer de poste et qu'on vous attribue des responsabilités entièrement nouvelles, une structure et un encadrement continus vous seront nécessaires, du moins pendant les quelques premiers mois.

Les listes de contrôle peuvent être extrêmement utiles pour vous sensibiliser à ce qui ne vous est *pas* utile.

J'ai moi-même eu recours à ce genre d'outil à plusieurs reprises, notamment quand ma femme et moi avons participé à la restructuration d'une entreprise. À cette occasion, j'ai pris en mains des responsabilités que je n'avais jamais assumées auparavant (comptabilité, informatique, marketing, contentieux et administration). Pendant plusieurs mois, il me fallait avoir près de moi une liste de contrôle de toutes ces responsabilités pour être certain que je n'oubliais rien et que je gérais cette période de transition du mieux que je le pouvais. Quand les choses se sont calmées, je n'ai plus eu besoin de cette liste.

Des listes de contrôle à tous les niveaux

N'hésitez pas à créer des listes de contrôle de toutes sortes quand le besoin s'en fait sentir. Les possibilités sont infinies. Vos listes peuvent porter autant sur vos valeurs de base que sur des articles à emporter en camping. Faire des listes à la volée, au gré des situations qui se présentent à vous, est l'une des pratiques les plus efficaces, en même temps que les plus subtiles et les plus simples, que vous pouvez adopter dans votre vie.

Voici, pour vous inspirer, une liste de certains des sujets qui figurent sur mes listes de contrôle depuis de nombreuses années :

- affirmations personnelles (énoncés de mes valeurs individuelles)
- domaines de responsabilité professionnelle (principaux champs de responsabilité) ;
- préparatifs de voyage (choses à régler ou à faire avant un voyage) ;
- revue hebdomadaire (éléments à revoir et mettre à jour chaque semaine) ;
- programmes de formation (activités nécessaires à la gestion de mes programmes de formation) ;
- clients ;
- conférences (activités nécessaires à l'organisation des conférences) ;
- priorités personnelles (principales responsabilités dans ma vie) ;
- personnes jouant un rôle important dans ma vie privée et professionnelle (évaluation régulière des relations à établir et à développer) ;
- organigrammes (contacts et résultats à gérer et conserver) ;
- développement personnel (évaluation régulière des éléments propices à mon équilibre personnel et mon évolution).

Familiarisez-vous avec les listes de contrôle, qu'elles soient spontanées ou permanentes. Ne craignez pas d'en créer et d'en éliminer selon vos besoins. Bien utilisées, elles constituent de précieux atouts en matière de productivité.

Avez-vous *collecté* tous les éléments reliés aux affaires en suspens de votre vie personnelle et professionnelle, *traité* chacun de ces éléments en fonction de ce qu'ils représentent pour vous et des actions qu'ils exigent, et *organisé* vos résultats en un système complet vous permettant de cerner tous vos projets en cours et en réserve ? Dans ce cas, vous êtes prêt à passer à la prochaine étape de l'art de la productivité sans stress : l'examen.

8

L'examen : garantir la bonne marche de votre système

LA MÉTHODE GTD ne suppose nullement que l'on mette son intelligence en veilleuse. Au contraire, elle suppose que la pensée s'exerce de façon plus contrôlée, mais aussi de façon plus souple et productive. Mais on ne peut en arriver là sans avoir l'esprit libre.

C'est pourquoi vous devez être certain d'exécuter toutes les tâches qui vous incombent au bon moment, en n'omettant que celles que vous avez *choisi* d'omettre. Et pour maîtriser ainsi le flux de votre travail, il vous faut revoir régulièrement votre système et vous assurer qu'il est à jour. Ce n'est qu'à cette condition que vous pourrez vous y fier.

Si vous omettez un seul élément d'une liste d'appels, par exemple, vous saurez en votre for intérieur que votre système n'est plus fonctionnel. Votre cerveau se réappropriera alors les fonctions de recensement, de traitement et de rappel, fonctions qu'il ne sait pas exercer de manière très efficace, comme vous le savez déjà.

Loin d'être statique, votre système doit donc être constamment actualisé.

Deux grandes questions se posent à ce sujet :

- Que revoir et quand ?
- Que faire, à quelle fréquence, pour garantir que le système fonctionne de manière cohérente ?

Que revoir et quand ?

L'examen ne prend que quelques secondes par jour, à condition de chercher les bonnes choses au bon moment.

Votre système doit vous permettre de saisir au moment opportun tous les choix qui s'offrent à vous en matière d'action. C'est l'évidence même ; et pourtant, très peu de gens disposent d'outils ou de procédés pleinement fonctionnels à cet égard.

Si vous avez un moment libre et que vous êtes à proximité d'un téléphone, par exemple, vous devriez à tout le moins pouvoir jeter un coup d'œil sur votre liste d'appels à faire. Ainsi, vous pourrez choisir de passer un coup de fil ou décider en toute bonne conscience de passer à autre chose.

Mes clients me demandent souvent combien de temps je passe à revoir mon système. Ma réponse est simple : « Tout le temps qu'il me faut pour savoir que je fais ce que j'ai à faire. » En réalité, le temps que j'y consacre se résume à deux secondes par-ci, trois secondes par-là... Ce que mes clients ne comprennent pas tout à fait, c'est que mes listes sont en quelque sorte mon bureau. Mes listes de premières actions constituent mon champ de travail au même titre que les Post-it et les piles de papier constituent le leur. Si vos affaires en suspens ont été scrupuleusement collectées, traitées et organisées, quelques secondes devraient aussi vous suffire pour accéder à votre système et vous rappeler ce que la journée vous réserve.

Commencez par l'agenda

L'agenda et l'échéancier, si vous en avez un, seront les composantes de votre système que vous reverrez le plus fréquemment, puisqu'ils offrent un aperçu des tâches « fixes » de la journée et du travail à faire. Tenez compte en premier lieu des paramètres de temps et d'espace. Si vous notez que votre réunion dure de 8 h à 16 h, par exemple, et que vous disposez d'une demi-heure à peine pour le repas, vous ajusterez vos autres activités en conséquence.

Continuez avec vos listes d'actions

Après avoir consulté votre agenda, vous reverrez très vraisemblablement les listes d'actions pouvant être accomplies dans le contexte où vous vous trouvez. Si vous êtes dans votre bureau, par exemple, vous relirez rapidement vos listes « Appels », « À l'ordinateur » et « Au bureau ». Cet examen ne vous oblige pas à *exécuter* toutes les actions qui figurent sur vos listes ; il vous permet seulement de les évaluer par rapport à vos tâches du moment, de manière à choisir les bonnes actions à exécuter. Vous devez avoir la certitude absolue que vous ne négligez rien d'important.

À vrai dire, si votre agenda est fiable et que vos listes d'actions sont actualisées, il ne sera sans doute pas nécessaire de revoir les autres composantes de votre système plus souvent qu'un jour sur deux. Il m'arrive parfois de ne pas regarder mes listes pendant plusieurs journées parce que je sais à l'avance (grâce à mon agenda) qu'il m'est impossible de réaliser les actions qu'elles comprennent.

Faites le bon examen dans le bon contexte

Selon les circonstances, il vous faudra accéder rapidement à l'une ou l'autre de vos listes. Par exemple, si votre patron fait irruption dans votre bureau pour vous entretenir d'affaires en cours et de priorités, il vous sera extrêmement utile d'avoir à portée de main votre liste de projets à jour et votre liste de points à discuter.

Mettre à jour votre système

Voici la véritable clé pour garantir la fiabilité de votre système d'organisation : prendre régulièrement le recul nécessaire pour l'actualiser (et renouveler vos idées). C'est toutefois chose impossible si vos listes ne concordent plus du tout avec votre réalité. Vous ne pouvez pas vous leurrer sur ce point : si votre système est périmé, votre cerveau en aura déjà pris la relève, se chargeant notamment des fonctions de mémorisation.

C'est peut-être la plus grande difficulté que présente le système. Une fois que vous avez appris à clarifier votre pensée et à maîtriser votre travail, que devez-vous faire pour instituer cet état d'esprit comme norme opérationnelle ? Les longues années que j'ai consacrées à l'étude et à la mise en œuvre de cette méthodologie m'ont convaincu que la viabilité du processus réside dans un outil magique que j'appelle l'examen hebdomadaire.

La puissance de l'examen hebdomadaire

Nous acceptons invariablement plus de tâches que notre système peut en traiter chaque jour.

En dépit de toutes nos bonnes intentions, nous ne pouvons pas aller plus vite que les événements eux-mêmes. Beaucoup de gens, semble-t-il, ont une tendance naturelle à entreprendre beaucoup plus de tâches qu'ils ne peuvent en réaliser. Ils courent d'une réunion à l'autre toute la journée, participent après le travail à des activités qui créent de nouvelles obligations et se lancent dans toutes sortes de projets.

C'est précisément ce tourbillon d'activités qui rend l'examen hebdomadaire si précieux. Cet examen vous demande de consacrer une petite partie de votre temps à récapituler, réévaluer et retraiter vos tâches pour équilibrer votre charge de travail. Il est tout simplement impossible de faire ce travail de synthèse sans se libérer de ses tâches quotidiennes.

L'examen hebdomadaire vous aidera aussi à vous focaliser de manière plus intuitive sur vos projets importants, au milieu de l'afflux des nouvelles tâches et des distractions qui vous guettent durant la semaine. Vous allez apprendre à refuser plus d'engagements, et plus vite, pour vous maintenir à flot.

Qu'est-ce que l'examen hebdomadaire ?

En gros, cet examen regroupe tout ce que vous devez faire pour vider de nouveau votre esprit. Il consiste à reprendre toutes les étapes de la gestion du flux du travail (collecte, traitement, organisation et retour sur tous vos engagements en cours) jusqu'à ce qu'on puisse se dire en toute honnêteté : « J'ai parfaitement conscience de toutes les actions que je n'exécute pas pour l'instant, mais que je pourrais accomplir plus tard si je le décidais. »

D'un point de vue pratique, voici les fils conducteurs qui vous y mèneront.

Regroupez les papiers éparpillés. Ramassez tous les papiers, cartes de visite, notes et reçus tapis dans les recoins de votre bureau, oubliés dans vos poches, ou glissés dans une serviette, un portefeuille ou un sac à main. Déposez-les dans votre boîte d'entrée pour les traiter.

Traitez vos notes. Passez en revue toutes les notes griffonnées sur des carnets (notes de réunion, pensées personnelles, notations diverses, etc.). Faites une liste des actions à exécuter, des projets, des éléments en attente, des activités inscrites dans votre agenda et des éléments « un jour... peut-être ». Classez tous les documents de référence. Épurez votre documentation « lire/revoir ». Soyez exigeant envers vous-même. Traitez toutes les notes et toutes les idées reliées aux communications, aux projets et aux nouvelles initiatives, ainsi que toutes les données que vous avez reçues depuis votre dernière connexion Internet. Éliminez tout ce dont vous n'avez plus besoin.

Revoyez les données passées de votre agenda ou de votre calendrier électronique. Repérez les actions qui restent à exécuter, ainsi que l'information de référence et les autres éléments en suspens, puis reportez ou enregistrez ces données dans votre système actif. Archivez le contenu de la semaine précédente en veillant à en retirer préalablement tous les éléments actifs.

Parcourez les pages ultérieures de votre agenda ou de votre calendrier. Passez en revue les activités futures (à long et à court terme) figurant dans votre agenda. Repérez les actions reliées aux arrangements à faire et aux préparatifs d'événements à venir.

Videz votre esprit. Notez et placez dans les catégories qui leur correspondent les nouveaux projets, premières actions, actions en attente et éléments « un jour... peut-être » que vous n'avez pas encore recensés.

Revoyez vos listes de « projets » (et celles de vos ambitions plus vastes). Évaluez l'état de vos projets, de vos buts et de vos objectifs. Passez en revue tous ces éléments un à un, en veillant à noter dans votre système au moins une action par élément à enclencher.

Revoyez les listes de premières actions. Rayez les actions exécutées et passez en revue les rappels pour déterminer les actions suivantes.

Revoyez la liste « en attente ». Notez les actions qui nécessitent encore un suivi. Rayez les éléments que vous avez reçus.

Revoyez vos listes de contrôle. Y a-t-il quelque chose que vous devez faire et que vous n'avez pas encore fait ?

Revoyez vos listes « un jour... peut-être ». Repérez les projets qui ont pu devenir actifs et reportez-les dans votre liste de projets. Éliminez les éléments qui ne présentent plus d'intérêt pour vous.

Revoyez les dossiers en instance et les documents d'accompagnement. Parcourez tous vos documents d'accompagnement de travaux en cours pour déterminer si vous pouvez enclencher de nouvelles actions, boucler certaines choses et en déléguer d'autres.

Soyez créatif et courageux. Y a-t-il des idées nouvelles, originales, folles, audacieuses et lumineuses que vous pourriez inclure dans votre système ?

Cet examen hebdomadaire relève du simple bon sens. Et pourtant, peu de gens l'effectuent avec le soin qui s'impose, c'est-à-dire avec la régularité nécessaire pour avoir l'esprit clair, rester détendu et se savoir maître de la situation.

Lieu et moment adéquats pour effectuer l'examen hebdomadaire

L'examen hebdomadaire revêt une telle importance que vous devriez vous doter des habitudes et des outils qui lui sont les plus propices. Vous devriez également l'effectuer dans un contexte favorable. Une fois que vous aurez atteint l'état de calme et de maîtrise auquel vous invite la méthode GTD, vous n'aurez plus à vous obliger à faire votre examen hebdomadaire – il fera partie intégrante de votre mode de vie.

En attendant, arrangez-vous pour prendre du recul par rapport à votre travail quotidien, et ce environ deux heures par semaine. Je ne vous demande pas de méditer, seulement de léviter : il faut vous imaginer à une altitude d'au moins 10 000 pieds.

Si vous disposez d'un espace de travail relativement tranquille et si, bien sûr, vous travaillez du lundi au vendredi, je vous recommande d'effectuer votre examen le vendredi, en début d'après-midi. C'est un moment idéal pour trois raisons :

- Les activités de la semaine sont généralement assez présentes à votre mémoire pour vous permettre de faire une analyse rétrospective (« C'est vrai, je dois rappeler Serge pour lui demander si... »).
- Quand vous remarquez des actions qui exigent que vous appeliez un collègue ou un supérieur (ce qui ne manque jamais d'arriver), vous avez toujours le temps de le joindre avant qu'il quitte le bureau.
- Il est toujours agréable de se débarrasser des soucis de la semaine avant de s'évader pour le week-end.

Mais si vous travaillez aussi pendant les week-ends ? C'est mon cas : j'ai autant de travail à faire le samedi et le dimanche que le lundi ou le mercredi. J'ai toutefois la chance (?) de voyager assez fréquemment et de passer de longues heures en avion, ce qui me laisse le temps de rattraper mes retards.

D'autres personnes se créent des rituels. L'un de mes clients et bons amis, qui est cadre supérieur dans la plus grande société d'aérospatiale du monde, s'est fixé un rituel du dimanche soir : dans la paisible détente que lui procure son bureau domiciliaire, il traite les centaines de notes qu'il a griffonnées au cours des réunions presque ininterrompues auxquelles il a assisté durant la semaine. Quel que soit votre style de vie, vous devez trouver vous aussi votre propre rituel hebdomadaire. Vous en avez sans doute déjà un (ou quelque chose d'analogue). Profitez-en pour y intégrer votre examen « à haute altitude ».

Les personnes qui peuvent le plus difficilement se ménager le temps nécessaire à cet examen sont celles qui travaillent constamment dans une pièce de leur domicile qui leur tient lieu de bureau. Entièrement accaparés par leur travail, ils ne voient pas très bien où ils pourraient trouver le temps et l'espace voulus pour faire le bilan de leurs affaires en suspens.

Certaines personnes (négociateurs d'actions ou chefs d'État-Major, par exemple) assument des mandats névralgiques qui ne tolèrent aucun relâchement de l'attention, puis rentrent chez eux pour y rejoindre leurs enfants et leur épouse, qui revient elle aussi du travail. Ce sont les professionnels les plus stressés que j'ai rencontrés. Certains d'entre eux peuvent se compter chanceux, toutefois : leur trajet quotidien en train leur laisse une petite heure libre.

Si vous vous reconnaissez dans ce portrait, votre plus grand défi sera d'intégrer l'examen hebdomadaire à vos activités professionnelles et familiales. Vous devrez soit accepter d'y travailler à votre bureau le vendredi soir, après vos heures de travail, soit vous donner le temps et l'espace pour le faire chez vous, dans une ambiance qui conjuguera détente et travail.

L'examen hebdomadaire des cadres. J'ai incité de nombreux cadres à se libérer pendant deux heures tous les vendredis afin d'effectuer l'examen hebdomadaire. Leur plus grand problème est de se ménager ce temps de réflexion sans prendre du retard sur les urgences inhérentes à leur mandat. Les cadres les plus sages et les plus chevronnés savent toutefois qu'il vaut la peine de sacrifier ce qui est apparemment urgent à ce qui est vraiment important, et s'accordent de petits îlots de temps pour se consacrer à cet examen.

Les meilleures idées que nous avons *sur* notre travail ne nous viennent pas quand nous sommes *au* travail.

Certains d'entre eux, toutefois, ont tendance à expédier l'examen des tâches prosaïques, dépassant allègrement l'altitude 10 000. Entre les réunions qui se succèdent sans relâche pendant la journée et le petit vin dégusté le soir devant leur étang koï, ils semblent tentés de porter leur réflexion et leur travail de synthèse à un niveau un peu plus élevé. Cela dit, s'ils croient avoir ainsi défini, clarifié, évalué et actualisé toutes leurs affaires en suspens, ils sont sans doute en train de se leurrer.

L'examen de la vision d'ensemble

Il arrivera un moment où vous devrez clarifier les aspirations, les objectifs à long terme, la vision et les principes qui sous-tendent vos décisions. Quels sont vos principaux objectifs sur le plan professionnel ? Que prévoyez-vous de faire dans un à trois ans ? Comment évolue votre carrière ? Le mode de vie que vous menez vous satisfait-il ? Qu'en est-il de vos aspirations et besoins à long terme ?

Ce livre ne porte pas explicitement sur ces questions, qui se gèrent d'un point de vue plus élevé (depuis les altitudes 30 000 à 50 000 pieds). Mais il vous invite implicitement à adopter un tel point de vue afin d'enrichir votre vie et d'affirmer vos propres valeurs. Quand vous saurez passer rapidement de la piste de décollage à l'altitude 10 000, gravissez les échelons suivants de temps en temps afin d'avoir les idées réellement claires.

C'est à vous seul qu'il incombe de déterminer à quelle fréquence vous devez entreprendre ce genre d'examen global. Le principe à respecter dans ces circonstances est le suivant.

Pour vous acquitter vraiment de cet examen, vous devez évaluer votre vie personnelle et professionnelle sous l'angle qu'il faut et prendre les décisions qu'il faut au moment où il le faut.

Ce qui nous conduit au dernier point de cette méthode de collecte, de traitement, d'organisation et d'examen : que devez-vous faire en ce mercredi matin, à 9 h 22 ?

9

L'action : faire les bons choix

REVENONS À VOTRE JOURNÉE de travail bien réelle et aux tâches que vous devez accomplir au jour le jour. Comment prendre une décision sur ce que vous devez faire dans une situation donnée ?

Ma réponse est simple : fiez-vous à votre cœur. Ou à votre âme. Si vous êtes allergique à ces mots, voici d'autres ressources : votre intuition, votre instinct, vos tripes…

> Au bout du compte, vous devrez toujours vous fier à votre intuition. Il existe de nombreux moyens de renforcer votre confiance en cette faculté.

Il n'est pas question, bien sûr, de laisser vos états d'âme dicter tous vos comportements. Une certaine rigueur demeure nécessaire. Comme je l'ai mentionné au chapitre 2 (pages 61 à 66), j'ai conçu trois cadres de priorités qui me semblent être d'une immense utilité pour faciliter le processus décisionnel :

- un modèle à quatre critères pour décider de l'action à exécuter au moment propice ;
- un modèle à trois volets pour évaluer le travail quotidien ;
- un modèle à six paliers pour définir la vraie nature de votre travail.

Ces modèles suivent l'ordre inverse de la structure hiérarchique, c'est-à-dire le sens contraire de l'approche descendante traditionnelle. Conformément à la nature de la méthode GTD, j'ai jugé utile ici encore de progresser de la base au sommet. En d'autres termes, je pars des tâches les plus prosaïques.

1 - Le modèle à quatre critères pour choisir l'action à exécuter au moment propice

Comme nous l'avons vu, vous devez décider de l'action à exécuter en fonction de quatre critères, qui sont, dans l'ordre :

1. Le contexte
2. La disponibilité
3. Le niveau d'énergie
4. La priorité

Examinons chacun de ces critères.

Le contexte

La première question à vous poser, à tout moment, est la suivante : que puis-je faire à l'endroit où je me trouve et avec les outils dont je dispose ? Êtes-vous près d'un téléphone ? Êtes-vous en présence de la personne avec laquelle vous devez parler pour régler trois questions à l'ordre du jour ? Vous trouvez-vous dans le magasin où vous devez acheter un produit ? Si vous ne pouvez pas exécuter une action parce que vous n'êtes pas au bon endroit ou que vous n'avez pas l'outil nécessaire pour le faire, ignorez-la.

Comme je l'ai déjà indiqué, vous devez toujours structurer vos rappels d'action par contexte (« Appels », « À la maison », « À l'ordinateur », « Courses », « Points à discuter avec Jean », « Ordre du jour pour la réunion du personnel », etc.). Étant donné que le contexte est le premier critère qui entre en jeu dans le choix de vos actions, le fait d'établir vos listes par contexte vous dispensera de réévaluer inutilement les choses à faire. En effet, si vous énumérez vos choses à faire sur une même liste, mais que vous ne pouvez pas les exécuter dans un contexte donné, il vous faudra continuellement revoir *tous* les éléments de votre liste.

Si vous êtes bloqué dans les embouteillages et que les seules actions possibles dans la circonstance sont de donner des appels avec votre portable, vous consulterez uniquement votre liste d'appels. La liste d'actions doit être choisie en fonction des actions que vous pouvez exécuter au moment propice.

L'organisation des actions en fonction du contexte *physique* présente un deuxième avantage : elle vous force à déterminer la première action physique qu'exige un élément. Mes listes d'actions sont créées de telle sorte que je dois prendre une décision sur la première action à exécuter avant d'inscrire l'élément sur la liste (tel élément nécessite un téléphone, tel autre un ordinateur, etc.). En présence d'une liste d'actions hétéroclites (non reliées à un contexte), nous avons souvent tendance à retarder nos décisions sur les premières actions elles-mêmes.

J'encourage fréquemment mes clients à établir leurs catégories de listes au tout début de l'étape du traitement des entrées, parce que cela relie automatiquement leurs projets aux choses concrètes à faire pour les réaliser.

La disponibilité

Le deuxième facteur à prendre en compte pour décider d'une action est le temps dont vous disposez avant votre prochaine activité. Si vous devez assister à une réunion dans dix minutes, par exemple, vous choisirez très probablement une action tout autre que celle que vous auriez choisie si vous aviez eu deux heures devant vous.

Il est toujours bon de savoir de combien de temps on dispose (d'où l'importance de l'agenda et de la montre). Un inventaire total des rappels d'actions vous donnera le maximum d'information sur ce que vous devez faire et vous permettra d'adapter beaucoup plus facilement vos actions aux laps de temps dont vous disposez.

En d'autres termes, si vous disposez de dix minutes avant le début de votre prochaine réunion, choisissez une action qui demande dix minutes. Si vos listes ne contiennent que des actions « importantes » ou de longue haleine, vous ne pourrez exécuter aucune de ces actions en dix minutes. La manière la plus productive d'exécuter les actions plus brèves est de profiter des moments creux qui se présentent durant la journée.

Le niveau d'énergie

Pour accroître votre énergie, vous pouvez changer de contexte et rediriger votre attention ailleurs, mais vous ne pouvez pas en faire bien plus… À la fin d'une journée fébrile consacrée à la planification budgétaire, le moment n'est peut-être pas très bien choisi pour appeler un client potentiel ou vous lancer dans une évaluation de la performance. Il serait préférable d'appeler votre compagnie aérienne pour changer vos réservations, trier des reçus ou feuilleter une revue d'affaires.

Nous venons de voir qu'en disposant de choix de premières actions, vous pouvez profiter du moment le plus propice pour les exécuter. De la même manière, être au fait de toutes vos affaires à traiter et à régler vous permettra de concilier vos activités avec votre degré de vitalité.

Je vous recommande de dresser un inventaire de tâches qui demandent très peu de créativité ou d'effort intellectuel. Vous pourrez vous y mettre quand vous aurez peu d'énergie. Il pourra s'agir de lire un magazine, de consulter un catalogue, d'entrer des numéros de téléphone et des adresses dans votre ordinateur, de supprimer certains fichiers de votre portable ou tout simplement d'arroser vos plantes…

Voilà pourquoi votre système d'organisation personnelle doit être parfaitement délimité. Il vous permettra alors de continuer à être productif même lorsque vous n'êtes pas en pleine forme. Si vous vous sentez un peu amorphe et que, en plus, vos dossiers sont rangés n'importe comment, vous reculerez devant les tâches les plus simples. Vous éviterez alors de faire quoi que ce soit, ce qui aura pour effet de vous décourager davantage.

Il n'y a aucune raison de ne pas être hautement productif, même lorsque nous ne sommes pas au mieux de notre forme.

La priorité

Le dernier critère pour choisir l'action à exécuter est évidemment celui de la priorité. La question qui se pose est la suivante : « De toutes les options qu'il me reste, quelle est la tâche la plus importante à accomplir ? »

Il est impossible d'être satisfait des choix que nous faisons si nous ne savons pas clairement en quoi consiste notre travail.

Mes clients me demandent fréquemment comment ils doivent déterminer leurs priorités. Surchargés de travail, ils doivent se délester de certaines tâches. Mais lesquelles ? Le choix est parfois difficile.

Pour l'effectuer, il vous faudra prendre des décisions délibérées portant sur vos responsabilités, vos objectifs et vos valeurs. Ces décisions seront inévitablement influencées – parfois selon une dynamique complexe – par les objectifs, les valeurs et les priorités de votre entreprise et des personnes qui vous entourent.

2 - Le modèle à trois volets pour évaluer le travail quotidien

Établir des priorités suppose que certaines actions sont plus importantes que d'autres. Comment établir leur hiérarchie par rapport à votre travail, c'est-à-dire les mandats que vous vous êtes fixés ou que d'autres vous ont confiés ? C'est à ce stade qu'interviennent les deux modèles suivants, qui vous aideront à définir votre travail. J'aimerais rappeler ici que, bien que cette méthode s'applique en grande partie à votre vie professionnelle, j'emploie le mot « travail » dans son sens général, c'est-à-dire dans le sens de toute obligation que nous nous engageons à remplir, qu'elle soit de nature professionnelle ou personnelle.

De nos jours, la plupart des gestionnaires doivent relever un défi relativement nouveau sur le plan de leur charge de travail quotidienne. Il est bon de comprendre ce phénomène si l'on veut mettre en place des structures aussi productives que possible. Comme je l'ai expliqué plus haut, vous serez en présence de l'un des trois types d'activités suivants à divers moments de votre journée :

- exécuter les tâches prédéfinies ;
- exécuter les tâches qui se présentent au fil de la journée ;
- définir votre travail.

Vous pouvez soit exécuter les tâches qui figurent sur vos listes d'action, soit exécuter les tâches qui se présentent à l'improviste, soit encore traiter les affaires entrantes pour définir les tâches de vos listes. Tout cela semble logique. Or, bien des gens se laissent accaparer par la deuxième activité (l'accomplissement des tâches qui se présentent au fil de la journée) et négligent les deux autres.

Prenons un exemple. Nous sommes un lundi, et il est 10h26. Vous venez d'avoir une conversation téléphonique imprévue d'une demi-heure avec un client potentiel, et vous avez griffonné quelque trois pages de notes pendant que vous lui parliez. Vous devez assister à une réunion du personnel à 11h, soit dans un peu plus d'une demi-heure. Vous n'êtes pas dans votre assiette, parce que le dîner avec vos beaux-parents s'est prolongé très tard dans la soirée (et il faut d'ailleurs que vous communiquiez certains renseignements à votre beau-père aujourd'hui même). Votre assistant vient d'aligner devant vous six messages d'appels téléphoniques. Vous devez aussi participer à un atelier de planification stratégique très important dans deux jours, et vous n'avez encore rien préparé à ce sujet. Ce n'est pas tout : le voyant de niveau d'essence s'est mis à clignoter ce matin pendant que vous vous rendiez au travail, et votre patron, que vous avez rapidement croisé dans le couloir un peu plus tôt, vous a mentionné qu'il aimerait avoir vos commentaires sur la note qu'il vous a envoyée hier. Il s'attend à vous voir à son bureau cet après-midi, avant la réunion de 15 h.

Vos systèmes vous permettront-ils de tirer votre épingle du jeu ? Si vous continuez à emmagasiner toutes sortes de projets dans votre esprit et que vous ne consacrez des listes qu'aux affaires dites critiques, je serais très étonné qu'ils vous soient d'une quelconque utilité.

J'ai constaté que les gens sont plus enclins à gérer les imprévus et les crises qu'à prendre en main le traitement, l'organisation et l'examen de leurs tâches, ou à évaluer les aspects moins tangibles de leur travail. Ils sont d'autant plus susceptibles de tomber dans ce piège si leur bureau, leur boîte de réception et leur esprit débordent de dossiers devenus presque incontrôlables (auxquels ils n'auront évidemment pas envie de toucher).

Il est souvent plus facile de nous laisser absorber par les urgences du moment que de gérer nos entrées, nos mails et nos affaires en suspens.

Dans les faits, une grande partie des événements de notre vie et de notre travail surgissent de manière imprévue, et deviennent de ce fait des priorités. C'est une situation que rencontrent la plupart des gestionnaires qui, de par la nature de leur travail, doivent se rendre immédiatement disponibles pour exécuter des tâches qui se présentent à l'improviste et sous de nombreuses formes. Par exemple, votre patron passe en coup de vent dans votre bureau et vous donne quelques directives auxquelles vous devez accorder toute votre attention. Vous recevez d'un cadre supérieur une requête qui relègue soudain au second plan toutes les affaires que vous comptiez traiter durant la journée. Vous découvrez une grave erreur dans une commande que vous devez livrer à un client important, et vous devez régler le problème sans tarder.

Toutes ces décisions de dernière minute sont justifiables. Mais elles vous laisseront inévitablement un arrière-goût d'anxiété si vous ne revoyez pas les autres actions inscrites sur vos listes et que vous n'en renégociez pas l'exécution. Les sacrifices constants que vous consentez en ne faisant pas le travail qui figure sur vos listes ne peuvent être tolérés que si vous *savez* ce que vous ne faites pas. Et il faut pour cela que vous traitiez régulièrement vos entrées (c'est-à-dire que vous définissiez votre travail) et que vous revoyiez tout aussi régulièrement les listes complètes de vos actions prédéterminées.

Si, au meilleur de votre jugement, un travail de dernière minute vous paraît plus important qu'une de vos tâches prédéfinies, attelez-vous-y : c'est la meilleure chose à faire. Ce cas constitue toutefois une exception. La plupart des gens auraient avantage à clarifier, gérer et renégocier l'inventaire de leurs projets et actions.

Si on se laisse mobiliser par les urgences sans accepter sciemment de *ne pas* faire ce qu'on a à faire, on éprouve très vite un sentiment d'insatisfaction et d'anxiété. Il est trop facile d'attribuer son stress ou son manque de productivité aux interruptions qu'occasionnent les imprévus. En effet, si on sait ce qu'on fait et ce qu'on ne fait pas, les imprévus ne sont plus que des occasions comme tant d'autres d'exprimer sa créativité et d'exceller.

De plus, quand les entrées et les listes d'actions sont négligées pendant trop longtemps, elles tendent à ressurgir plus tard sous forme d'urgences, ce qui alourdit encore plus le fardeau des tâches de dernière minute.

Sous prétexte qu'ils ne peuvent pas éviter les tâches immédiates, bien des gens se dérobent à la responsabilité de définir leur travail et de gérer l'inventaire complet de leurs actions. Il est vrai que notre société ne nous a pas habitués à définir le tracé de notre travail et à gérer rapidement un grand nombre d'affaires en suspens. En acquérant cette compétence, nous saurons mieux déterminer ce que nous avons à faire, ce que nous devons cesser de faire et ce que nous devons commencer à faire.

L'équilibre au jour le jour

Avec un style de gestion « ceinture noire », vous pourrez passer en un éclair d'une tâche à l'autre. Supposons que vous soyez en train de traiter vos entrées. Votre assistant vient vous voir pour vous signaler un problème qui exige une attention immédiate. Pas de panique. Votre corbeille d'arrivée ne risque pas de disparaître pour autant. Vos entrées sont toutes réunies dans une même pile, et vous y reviendrez quand vous en aurez le temps. Pendant que vous attendez quelqu'un au bout du fil, vous pouvez revoir vos listes d'actions et évaluer ce que vous aurez à faire après votre appel. En attendant le début d'une réunion, vous pouvez jeter un coup d'œil sur le dossier « Lire/revoir » que vous avez pris avec vous. Et même si, en raison d'une quelconque interruption, il ne vous reste que douze minutes avant cette réunion, vous trouverez sans peine un moyen de profiter de cette disponibilité.

Vous ne pouvez exécuter qu'une seule tâche à la fois. Si vous passez près du bureau d'un collègue et que vous décidez de lui dire quelques mots, vous ne pourrez évidemment pas revoir vos listes ou traiter vos affaires entrantes. L'essentiel est de savoir choisir.

Et comment prendre une telle décision ? En vous fiant à vos jugements intuitifs. Évaluez l'importance des tâches impromptues par rapport au reste de votre travail. Demandez-vous combien de temps vous pourrez mettre de côté le traitement de vos entrées et l'examen de vos tâches en suspens sans perdre la certitude d'avoir fait le bon choix.

N'accomplissez pas les tâches impromptues parce que vous cherchez la solution la plus facile, mais parce que vous devez les faire passer avant vos autres activités.

Les gens se plaignent souvent de ne pouvoir faire leur travail en raison d'interruptions constantes. Ils oublient que les interruptions font partie de la vie. Si vous voulez gérer le flux de votre travail de manière équilibrée, il vous faut apprendre à jongler avec une multitude de tâches. Et pour cela, vous devez avoir une vision claire de la nature et des objectifs de votre travail.

3 - Le modèle à six paliers pour définir la vraie nature de votre travail

Les six niveaux de définition du travail dont nous avons parlé au chapitre 2 (pages 64 à 66) peuvent être comparés à des niveaux d'altitude.

- 50 000 pieds et plus : Plan de vie
- 40 000 pieds : Projections sur trois à cinq ans
- 30 000 pieds : Objectifs sur un à deux ans
- 20 000 pieds : Responsabilités courantes
- 10 000 pieds : Projets en cours
- Piste de décollage : Actions en cours

Ces paliers s'étayent et se renforcent mutuellement. Vos priorités s'y définissent de haut en bas. Par exemple, si l'appel téléphonique que vous devez passer entre en conflit avec vos objectifs de vie ou vos valeurs, vous ne devrez pas le faire si vous voulez être en accord avec vous-même. Si la structure de votre poste ne concorde pas avec l'emploi que vous visez dans un an, vous devez reformuler vos points d'intérêt et vos champs de responsabilité pour réaliser vos plans de manière plus efficace.

Reprenons le premier exemple en partant du dernier palier. L'appel que vous devez faire (action) porte sur une transaction que vous gérez (projet) et qui accroîtra le volume des ventes (responsabilités). Cette transaction vous donnera la possibilité de monter en grade dans l'équipe de vente (objectif) parce qu'elle ouvre les portes du nouveau marché que votre entreprise veut pénétrer (projections liées à l'entreprise). Ainsi, elle vous rapprochera de vos objectifs personnels, financiers et professionnels (plan de vie).

Dans l'autre sens (de haut en bas), supposons que vous ayez décidé de lancer votre propre entreprise afin d'exploiter les atouts et les talents que vous possédez dans un domaine qui vous interpelle (plan de vie). Vous créez votre propre entreprise (projections personnelles) en vous donnant quelques objectifs opérationnels à court terme (objectifs). Ces objectifs vous demandent d'assumer des fonctions spécifiques pour faire marcher l'entreprise (responsabilités) et de vous fixer quelques objectifs immédiats (projets). Au sein de ces projets, vous aurez plusieurs tâches à accomplir dès que vous le pourrez (premières actions).

L'approche la plus favorable à une productivité sans stress consiste à gérer tous ces paliers de manière équilibrée. Quel que soit le palier, vous devez repérer du mieux que vous pouvez les questions non résolues, les tâches non achevées et les engagements actuels que vous devez remplir. Sans une reconnaissance et une évaluation objective de la situation présente, il est toujours plus difficile de se projeter dans une situation future. Quels messages y a-t-il sur votre répondeur ? Quels sont vos projets par rapport à vos enfants ? Quelles sont vos responsabilités dans votre entreprise ? Qu'est-ce qui vous pousse à vouloir changer votre situation dans quelques mois ou quelques années ? Voilà certaines des innombrables questions à régler qui occupent votre psyché. Quand ces questions touchent les objectifs plus vastes et les aspirations plus subtiles, vous devez souvent envisager une analyse plus profonde et plus introspective.

Il y a aussi une certaine magie à vivre le présent. Je suis toujours émerveillé par le pouvoir que nous donne l'observation lucide des choses qui nous entourent. Il y a quelque chose de constructif, voire de salutaire, dans le fait de connaître exactement l'état de nos finances personnelles, de mettre au clair les antécédents de l'entreprise que nous allons acquérir ou de rétablir les faits sur ce qui s'est dit dans un conflit interpersonnel.

Faire ce que vous devez faire et en être satisfait, c'est accepter, valider et gérer clairement toutes les tâches que vous avez définies. C'est aussi une condition essentielle pour maîtriser l'art de la productivité sans stress.

L'approche ascendante

Comme tout ce que vous ferez découlera finalement des priorités du palier supérieur, il semble indiqué de commencer par formuler les priorités à ce niveau. En revanche, si vous commencez par établir

Il ne manquera jamais d'occasions de clarifier vos priorités à tous les niveaux. Accordez votre attention au niveau qui vous interpelle le plus.

des priorités en fonction de votre travail actuel et que vous découvrez ensuite que ce travail n'est pas celui qui vous convient, vous aurez perdu le temps et l'énergie que vous auriez pu consacrer à la recherche du travail qui vous intéresse vraiment. Le problème, c'est que, sans un contrôle des étapes de mise en œuvre pratique (projets en cours et actions à exécuter) et sans une confiance intime en votre capacité à gérer ces étapes convenablement, la gestion des priorités de haut en bas entraîne de nombreuses déceptions.

Rien n'est plus stérile que de gérer un niveau supérieur quand les niveaux inférieurs échappent à votre contrôle.

Pour des raisons pratiques, je recommande plutôt de progresser de bas en haut. Ayant initié des clients aux deux approches, je peux affirmer en toute honnêteté que l'approche ascendante procure des bienfaits plus durables. J'ai toujours obtenu de meilleurs résultats en amenant mon client à maîtriser d'abord les réalités concrètes avant de s'élever aux niveaux suivants.

L'approche ascendante a le mérite de vous inciter à faire le vide dans votre esprit, ce qui vous permettra de porter votre attention sur les choses qui vous avaient échappé, mais qui exigent d'être clarifiées. De plus, grâce à la très grande souplesse et liberté que permet cette méthode, vous pourrez appliquer vos pratiques de réflexion et d'organisation à tous les sujets qui vous préoccupent. Cette démarche vous sera donc bénéfique d'un point de vue global ; elle va bien au-delà de la question qui retient votre attention dans l'immédiat. Du fait que vous aurez changé votre manière de penser, vous passerez promptement d'un sujet à l'autre au gré des situations. Fort de ces capacités, vous pourrez vous autoriser ensuite à viser plus haut.

Piste de décollage. La première chose à faire est de vérifier si toutes vos listes d'actions sont complètes, ce qui est déjà une tâche considérable en soi. En entreprenant de systématiser tous les éléments activables, vous vous apercevrez que vous avez oublié, mal classé ou simplement ignoré un grand nombre d'entre eux.

Si vous n'avez pas recensé au moins 50 premières actions ou actions en attente – en excluant les éléments de votre agenda, mais en incluant les points à discuter à l'occasion de réunions ou d'entretiens en tête à tête –, je doute fort que vos listes soient complètes. Si vous avez suivi rigoureusement les étapes et les conseils présentés au chapitre 2, vos listes sont vraisemblablement complètes. Dans le cas contraire, et si vous souhaitez actualiser ce niveau, je vous recommande de relire les chapitres 4 à 6 dans une perspective de mise en œuvre pratique.

Quand vous aurez maîtrisé ce niveau, vous aurez automatiquement une idée plus concrète des priorités immédiates, ce qui serait presque impossible à obtenir par d'autres moyens.

Altitude de 10 000 pieds. Bouclez vos listes de projets. Représentent-elles la totalité des engagements nécessitant plus d'une action ? Ce travail vous permettra de savoir ce qui vous attend dans les semaines à venir et de libérer votre esprit pendant de plus longues périodes.

Même si vous avez fait une liste complète de tous les projets personnels et professionnels que vous souhaitez réaliser à ce niveau, vous vous apercevrez que vous avez omis certaines des actions que vous deviez exécuter. Le seul fait de créer un inventaire objectif vous aidera à choisir les actions à privilégier durant vos moments libres. En actualisant vos listes de projets, vous découvrirez invariablement des actions que vous pourrez exécuter sur-le-champ pour faire avancer leurs projets.

Il est rare qu'on définisse clairement ces données et encore plus rare qu'on les organise en une structure objective et immédiatement accessible. Et pourtant, aucune décision sur ce qui peut être entrepris au cours d'une journée ne peut être arrêtée sans cette information.

Ici encore, votre liste de projets se trouvera à sa place exacte si vous avez mis effectivement en pratique la méthode GTD. La plupart de mes clients doivent consacrer de dix à quinze heures à la collecte, au traitement et à l'organisation avant de réaliser un inventaire qu'ils jugent exhaustif.

L'inventaire de vos tâches en cours à tous les niveaux accroît automatiquement la focalisation, l'alignement et le sens des priorités.

Altitude de 20 000 pieds. Ce sont les responsabilités générales de tous les jours qui se définissent à ce niveau. Quels rôles assumez-vous dans la vie ? Sur le plan professionnel, ce sont les mandats reliés à votre emploi. Sur le plan personnel, ce sont les obligations que vous remplissez par rapport à votre famille, à votre communauté et, bien sûr, à vous-même.

Il se peut que certains de ces rôles soient déjà définis et formalisés. Si vous venez d'accepter un nouveau poste, par exemple, l'entente ou le contrat que vous avez signé à propos de vos champs de responsabilité constitue un excellent point de départ. Si vous avez conservé les notes que vous avez prises un jour sur vos objectifs personnels et vos valeurs, joignez-les à vos listes.

Je vous recommande à présent de créer et de mettre à jour une liste que vous intitulerez « Domaines privilégiés ». (Vous pouvez, si vous le désirez, la subdiviser en sous-listes consacrées aux questions d'ordre professionnel et personnel, mais vous devrez les revoir avec la même régularité et la même attention). Ce sera l'une des listes de contrôle les plus utiles à la gestion personnelle de vos activités. Elle ne demandera pas le type de révision hebdomadaire qu'exige la liste de projets. Vous en constaterez toute l'utilité à plus long terme. Vous vous en servirez en effet pour enclencher de nouveaux projets potentiels à intervalles de un à trois mois, en fonction des changements qui surviendront dans votre vie.

Vous établirez probablement de quatre à sept champs de responsabilités reliés à votre vie professionnelle et un nombre à peu près équivalent de champs de responsabilités reliés à votre vie personnelle. Vos domaines de responsabilités professionnelles pourront comprendre des éléments comme le développement du personnel, la conception de systèmes, la planification à long terme, le soutien administratif, le marketing et l'ordonnancement, ou encore des fonctions reliées à l'aménagement des installations, l'exécution des commandes, le contrôle de la qualité ou la gestion de l'actif.

Si vous dirigez votre propre entreprise, vos champs de responsabilités seront plus nombreux et plus variés que si vous exercez des fonctions spécialisées dans une grande entreprise. En ce qui concerne votre vie personnelle, vos domaines à privilégier pourront comprendre les obligations familiales, les relations de couple, les activités religieuses, la santé, les services communautaires, l'aménagement de la maison, la gestion financière, la croissance personnelle, la création artistique, etc.

Sur le plan opérationnel, la valeur de votre liste de domaines privilégiés réside dans le fait qu'ayant défini vos projets et vos premières actions, vous serez davantage en mesure de gérer convenablement vos responsabilités. Si vous faites un bilan et une évaluation objective des activités reliées à ces responsabilités, vous découvrirez sans aucun doute des idées de projets qui pourraient s'ajouter à votre liste de projets. En examinant votre liste, vous jugerez que certains champs de responsabilité sont bien définis et bien gérés. Mais il se peut aussi qu'un domaine en particulier continue à vous tracasser et qu'il vous faille créer un projet pour le clarifier. La liste des domaines privilégiés n'est en fait qu'une version plus abstraite et plus fine de la liste des éléments possibles à activer, dont nous avons parlé plus haut.

Tous les clients avec lesquels j'ai travaillé au cours des vingt dernières années ont repéré au moins une lacune importante en faisant cet exercice. Prenons le « développement du personnel », qui est l'une des responsabilités les plus courantes des gestionnaires ou des cadres supérieurs. Après réflexion, ceux-ci s'aperçoivent souvent qu'ils doivent créer un ou deux projets dans ce domaine (« améliorer l'évaluation de la performance », par exemple).

Toute analyse des « priorités » doit tenir compte de tous les niveaux d'engagements que vous prenez envers vous-même et envers les autres. En activant et en actualisant votre liste de responsabilités, vous parviendrez à un état de détente et de maîtrise que connaissent très peu des gens qui vous entourent. Quand vous serez acculé aux situations d'urgence, vous ne vous contenterez plus d'espérer que vos choix sont les bons. Vous aurez la conviction qu'ils le sont.

Altitude de 40 000 à 50 000 pieds et plus. Alors que les trois paliers inférieurs portent surtout sur la gestion des « chantiers en cours » (actions, projets et champs de responsabilités), les trois paliers supérieurs concernent votre avenir, votre cheminement et vos visées. L'inventaire que vous allez faire à ce stade consiste à dégager de votre situation présente les prémisses de celle à laquelle vous aspirez et à définir les conditions qui vous permettront de la réaliser. Il part de vos objectifs sur un an (30 000 pieds), se poursuit par une anticipation de votre carrière et de votre croissance personnelle sur trois ans (40 000 pieds), et s'achève par une définition du sens global de votre vie et des moyens possibles de l'exprimer pleinement (50 000 pieds).

Je traite en bloc ces trois paliers supérieurs parce que les situations qu'ils supposent s'imbriquent souvent. Par ailleurs, comme la méthode GTD met l'accent sur la réalisation, et non sur l'élaboration d'une vision de l'avenir, je ne proposerai pas ici une analyse très rigoureuse. De par sa nature même, cet examen peut toucher des thèmes complexes, comme les stratégies commerciales, le développement des organisations, la planification de carrière, le cheminement de vie et les valeurs.

À toutes fins utiles, l'objet primordial de cet examen est de définir les éléments motivants qui, dans votre réalité présente, définissent la nature de votre travail. Il ne s'agit donc pas de s'interroger sur un lointain avenir.

En vous fiant à votre intuition, essayez de visualiser ce que pourraient être vos tâches ou la nature de vos fonctions dans douze à dix-huit mois. Que pouvez-vous faire, dès aujourd'hui, pour faciliter la transition entre votre situation présente et celle vers laquelle vous estimez vous diriger ? Sur le plan personnel, il vous faudra peut-être renoncer à certaines choses. Sur le plan professionnel, il vous faudra peut-être cultiver certaines relations ou améliorer vos systèmes. Dans la mesure aussi où l'univers du travail est soumis à d'inévitables fluctuations et que la cible que vous visez devient par là même mouvante, vous devrez peut-être définir des projets qui assureront la viabilité de vos activités actuelles et futures.

Sur le plan personnel, vous envisagerez peut-être d'exposer plus clairement vos objectifs à votre patron pour faire évoluer votre carrière. Vous pourrez aussi vous poser des questions comme celles-ci :

« Qu'est-ce que mes enfants feront de nouveau l'année prochaine et qu'est-ce que je dois faire différemment moi-même par voie de conséquence ? » ; « Comment dois-je me préparer pour gérer le problème de santé dont je viens d'être informé ? ».

À plus long terme, l'évaluation sera plus globale : Comment ma carrière progresse-t-elle ? Comment va ma vie personnelle ? Que fait mon entreprise pour s'adapter à la nouvelle conjoncture et quelles répercussions cela a-t-il sur moi ? Ces questions, qui touchent nos projections sur un à cinq ans, suscitent des réponses différentes, et souvent de grande valeur, chez les personnes à qui je les pose.

J'ai récemment travaillé avec l'un des cadres d'une grande banque internationale qui s'est résolu à franchir un pas important dans sa vie : après avoir appliqué la méthode GTD pendant quelques mois et acquis la pleine maîtrise de son inventaire des tâches au jour le jour, il a décidé que le moment était venu pour lui de lancer sa propre entreprise de haute technologie. Ce projet, qu'il n'osait pas envisager au départ, lui est apparu beaucoup plus accessible en partant de la piste de décollage et en gravissant peu à peu les échelons suivants. Ce geste devenait la conséquence naturelle des réflexions produites à cette altitude.

Si vous envisagez des projets à plus long terme qu'un an (mariage, enfants, carrière, entreprise, création artistique, etc.), il serait bon de vous interroger sur ce que vous devez faire dès à présent pour gérer votre vie en fonction de ces projets.

Voici certaines des questions que vous pourriez vous poser :

- Quels sont les buts et les objectifs à plus long terme que s'est fixés mon entreprise, et quels projets reliés à ces objectifs dois-je créer pour assumer mes responsabilités ?
- Quels sont les buts et les objectifs à plus long terme que je me suis donnés, et quels projets dois-je entreprendre pour les réaliser ?
- Quels sont les autres événements importants qui se produisent en ce moment, et en quoi pourraient-ils influencer le choix de mes actions ?

Voici quelques exemples d'enjeux qui pourraient se présenter à ce niveau de réflexion :

- La nature de votre travail change en raison des nouvelles priorités de votre entreprise. Au lieu d'administrer vos propres programmes de formation maison, vous allez désormais les impartir à des fournisseurs de services.
- Vous pressentez la direction que vous devez prendre pour faire avancer votre carrière. Vous envisagez d'occuper un autre type de poste dans un an, et vous devez amorcer une transition vers l'emploi souhaité en explorant les possibilités de transfert ou de promotion.
- Votre entreprise prend un nouveau tournant dans un contexte de mondialisation et d'expansion. De nombreux voyages à l'étranger sont en vue, et vous devez songer à réaligner vos plans de carrière tout en ménageant votre mode de vie.
- Votre mode de vie et vos besoins évoluent. Vos enfants grandissent, et votre présence à leurs côtés n'est plus aussi nécessaire. Vous manifestez plus d'intérêt pour les investissements et la planification de votre retraite.

Au palier le plus élevé, vous vous poserez certaines questions « décisives ». Pourquoi mon entreprise existe-t-elle ? Pourquoi est-ce que j'existe, *moi* ? Quels sont les mobiles profonds qui dictent mes choix personnels et professionnels ? Ce sont les questionnements fondamentaux de la fameuse « vision d'ensemble » que tant d'ouvrages, de gourous et de modèles vous promettent d'acquérir.

Pourquoi ? C'est le premier mot de l'immense question avec laquelle nous nous débattons tous.

Il se peut très bien que vous ayez parfaitement défini, clarifié et agencé tous les éléments de votre vie personnelle et professionnelle, à l'exception de cette question. Tant que votre vie sera le moindrement décalée du sens profond que vous voulez ou que vous devez lui donner, il subsistera toujours chez vous un sentiment d'insatisfaction.

Cessez de raisonner en fonction des priorités

Si vous ne l'avez pas encore fait, prenez quelques minutes pour noter les pensées qui vous sont venues en tête pendant que vous lisiez ce chapitre.

Traitez ensuite vos notes. Demandez-vous si vous voulez vraiment concrétiser l'idée que vous avez couchée sur papier. Dans la négative, jetez la note, classez-la dans un dossier « Un jour... peut-être » ou rangez-la dans un dossier « Rêves et objectifs à examiner un jour ».

Au fur et à mesure que vous accumulerez ces pensées, vous jugerez peut-être utile de les structurer davantage. Vous pourrez, par exemple, élaborer un nouveau plan d'affaires avec vos associés, exprimer votre vision d'une vie de rêve avec votre conjoint, créer un plan de carrière personnel plus détaillé sur trois à cinq ans ou tout simplement engager un coach personnel qui vous aidera à démêler et organiser ces pensées. Dans ce cas, ajoutez cet objectif à votre liste de projets et décidez de la première action à exécuter. Le reste coule de source : exécutez votre première action, déléguez-la ou faites-en un rappel que vous inscrirez dans la liste indiquée.

Cela fait, vous voudrez peut-être diriger votre attention sur certains projets particuliers que vous avez définis, mais que vous n'avez pas encore défrichés. Vous allez vous doter des outils nécessaires pour entreprendre une démarche « verticale ».

10

La planification verticale des projets

LES CHAPITRES 4 À 7 vous ont donné les moyens de prendre des décisions intuitives sur les actions à exécuter. Cette démarche était horizontale : elle portait sur les éléments qui retiennent votre attention dans ce qui constitue votre horizon immédiat. L'approche verticale exige une exploration plus profonde de votre environnement. Constituant un remarquable outil de stimulation de l'intelligence créatrice, elle ouvre des possibilités sans nombre. Pour entamer cette démarche, nous devons affiner et revitaliser notre planification de projets.

L'importance d'une planification informelle

Après avoir travaillé sur le terrain avec des milliers de cadres pendant de longues années, je peux affirmer sans hésiter que nous retirerions tous d'énormes avantages à planifier nos projets de manière plus intensive, plus fréquente et surtout plus informelle. La planification, outre de constituer un bon antidote au stress, libère une énorme quantité d'idées créatrices moyennant un effort minimal de notre part.

J'ai constaté que les capacités de planification ne reposent pas forcément sur les techniques d'organisation complexes et hautement perfectionnées (comme les diagrammes de Gantt) dont se servent parfois les gestionnaires de projet. Ce dont nous avons réellement besoin, c'est d'outils nous permettant de tirer profit de notre pensée créative et proactive.

L'absence de tels outils s'explique en grande partie par la pénurie de systèmes capables de gérer la quantité pratiquement infinie d'informations qui résultent de la planification préliminaire. Voilà pourquoi je privilégie l'approche ascendante. Si vous êtes dépassé par les engagements activables de vos « chantiers » en cours, il vous sera difficile d'adopter une planification focalisée. Vous lui opposerez une résistance inconsciente. À l'opposé, l'application de la méthode GTD fait surgir une énorme quantité d'idées créatives et constructives. En vous dotant des systèmes et des habitudes propices à l'éclosion de ces idées, vous accroîtrez du même coup, et de beaucoup, votre productivité.

Dans le chapitre 3, j'ai présenté de manière assez détaillée les cinq étapes de la planification de projet, qui vont de la conception de l'idée à sa concrétisation.

Dotez-vous de systèmes et d'astuces qui vous incitent à réfléchir à vos projets de façon plus constante, plus poussée et plus aisée.

Dans les paragraphes qui suivent, je présenterai quelques techniques et conseils qui faciliteront les processus de planification naturelle et informelle que je recommande. Bien que ces recommandations relèvent du simple bon sens, elles sont loin d'être adoptées aussi fréquemment qu'elles devraient l'être. Suivez-les aussi souvent que vous le pouvez, au lieu d'investir toutes vos idées dans les réunions sur les gros projets.

Quels projets devez-vous planifier ?

La plupart des « résultats voulus » que vous avez définis dans votre liste de projets ne nécessiteront pas d'autre planification que celle que vous faites mentalement, rapidement et naturellement, pour décider d'une action à leur sujet. L'unique planification que nécessite un projet comme « Faire réviser ma voiture » consiste à chercher dans l'annuaire le nom du garage le plus proche de chez vous et d'appeler pour prendre un rendez-vous.

Il y a toutefois deux types de projets qui demandent un minimum de planification :

1. Ceux qui retiennent encore votre attention, même lorsque les premières actions ont été déterminées.
2. Ceux qui continuent de susciter des idées que vous pourriez mettre à profit.

Les projets du premier type, dont certaines composantes doivent toujours faire l'objet d'une décision ou d'un effort d'organisation, nécessitent une approche un peu plus poussée que celle qui consiste à décider d'une première action. Pour ce genre de projet, vous devez privilégier l'une ou plusieurs des quatre étapes du modèle de planification naturelle : intention et principes, vision/résultat, brainstorming ou organisation.

Dans le cas des projets du deuxième type, qui sont constamment alimentés par des idées qui surgissent à l'improviste, vous devez disposer d'un dossier où consigner ces idées. Vous pourrez ainsi y revenir plus tard.

Les projets dont la planification demande des premières actions

Parmi les projets qui vous viennent spontanément à l'esprit, il y en a sans doute certains qui gagneraient à prendre une forme plus précise, concrète et structurée. Vous devez peut-être préparer un ordre du jour et des documents pour la réunion importante qui aura lieu dans quelques jours. Ou bien vous venez de recevoir le mandat de coordonner le congrès annuel des associés, et vous devez commencer à assigner les tâches aux diverses parties pour vous organiser aussi rapidement que possible. Si vous ne l'avez pas encore fait, décidez *immédiatement* de la première action pour enclencher la planification de l'un ou l'autre de ces projets et notez-la dans la liste d'actions correspondante, puis passez aux autres étapes de planification.

Les principales étapes de planification

Les actions associées le plus couramment à la planification sont le brainstorming individuel, l'organisation, la tenue de réunions et la collecte de données.

Brainstorming. Certains des projets qui retiennent actuellement votre attention vous demandent de laisser surgir et de brasser vos idées. Cette approche vaut tout particulièrement pour les projets dont la première action ne vous est pas apparue clairement quand vous tentiez de la définir. Ces projets doivent tous être accompagnés d'une première action, qui pourrait être : « Ébaucher des idées pour le projet X. »

Vous devez savoir où et comment vous allez exécuter cette action afin de la noter dans la liste d'actions qui lui correspond. Préférez-vous taper vos idées sur ordinateur ou les griffonner sur une feuille de papier ? Choisissez l'un ou l'autre moyen, selon ce que vous dicte votre intuition. En ce qui me concerne, j'intégrerais cette première action soit à ma liste « À l'ordinateur », soit à ma liste « Partout » (vu que je peux créer des schémas conceptuels n'importe où à l'aide d'un papier et d'un stylo).

Organisation. Dans le cas de certains projets, vous aurez déjà réuni des notes et des pièces d'accompagnement, et il ne vous restera plus qu'à les trier pour leur donner une forme plus structurée. La première action consistera très vraisemblablement à « organiser les notes pour le projet X ». Si vous devez vous trouver dans votre bureau pour exécuter cette action (parce que c'est là que vous conservez vos dossiers et que vous ne voulez pas les traîner avec vous), celle-ci doit figurer sur votre liste « Au bureau ». Mais supposons plutôt que vous transportiez ces notes avec vous (dans une chemise de classement, un agenda électronique ou un ordinateur portatif). Si vous comptez les structurer par écrit, l'action devra aller dans la liste « Partout » ou « Divers ». Si vous comptez vous servir d'un traitement de texte, d'un organiseur d'idées ou d'un logiciel de planification de projet, vous devrez inscrire la première action sur la liste « À l'ordinateur ».

Tenue de réunions. Pour faire avancer vos idées sur un projet, il est souvent bénéfique de tenir des rencontres de brainstorming avec d'autres membres de votre équipe. Plusieurs premières actions sont alors possibles : envoyer un mail collectif à l'équipe, demander à un assistant d'organiser la rencontre ou appeler la première personne concernée pour convenir d'une date.

Certains gestionnaires hésitent à convoquer des réunions, même si elles s'imposent. C'est l'un des plus grands obstacles à la productivité organisationnelle.

Collecte de données. La première action nécessaire à la conceptualisation d'un projet consiste parfois à réunir plus d'information à ce sujet. Vous pouvez alors appeler quelqu'un pour obtenir ses commentaires (« Appeler Bernard – idées sur la réunion de direction »), parcourir les dossiers du dernier congrès des associés (« Passer en revue les archives sur le congrès des associés ») ou chercher sur internet des renseignements sur un tout nouveau domaine que vous explorez (« Se renseigner sur les agences en recherche-développement pour les directeurs commerciaux »).

Les pensées aléatoires

Ne laissez passer aucune idée qui pourrait vous être utile. Il vous arrivera souvent d'avoir une bonne idée sur un projet dans un lieu sans rapport avec le projet lui-même, et vous ne voudrez surtout pas l'oublier. Par exemple, pendant que vous faites la cuisine, vous pensez tout d'un coup à un objet original que vous pourriez offrir aux participants du prochain congrès. Vous êtes en train d'écouter les nouvelles du soir quand le nom du cadre que vous vouliez intégrer à votre comité consultatif vous revient en mémoire…

Ces idées ne constituent pas à proprement parler des prochaines actions à inscrire sur une liste d'actions, mais elles doivent malgré tout être consignées et structurées au moyen d'un outil adéquat. À cet égard, l'outil le plus important est bien entendu votre système de collecte (boîte d'entrée, bloc-notes, feuilles de papier ou outils équivalents). Vous devez conserver toutes vos idées jusqu'à ce que vous preniez une décision sur ce que vous devez en faire.

Outils et structures utiles à la conceptualisation des projets

Peu importe quand vos idées de projet surgissent, il vous faut avoir de bons outils à portée de main pour les capter. Il est également important de pouvoir les passer en revue au moment opportun.

Les outils pour penser

L'un des grands secrets pour produire des idées et accroître votre productivité est d'exploiter le phénomène de la forme génératrice de fonction. En deux mots, laissez l'outil vous dicter le contenu. Certaines de mes idées les plus productives me sont venues à l'esprit pendant que je trompais le temps en jouant avec mon PDA.

Si vous ne prenez aucune note, il vous sera extrêmement difficile de vous concentrer sur un quelconque sujet pendant plus de quelques minutes, surtout si vous êtes tout seul. En revanche, l'utilisation d'outils physiques pour ancrer votre pensée vous permettra d'entretenir une réflexion constructive pendant de longues heures.

Les outils pour écrire

Ayez en permanence de bons outils d'écriture à portée de la main. Cela vous empêchera de vous dérober inconsciemment à votre travail de réflexion sous prétexte que vous n'avez rien pour écrire. Personnellement, je trouve toujours plus difficile de réfléchir à des projets ou des situations si je n'ai pas le moindre crayon sur moi.

Dans bien des cas, la forme précède la fonction. Créez un contexte propice à la saisie des idées, et vos idées surgiront, même si vous pensiez n'en avoir aucune.

À l'opposé, il m'arrive d'accomplir un remarquable travail de réflexion et de planification uniquement parce que je veux me servir d'un irrésistible stylo à bille qui trace des lignes fluides et denses… Si, comme moi, les beaux objets vous inspirent, offrez-vous le luxe d'acheter des stylos de qualité.

Je vous recommande aussi de placer de bons stylos à bille dans tous les endroits où vous êtes susceptible de prendre des notes, notamment à proximité des téléphones de votre domicile.

Les papiers et les blocs-notes

En plus des stylos, vous devez toujours avoir à portée de la main des blocs de papier. Les blocs-notes quadrillés sont très utiles parce que vous pouvez facilement arracher les pages où vous avez inscrit vos notes et les déposer dans votre boîte d'entrée avant de les traiter. Vous pourrez également placer les schémas conceptuels que vous voulez conserver dans le dossier consacré au sujet qui leur correspond sans avoir à les retranscrire.

Les chevalets et les tableaux blancs

Si vous avez suffisamment de place, installez un tableau blanc dans votre pièce de travail. Ou munissez-vous d'un chevalet supportant de grandes feuilles de carton ou de papier. Ces outils vous laissent assez d'espace pour noter vos idées et ont l'avantage d'attirer le regard, ce qui est pratique quand vous méditez un projet. Le tableau blanc peut très bien être accroché à un mur de votre bureau ou d'une salle de réunion. Plus il est grand, mieux c'est. Si vous avez des enfants, je vous recommande d'en installer un dans leur chambre à coucher. (J'aurais aimé, moi aussi, qu'on m'encourage à exprimer le plus d'idées possible, quand j'étais enfant !) N'oubliez pas de placer une bonne réserve de marqueurs à proximité des tableaux pour éviter les « pannes sèches ».

Quand deux collègues ou plus se réunissent, chacun peut écrire sur le tableau une idée que l'autre peut lire de l'endroit où il se trouve. Même si vous effacez la note au bout de quelques minutes, le seul fait de l'avoir écrite facilite de manière surprenante une démarche de pensée constructive. (De la même façon, je trouve souvent très utile, au resto, d'esquisser des schémas ou d'écrire des notes sur des nappes, des napperons ou même des serviettes en papier.)

L'ordinateur

Faites de l'ordinateur un allié de votre pensée.

J'aime très souvent penser « avec » mon ordinateur et mon logiciel de traitement de texte. Comme je ne sais pas toujours à quoi serviront mes idées, je trouve merveilleux de pouvoir les conserver sous une forme numérique. Cela me permet de les manipuler, de les copier et de les coller dans d'autres applications. Dès que j'allume mon ordinateur et que l'écran s'affiche, mes idées semblent automatiquement se mettre en marche. Cette aide qu'apporte l'ordinateur vous donne une raison supplémentaire d'améliorer votre connaissance du clavier et votre vitesse de frappe. À défaut de vous amuser à l'ordinateur, vous devriez au moins en trouver l'usage facile.

Les structures de soutien

En plus de garder de bons outils à portée de main, vous devez vous doter de structures accessibles pour capter et contenir vos idées sur les projets. De la même manière que le papier et le stylo stimulent le brassage d'idées, les outils et systèmes d'organisation facilitent la planification plus linéaire qu'exigent de nombreux projets.

Selon vos besoins, créez des dossiers thématiques ou rassemblez des pages volantes

Quand il est bien conçu, convivial et accessible, le système de classement des documents de référence générale est non seulement essentiel à la gestion du flux du travail, mais aussi extrêmement utile à la conceptualisation des projets. Dans bien des cas, le rassemblement de données, de notes et de documents pertinents provoque un déclic qui permet aux projets de prendre forme. C'est pourquoi vous devez toujours créer des dossiers par sujet dès que vous avez le moindre élément à y classer. Si votre système est trop rigide (ou que vous n'en avez pas du tout), il vous faudra très certainement plus de temps pour vous focaliser sur un projet. Dès que vous revenez d'une réunion où vous avez pris des notes sur un sujet en particulier, créez un dossier et classez-y vos notes sans tarder (après avoir déterminé les premières actions possibles, bien sûr).

J'ai constaté à maintes reprises que mes clients acquièrent un plus grand pouvoir sur les situations du seul fait qu'ils créent des dossiers thématiques où ils peuvent classer les notes prises ici et là et les documents qui pourraient leur être utiles. C'est pour eux une façon tangible de cerner un projet (sur les plans tant matériel que psychologique).

Si vous préférez le bloc-notes à feuilles mobiles ou le tableau de planification, il serait bon d'avoir une bonne réserve de feuilles de papier uni ou quadrillé, et ce, afin de créer des pages distinctes pour les divers thèmes ou projets qui se présentent à vous. Il se peut que vous consacriez plus tard une section complète d'un dossier ou même tout un bloc-notes à certains projets, mais c'est sous cette première forme que vous les lancerez. De plus, il suffit généralement d'une page ou deux pour regrouper les quelques idées que vous aurez retenues à propos d'un projet.

> Sans un bon système de classement des mauvaises idées, votre système de classement des bonnes idées risque de ne pas être très bon non plus.

Les logiciels

Le monde des logiciels est une sorte de grand trou noir que nous explorons inlassablement à la recherche de bons outils de « gestion de projets ». Les applications spécialement conçues pour l'organisation de projets sont généralement beaucoup trop complexes pour la gestion des projets ordinaires. Elles ne sont vraiment utiles qu'à l'infime pourcentage de spécialistes qui en ont effectivement besoin. La plupart des gens préfèrent utiliser, selon leurs besoins ponctuels, diverses fonctions de logiciels plus conviviaux. Comme je l'ai déjà fait remarquer, on ne trouve guère deux projets dont l'exécution demande le même degré d'analyse et de structuration. Il est donc difficile de créer une seule application convenant à la gestion de tous les projets.

Les fonctions de création de plan. Nous pouvons trouver à peu près tout ce dont nous avons besoin pour structurer nos idées dans n'importe quelle application possédant une fonction très simple de mise en plan hiérarchique. J'ai personnellement abandonné le logiciel *Grandview* de Symantec, dont je me servais autrefois, au profit de Microsoft Word, auquel j'ai souvent recours pour faire ce genre de structuration. Voici un aperçu d'un plan que j'ai créé avec ce logiciel :

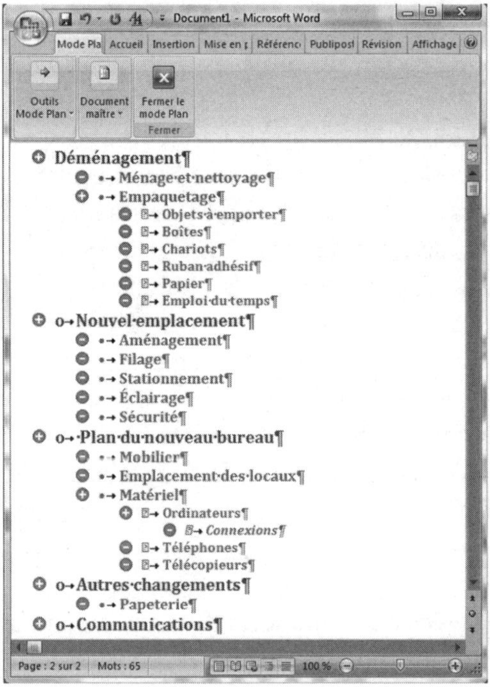

Ce qu'il y a d'intéressant dans les applications permettant de créer un plan, c'est qu'elles se plient au niveau de complexité ou de simplicité que nous voulons leur donner. Il existe plusieurs logiciels qui permettent ce genre de structuration hiérarchique de base. Le tout est de trouver celui avec lequel vous vous sentirez le plus à l'aise. Un logiciel convivial vous permettra d'apprendre rapidement à insérer des titres et des sous-titres et à déplacer les éléments à votre gré. Tant que vous vous débattrez avec le mode d'emploi d'un logiciel complexe, en revanche, vous rechignerez à vous en servir pour expliciter et structurer vos idées.

Les applications de brainstorming. Plusieurs applications sont spécialement conçues pour faciliter le brainstorming. Pour ma part, je m'en tiens au papier et au bon vieux stylo pour faire le genre de balayage d'idées rapide dont j'ai le plus souvent besoin.

Le problème que pose le brainstorming informatisé, c'est que, dans la plupart des cas, nous n'avons aucun besoin de conserver à l'état brut les idées que nous avons explorées. Ce qu'il nous faut conserver, ce sont les conclusions auxquelles ces idées nous ont mené. Les outils perfectionnés de brainstorming, tels que le tableau blanc électronique ou les logiciels de reconnaissance d'écriture et de tracés manuscrits, n'auront probablement pas autant de succès que le souhaitent les fabricants. Car nous retenons finalement moins les idées créatives que les structures que nous en dégageons. Alors, pourquoi ne pas tout simplement explorer vos idées avec un logiciel de traitement de texte ?

Les applications de planification de projet. Comme je l'ai mentionné plus haut, les logiciels de planification de projet sont trop complexes pour convenir à la plupart de nos activités de conceptualisation et de planification de projet. Au fil des ans, j'ai vu beaucoup de gestionnaires expérimenter et abandonner ces applications. Les seuls logiciels que l'on utilise avec succès sont ceux que l'on a fortement personnalisés pour répondre aux exigences précises d'une entreprise ou d'une industrie.

Des logiciels moins structurés, plus fonctionnels et plus proches de nos manières naturelles de penser et de planifier feront probablement leur apparition au cours des années à venir. En attendant, restons-en aux fonctions de schématisation toutes simples que proposent diverses applications.

Les notes d'organiseur numérique
Si vous vous servez d'un organiseur numérique, une grande partie de la planification de projet peut être gérée de manière satisfaisante à l'aide d'une note annexée au document. Si le projet lui-même est classé comme élément de liste (dans un PDA) ou comme tâche (dans Microsoft Outlook), vous pouvez ouvrir la note d'accompagnement et y insérer des idées, des listes par points et des composantes secondaires de projet. N'oubliez pas, bien sûr, de relire la note pour gérer convenablement votre planification.

Comment appliquer ces principes à ma situation ?

Faites le vide, créez un contexte et exercez-vous à produire des idées créatives sur le projet. Cette pratique vous donnera une bonne longueur d'avance sur la plupart des gens.

Votre liste de projets doit être mise à jour au même titre que vos listes de premières actions. Cela fait, accordez-vous un certain temps (idéalement de une à trois heures) pour faire un examen « vertical » aussi complet que possible de chaque projet.

Vous devez pour le moins sélectionner immédiatement (ou aussitôt que possible) les quelques projets qui suscitent le plus votre attention ou votre intérêt et les soumettre à un processus de réflexion, de collecte et d'organisation à l'aide des outils qui vous sembleront les plus indiqués.

Examinez les projets un à un, en procédant de haut en bas. Demandez-vous constamment ce que vous devez savoir, consigner ou retenir à leur propos.

Si le cœur vous en dit, vous pouvez tout simplement tracer quelques schémas conceptuels sur une feuille de papier, puis créer un dossier et y insérer votre feuille. Vous pourrez ensuite vous servir de ces schémas pour créer une liste à points que vous annexerez à un fichier de votre organiseur numérique. Vous pourrez également les utiliser pour créer un plan dans Word.

L'essentiel est de vous doter de la confiance nécessaire pour exprimer et exploiter vos idées… Et de focaliser votre énergie de manière constructive sur les résultats visés et les questions à régler avant que les circonstances vous y obligent.

Partie III

LES PRINCIPES FONDAMENTAUX ET LEUR IMPACT

11

L'impact des pratiques de collecte

LES PRATIQUES ET LES MODÈLES présentés dans ce livre vous doteront d'une méthode systématique pour vous libérer l'esprit et ainsi renforcer votre concentration.

Mais l'application des principes qui les sous-tendent aura des effets plus profonds et plus subtils, que je décrirai ci-après. L'observation que j'en fais depuis vingt ans me porte à croire que la méthode décrite ici pourra avoir d'importantes répercussions à long terme sur notre vie, tout comme elle pourra exercer une influence positive sur les cultures organisationnelles.

Quand les personnes qui vous entourent constatent que vous réussissez invariablement à gérer de manière transparente les engagements que vous prenez avec elles, elles vous accordent une confiance toute particulière. Tel est l'immense avantage de savoir ordonner et traiter tout ce qui est irrésolu ou incomplet dans votre vie : cela accroît visiblement votre tranquillité d'esprit et améliore tout aussi visiblement la qualité de vos relations personnelles ou professionnelles.

Les bienfaits personnels

Interrogez-vous sur les sentiments qu'ont suscités en vous les activités de collecte et de traitement. Si vous avez réagi comme la plupart des gens, vous avez peut-être éprouvé des sentiments mêlés de bien-être et de malaise. C'est que le processus de collecte provoque souvent une certaine anxiété.

Quand je demande aux participants d'un séminaire de décrire les émotions que suscite cette démarche (même lorsqu'elle est exécutée très sommairement), des mots comme « submergé », « paniqué », « frustré », « fatigué » et « dépité » leur viennent assez souvent à l'esprit. Les participants qui croient avoir trop lésiné sur un dossier se sentent invariablement coupables. Et les formules habituelles s'ensuivent : « J'aurais pu... », « J'aurais dû... », « Je devrais », etc.

En même temps, vous avez peut-être éprouvé un sentiment de soulagement, de maîtrise, de légèreté... Pourquoi ? Comment expliquer que des sentiments contradictoires (anxiété et soulagement, désarroi et maîtrise) cohabitent en vous ?

Quand vous comprendrez l'origine de vos sentiments négatifs, vous trouverez, comme je l'ai fait moi-même, le moyen de vous en débarrasser. D'ailleurs, si la collecte a suscité chez vous la moindre manifestation d'émotions agréables, c'est que vous êtes déjà en voie d'éliminer celles qui vous nuisent.

L'origine des émotions négatives

D'où viennent ces sentiments désagréables ? Du fait que vous avez trop de travail ? Non, vous aurez toujours trop de travail, et vous le savez. Vous ne vous départirez jamais de ces émotions si vous les attribuez uniquement à un surcroît de travail, car elles ont une tout autre origine.

Supposons qu'un collège ne respecte pas l'engagement qu'il a pris avec vous. Il a promis de vous rencontrer jeudi à 16 h, mais il ne vient pas au rendez-vous. Qu'éprouvez-vous ? De la frustration, sans doute, et peut-être une perte de confiance... C'est le prix que paient ceux qui ne respectent pas leurs engagements : ils érodent la confiance que les autres leur accordent. Et cela a toujours des conséquences négatives.

Pensez maintenant à tout ce qui traîne dans votre boîte d'entrée ou dans vos tiroirs. De quoi s'agit-il, au fond ? D'engagements que vous avez pris envers vous-même. Les sentiments négatifs que vous éprouvez naissent tout simplement du fait que vous ne respectez pas ces engagements. Ce sont les symptômes d'une estime de soi qui se désintègre. Si vous vous engagez à élaborer un plan stratégique et que vous ne le faites pas, vous ne serez pas fier de vous. Si vous prenez la résolution de vous organiser et que vous n'y parvenez pas, vous vous sentirez coupable et frustré. Et si vous n'accordez pas à vos enfants le temps que vous vous étiez promis de leur consacrer, vous serez déçu de vous-même (voire tenaillé par une angoisse diffuse).

Les sentiments d'anxiété et de culpabilité ne résultent pas d'un surcroît de travail, mais de votre incapacité à respecter des engagements que vous prenez envers vous-même.

Comment éviter de rompre les engagements pris envers soi-même ?

Pour vous assurer de respecter les accords que vous concluez avec vous-même, trois solutions se présentent à vous :

- ne pas accepter l'accord ;
- respecter l'accord ;
- renégocier l'accord.

Chacune de ces solutions peut à sa manière éliminer les sentiments négatifs que vous risquez d'éprouver en cas d'échec.

Ne pas accepter l'accord

Quel soulagement, n'est-ce pas, que de saisir une poignée d'entrées de votre boîte, décider que vous n'allez jamais rien en faire et les jeter tout simplement à la poubelle ! Il suffirait pourtant d'agir de manière semblable, c'est-à-dire de refuser certains engagements, pour vous débarrasser d'une bonne partie des choses qui vous pèsent parce qu'elles sont inachevées.

Eh oui ! Vous seriez bien plus heureux si vous étiez moins exigeant envers vous-même. Selon la même logique, vous risqueriez moins d'être débordé si vous ne vous imposiez pas autant obligations (personnelles ou professionnelles).

Je doute fort, malgré tout, que vous acceptiez de souscrire à cette logique. En revanche, je suis convaincu que dès que vous comprendrez vraiment tout ce qu'entraînent vos engagements, vous en prendrez moins. C'est du moins ce que j'ai fait. J'avais l'habitude d'accepter une quantité inimaginable d'engagements dans le seul but d'obtenir l'approbation des autres. Évidemment, je ne pouvais les tenir tous ; et quand j'ai compris ce qu'il m'en coûtait d'y manquer, j'ai appris à réfléchir avant d'en assumer d'autres.

Il est plus facile de refuser un engagement en toute honnêteté quand on dispose d'un inventaire objectif de ses tâches.

Voici comment l'un de mes clients (qui est cadre supérieur dans une compagnie d'assurances) décrit les bienfaits que lui a apportés mon approche : « Quand on me demandait quelque chose, j'acceptais toujours de le faire parce que je n'avais pas une idée très précise de mon volume de travail. Depuis que j'ai établi un inventaire clair et complet de mes tâches, j'ai appris à dire non. Il faut bien que je sois honnête avec moi même... Le plus étonnant, c'est que, loin d'être irrités par mes refus, les gens reconnaissent que je fais preuve de discipline ! »

Ce comportement témoigne selon moi d'une grande maturité d'esprit. Quand vous prendrez la responsabilité de recenser toutes les questions non résolues qui vous préoccupent et d'en faire le suivi, vous y regarderez à deux fois avant d'assumer de nouveaux engagements. Ne pas avoir conscience de ce qu'on a à faire équivaut à détenir une carte de crédit dont on ignore le solde ou la limite. L'irresponsabilité est chose facile.

Respecter l'accord

La deuxième solution pour vous débarrasser des sentiments négatifs que suscitent les promesses non tenues, c'est bien sûr de remplir vos engagements et de les classer comme affaires réglées. Vous aimez sûrement faire ce que vous avez à faire, à condition d'avoir l'impression d'avancer, de boucler des dossiers. En ce sens, l'habitude d'exécuter au fur et à mesure toutes les actions qui demandent moins de deux minutes vous procurera d'incontestables bienfaits psychologiques. Si la plupart de mes clients se sentent si bien après avoir consacré deux ou trois heures au dépouillement de leurs piles, c'est qu'ils sont éblouis par le nombre étonnant d'actions qu'ils ont pu réaliser en deux minutes.

Il est bien plus facile de respecter nos accords quand on sait en quoi ils consistent.

Il se peut que certains de vos plus beaux week-ends soient faits de petites courses ou de petites tâches longtemps reportées. C'est quand vous avez sous les yeux la liste de toutes vos affaires en suspens que vous trouvez invariablement la motivation nécessaire pour clore certaines d'entre elles et les rayer de cette liste.

Il semble que tous les êtres humains recherchent avidement les petites victoires. Donnez-vous la satisfaction d'en remporter quelques-unes en vous fixant des tâches réalistes que vous pouvez entreprendre et terminer facilement.

Cela pourrait bien enclencher un autre mécanisme. Imaginons que vous avez réussi à rayer tous les éléments de vos listes. Comment vous sentez-vous ? Vous ne touchez plus terre. Vous débordez d'énergie et de créativité. Ainsi, trois jours plus tard, vous aurez créé une nouvelle liste, peut-être plus longue cette fois, et vous vous y attaquerez avec encore plus d'ardeur. La perspective agréable de régler vos affaires en suspens vous incitera à abattre des tâches de plus en plus importantes et de plus en plus ambitieuses.

Plus encore, votre patron ne manquera pas de remarquer vos compétences et votre productivité exceptionnelles. Que fera-t-il alors ? Il vous confiera encore plus de travail ! C'est le dilemme inéluctable du développement professionnel : plus on s'améliore, plus on doit s'améliorer...

Cela dit, si vous refusez de réduire vos exigences ou votre charge de travail, mais que vous souhaitez quand même vous libérer d'un trop grand stress, vous pouvez opter avec sérénité pour la troisième solution.

Renégocier l'accord

Supposons que nous ayons décidé de nous rencontrer jeudi à 16 h, mais que, après avoir fixé notre rendez-vous, mon emploi du temps ait changé. Plutôt que de vous poser un lapin, je peux faire quelque chose pour préserver l'intégrité de notre relation : vous téléphoner et convenir d'un autre rendez-vous. Un accord renégocié n'est pas un accord rompu.

Voilà tout l'intérêt d'extérioriser sous forme de listes les questions non résolues qui vous préoccupent plus ou moins consciemment. Ce processus vous oblige à renégocier automatiquement les accords que vous prenez avec vous-même. Vous pouvez littéralement voir ces engagements, les peser et soit leur donner suite immédiatement, soit les reporter. Mais il est impossible de renégocier des accords que vous ne vous rappelez pas avoir établis...

Et le fait de ne pas vous rappeler un engagement personnel ne signifie nullement que vous cessez de vous sentir lié par lui. Tout psychologue vous dira que la partie de notre psyché qui retient les éléments non extériorisés (ceux que vous avez omis d'inscrire sur vos listes) n'a aucun sens du passé et du futur et qu'elle ne se préoccupe que du présent. Autrement dit, dès que vous vous fixez une tâche que vous stockez uniquement dans votre mémoire à court terme, une partie de vous vous pressera de l'exécuter *tout le temps*. Il suffit alors d'emmagasiner deux tâches dans votre cerveau pour que celui-ci vous demande de les exécuter en même temps, ce qui est évidemment impossible et conduit tout droit au stress et à l'échec.

Il y a peut-être chez vous un débarras, un grenier ou un garage que vous vous promettez de nettoyer et de mettre en ordre depuis un certain temps (disons dix ans). Si tel est le cas, une partie de vous-même vous rappelle depuis dix ans et vingt-quatre heures par jour que vous devriez nettoyer votre débarras. Pas étonnant que vous soyez fatigué ! Chaque fois que vous passez devant votre débarras, une petite voix intérieure s'élève pour vous dire : « Pourquoi est-ce que tu ne t'arrêtes pas ici ? Est-ce que tu ne devais pas nettoyer le débarras ? » Comme vous ne pouvez plus supporter cette partie de vous-même qui vous poursuit, vous nargue et vous harcèle, vous évitez le plus possible de passer par votre débarras. Si vous voulez faire taire cette petite voix insupportable, vous pouvez choisir l'une des trois solutions suivantes pour respecter l'accord que vous avez pris avec vous-même :

- Avoir moins d'exigences à propos du débarras. (« Le débarras est un vrai fouillis, et après ? »).
- Respecter l'accord et nettoyer le débarras.
- Inscrire « Nettoyer le débarras » sur une liste « Un jour... peut-être ». Durant votre examen hebdomadaire, vous aurez cet élément sous les yeux, et vous pourrez décider en toute quiétude que vous ne vous en occuperez pas cette semaine-là. Et quand vous repasserez par votre débarras, vous n'entendrez plus la voix agaçante qui vous disait : « Ah bon ? Pas cette semaine non plus ? »

Je n'exagère pas. Il semble qu'une partie de notre psyché ne fasse aucune différence entre le nettoyage d'un débarras et l'acquisition d'une société. Dans cette sphère, les deux accords sont placés sur le même plan et sont considérés soit comme respectés, soit comme rompus. Par conséquent, si vous laissez à votre psyché le soin de gérer vos engagements, ceux-ci seront jugés trahis s'ils ne sont pas honorés sur-le-champ.

Une rupture radicale avec les conceptions traditionnelles de gestion du temps

Cette méthode se distingue nettement des modèles traditionnels de gestion du temps. La plupart de ces modèles donnent l'impression que les questions que nous estimons de peu d'importance peuvent de ce fait être reléguées au second plan. Je sais par expérience que c'est inexact, du moins si l'on se fie au fonctionnement mental non conscient. Seul le conscient raisonne ainsi, et c'est précisément pourquoi vous devez formuler consciemment tous vos accords.

En d'autres termes, vous devez recenser, objectiver et examiner ces accords en toute connaissance de cause, de manière à leur attribuer la place qui leur revient dans votre système d'organisation personnelle. Sans cette pratique, ils grugeront beaucoup plus d'énergie psychique qu'ils ne le méritent.

D'après mes observations, tous les éléments que vous emmagasinez uniquement dans votre « mémoire vive » retiendront soit trop, soit pas assez d'attention par rapport à l'importance réelle qu'ils revêtent. Si vous devez vous astreindre à collecter tous les éléments, ce n'est pas parce qu'ils sont tous d'importance égale, mais *parce qu'ils ne le sont pas.*

Quelle quantité d'éléments devez-vous collecter ?

Il est bon de collecter tous les éléments que vous pensez ne pas avoir encore collectés. Sachant que vous devez acheter du beurre la prochaine fois que vous irez au supermarché, il est bon que vous le notiez sur votre liste d'épicerie. Sachant que vous devez communiquer avec votre banque pour ouvrir un compte-titres, il est bon que vous l'indiquiez sur une liste que vous aurez à portée de main quand vous décrocherez votre téléphone. Cela dit, il serait mille fois préférable de collecter *tous* les éléments, sans exception, qui subsistent dans votre esprit.

Mais comment savoir combien s'y trouvent encore ? Vous ne le saurez jamais tant qu'il en restera un seul. Si quelque chose vous dit, même vaguement, que vous n'avez pas tout collecté, vous ne pourrez pas vraiment savoir quel pourcentage d'éléments vous avez recueillis. Oui, mais quand saurez-vous qu'il n'en reste plus ? Quand plus rien, dans votre esprit, ne viendra vous rappeler qu'il reste quelque chose à faire.

Ce qui ne veut nullement dire que votre esprit sera complètement vide. À l'état conscient, votre esprit se concentrera toujours sur un sujet. Mais il ne se concentrera que sur un seul sujet, sans aucune autre interférence. Vous entrerez dans votre « zone ».

Je vous invite à employer votre esprit à *réfléchir sur* vos projets plutôt qu'à y *penser*. Il ne suffit pas de vous rappeler que vous avez des projets en cours ; il faut aussi *mettre en valeur* les idées qu'ils génèrent. Pour atteindre cet état de plus grande productivité, il faut vous exercer à reconnaître et à recenser les accords, même les plus modestes, que vous prenez avec vous. En définitive, il vous faudra adhérer à un processus de collecte permanente.

Le potentiel des pratiques de collecte dans l'entreprise et les relations interpersonnelles

Imaginons une équipe où chacun pourrait se fier entièrement à l'autre en matière d'organisation et de gestion. La question de savoir si tel ou tel répond aux attentes ou atteint ses objectifs de performance ne se poserait même plus. Il y aurait bien franchement d'autres chats à fouetter.

Tant qu'il y aura des problèmes de communication, il subsistera toujours un climat de frustration et de nervosité diffuse dans nos cultures organisationnelles. La plupart des gestionnaires s'imaginent que, sans une surveillance constante de leur part, leurs subalternes risquent de laisser la moindre tâche se transformer en urgence. C'est d'ailleurs parce qu'ils ont si souvent pâti de telles situations qu'ils leurs donnent valeur de loi universelle – comme la gravité. Or, les choses n'ont pas à être ainsi.

Il est vrai que, année après année, je collabore avec des personnes brillantes dont les habitudes de travail me sidèrent. Depuis vingt ans, je m'astreins à ne saturer ni ma mémoire vive psychique ni mes boîtes d'entrée. En conséquence, quand un client laisse croupir un mail dans sa boîte de réception ou qu'il converse au téléphone sans prendre de notes, mon système d'alarme personnel se déclenche automatiquement. Ce comportement est inacceptable dans l'environnement que je propose.

Quand un bateau est percé de trous et qu'on passe son temps à le vider de son eau, on en oublie de le diriger.

Je dois être absolument certain que toute demande ou information que je transmets (au moyen d'un message vocal, d'un mail, d'une conversation ou d'une note écrite) se rendra dans le système de la personne à laquelle elle s'adresse, et qu'elle sera traitée, organisée et revue aux fins d'une première action. Si le destinataire traite les messages vocaux, mais non les mails et les notes écrites, ma propre efficacité est minée du fait que je dois me restreindre au seul médium dont il se sert. Ce comportement est inadmissible dans une entreprise où on cherche à accomplir le plus de tâches possible avec le moins d'efforts possible.

Lorsqu'un changement doit se faire, tout le monde doit avoir la certitude absolue que les initiatives reliées au changement seront gérées de manière adéquate. Dans une structure bien rodée, toutes les initiatives s'enchaînent de manière cohérente et, s'il y a blocage, c'est souvent parce que quelqu'un rompt le flux des communications.

Ce phénomène me saute aux yeux quand je travaille dans des entreprises où les boîtes d'entrée, quand elles existent, sont trop pleines ou négligées depuis trop longtemps. Ces cultures organisationnelles souffrent généralement d'une « interruptite » aiguë parce que leurs systèmes de communication ne sont fiables.

Quand les systèmes sont solides, la clarté devient palpable. Les équipes sont à peine conscientes de gérer le flux du travail et se concentrent d'autant sur les tâches à exécuter. La même chose se produit dans les familles qui attribuent à chacun une boîte d'entrée (parents, enfants, gardienne, femme de ménage et, de manière générale, personnes communiquant régulièrement avec les membres de la famille).

Nombre de mes connaissances sourcillent quand je leur explique que ma femme et moi avons chacun une boîte d'entrée où nous déposons mutuellement les notes que nous nous adressons, même lorsque nous sommes assis à quelques pas l'un de l'autre. Cette façon de communiquer leur semble « froide et mécanique ». Je crois au contraire qu'il s'agit là d'un acte de politesse, du fait que personne n'interrompt le travail de l'autre. De plus, cette habitude favorise une plus grande chaleur et une plus grande liberté entre nous parce qu'elle permet de déplacer nos tâches routinières dans un système externe au lieu de les laisser s'immiscer dans notre relation.

Malheureusement, on ne peut pas régir les systèmes d'organisation personnelle. Chacun doit trouver ses propres moyens de régler ses affaires. Vous pouvez cependant exiger de vos équipes qu'elles déterminent les résultats à atteindre, gèrent les dossiers qui leur échoient et en fassent le suivi. Initiez-les aux grands principes de ce livre. Elles n'auront plus d'excuses pour faillir à leurs responsabilités organisationnelles.

Il ne faut pas en déduire, bien sûr, que nous pourrons toujours tout faire. Il s'agit plutôt de savoir gérer ce que nous ne pouvons *pas* faire. Dans l'économie du savoir, l'enjeu principal consiste à faciliter ce processus de renégociation du travail.

Les entreprises doivent instituer une culture où il est acceptable de faire plus que ce qu'on peut faire, et où il est sage de renégocier des accords sur ce qu'on ne peut pas faire.

Mais il y a peu d'espoir d'atteindre un état d'équilibre sans un système de collecte à toute épreuve. Ne l'oubliez pas : il est impossible de renégocier les accords avec vous-même dont vous ne vous souvenez plus. Et il est tout aussi impossible de renégocier les accords avec les autres dont vous avez perdu la trace.

Quand des équipes tout entières adoptent intégralement le processus de collecte, elles voyagent pour ainsi dire dans un bateau étanche. Elles ne prennent peut-être pas la bonne direction, et il se peut même qu'elles ne prennent pas le bon bateau, mais ce qui est sûr, c'est que ce bateau-là, où qu'il se dirige, sera manœuvré de main de maître.

12

L'impact de la décision sur la première action

JE ME DONNE COMME MISSION PERSONNELLE de faire de la « première action à définir » une composante à part entière du processus de réflexion. J'imagine un monde dans lequel aucune réunion ni discussion ne s'achèvera sans qu'on ait d'abord déterminé clairement s'il faut ou non poser une action – et, si oui, en quoi elle consistera et qui en sera responsable. J'imagine des entreprises qui normaliseraient la pratique d'évaluer tout élément qui aboutit sur notre bureau en fonction de l'action qu'il exige, puis de gérer la décision prise en conséquence. J'imagine la liberté dont jouiraient alors les gestionnaires pour rediriger leur attention sur les questions et les enjeux plus importants.

« Quelle est la première action ? » Au fil des ans, j'ai constaté que, quand elle devient fondamentale et systématique, cette question suscite un regain d'énergie et de productivité tant chez les individus qu'au sein des organisations. Aussi simple qu'elle soit, il est pourtant assez rare qu'on en fasse une véritable exigence opérationnelle.

Instituée comme norme opérationnelle, la question sur la première action accroît automatiquement l'énergie, la productivité et la concentration sur les objectifs.

L'une des principales difficultés que vous éprouverez quand vous aurez acquis l'habitude de vous poser cette question (et de la poser aux autres) sera de transiger avec des gestionnaires qui n'en font pas de même. Cette question clarifie les situations si rapidement qu'il deviendra cauchemardesque d'évoluer dans les environnements où on l'ignore.

Nous avons tous la responsabilité de définir les moyens à utiliser, s'il y a lieu, pour concrétiser les engagements que nous prenons envers nous-mêmes et envers les autres. Pour tout objectif que nous nous fixons, nous devons en arriver tôt ou tard à une décision sur la première action à exécuter. Or, il y a une grande différence entre prendre une décision au moment opportun et s'y résigner quand une situation de crise nous y contraint.

L'origine de la technique

C'est Dean Acheson qui m'a initié il y a maintenant vingt ans à la technique toute simple, mais extraordinairement efficace, de la première action. Dean a été l'un de mes mentors en gestion-conseil et est aujourd'hui l'un de mes plus vieux amis. À l'époque, il cherchait une façon d'aider ses clients à surmonter leurs blocages psychologiques face à diverses entreprises ou situations.

Un jour qu'il se trouvait chez l'un d'eux, il se mit à ramasser toutes les feuilles de papier qui traînaient sur le bureau. Puis il a exigé du client qu'il décide, pour chacune des feuilles, de la toute première action à exécuter. Les résultats furent si immédiats et si percutants que Dean entreprit de perfectionner sa méthodologie, en partant invariablement de la même question pour traiter les affaires entrantes. Depuis, nous avons tous deux formé des milliers de cadres en les initiant à ce concept fondamental. La technique est à toute épreuve : la décision sur la première action à exécuter pour enclencher un travail a pour effet immanquable d'accroître la productivité et la tranquillité d'esprit.

Se donner les moyens d'agir

« Quelle est la première action ? » : comment une question aussi simple peut-elle avoir des effets aussi percutants ?

Pour tenter de répondre à cette question, je vous invite à revoir la liste des projets issue de votre balayage mental (page 124) ou, du moins, à penser aux projets que vous avez actuellement en tête. Avez-vous l'impression qu'ils ne progressent pas toujours avec la régularité et l'efficacité que vous souhaitez ? Vous reconnaîtrez probablement que certains d'entre eux sont en effet un peu « bloqués ».

Si vous ne savez pas exactement s'il faut passer un coup de fil, envoyer un mail, chercher une information ou acheter un produit dans un magasin pour enclencher l'action, vous ne ferez rien du tout. Le plus ironique, c'est qu'il ne vous faudra pas plus de dix secondes pour décider de la première action pour presque tous les éléments de votre liste. Or, la plupart des gens ne s'accordent pas ces dix petites secondes de réflexion.

Prenons l'exemple d'un client qui a inscrit le mot « pneus » sur sa liste.

Je lui demande : « De quoi s'agit-il ? »

Il répond qu'il doit acheter de nouveaux pneus pour sa voiture.

Je réplique alors : « Quelle est la première action à exécuter ? »

Le client fronce les sourcils, réfléchit quelques instants, puis conclut : « Je dois appeler un magasin de pneus et me renseigner sur les prix. »

C'est à peu près tout le temps qu'il faut pour entamer l'exécution de la plupart des tâches.

Il est par ailleurs fort probable que le client qui devait acheter ces pneus y pensait déjà depuis un certain temps. En toute probabilité, il a même eu des centaines d'occasions de téléphoner. Et forcément, en certaines de ces occasions, il ne disposait que du temps ou de l'énergie nécessaire pour régler quelque chose d'aussi élémentaire qu'une enquête sur le prix de ses pneus.

Pourquoi ne l'a pas-t il fait ? Parce que, dans l'état d'esprit où il se trouvait, il n'avait aucune envie de passer en revue tous ses projets, pas même celui d'acheter des pneus, et de décider quelle première action il pouvait enclencher. Il n'avait pas envie de penser du tout.

La situation aurait été très différente s'il avait déjà créé une liste de premières actions. Muni d'une telle liste, et sachant qu'il disposait de quinze minutes avant le début d'une réunion, qu'il était à proximité d'un téléphone et que son niveau d'énergie était d'environ 4,2 sur 10, il aurait pu jeter un coup d'œil sur sa liste et constater avec grand plaisir qu'elle comprenait un élément aussi simple que « Appeler un magasin de pneus à propos des prix ». « Voilà quelque chose que je peux très bien commencer et finir tout de suite », aurait-il pensé. Cette seule idée l'aurait motivé à appeler, parce que l'idée d'accomplir quelque chose d'utile dans le laps de temps dont il disposait et avec l'énergie qu'il avait lui aurait donné le sentiment d'une petite « victoire ». Dans ce contexte, il n'aurait pas pu entreprendre la rédaction d'une proposition pour un client, mais il aurait été en mesure de donner un appel rapide.

Décider des actions concrètes qui s'imposent dans diverses circonstances et créer un système de rappels fiable à ce sujet : voilà les piliers d'une plus grande productivité. Ce sont des techniques que l'on peut non seulement acquérir, mais améliorer avec la pratique.

Il arrive souvent que nos projets les plus simples stagnent indéfiniment parce que nous n'avons pas pris de décision finale sur la première action qu'ils nécessitent. Dans mes séminaires, les participants inscrivent fréquemment sur leur liste des éléments comme « Mise au point de la voiture ». Est-ce que la mise au point d'une voiture correspond à une première action ? Non, à moins que vous ne revêtiez votre combinaison de travail et que vous ne déballiez votre boîte d'outils…

Voici le genre de conversation que nous avons alors :

– Alors, quelle est la première action ?

– Je dois emporter la voiture au garage. Mais il faut que je sache d'abord si le garage peut faire la mise au point. Il faut que j'appelle pour prendre un rendez-vous.

– Avez-vous le numéro de téléphone du garage ?

– Malheureusement non, je ne l'ai pas. Mon ami Fred m'a recommandé ce garage, mais je n'ai pas le numéro. Je savais bien qu'il manquait quelque chose…

Sans première action, il subsistera toujours un écart potentiellement infini entre ce qui est et ce qui, selon vous, devrait être.

Nous ressemblons tous à l'ami de Fred. Pendant que nous examinons un projet, une petite voix intérieure nous dit que quelque chose nous échappe. Mais nous ne savons pas exactement de quoi il s'agit, de sorte que nous abandonnons tout simplement le projet.

Reprenons la conversation :

– Alors, quelle est la première action ?

– Je dois me procurer le numéro de téléphone du garage. Je vais le demander à Fred.

– Avez-vous le numéro de téléphone de Fred ?

– Oui, je l'ai.

La première action est donc la suivante : « Appeler Fred pour lui demander le numéro de téléphone du garage. »

Comme vous l'avez remarqué, nous avons dû passer par un certain nombre d'étapes avant de remonter à la première action. Cette démarche est assez fréquente, car la plupart des listes comprennent ce type d'élément « décomposable ».

Pourquoi les personnes intelligentes ont le plus tendance à atermoyer…

Ce sont les personnes les plus intelligentes qui se débattent avec le plus grand nombre de listes incomplètes et de projets inachevés. Pour comprendre pourquoi, pensons à la manière dont le corps réagit aux images que l'esprit se représente. Il semble que le système nerveux ne fasse pas toujours la distinction entre l'imaginaire et le réel.

Pour vous en convaincre, imaginez-vous en train de déambuler dans le rayon des fruits et légumes d'un supermarché. Vous y êtes ? Dirigez-vous maintenant vers l'étalage des agrumes : oranges, pamplemousses, citrons… Vous voici devant une avalanche de citrons jaunes. Vous apercevez juste à côté de vous un petit couteau et une planche à découper. Prenez un citron et coupez-le en deux. Le jus du citron gicle sur la planche, et une odeur agréable parvient à vos

Les gens brillants ont le don de paniquer plus rapidement et plus spectaculairement que les autres.

narines. Coupez maintenant le demi-citron en deux, prenez l'un des quarts du bout des doigts et portez-le à votre bouche. Savourez la sensation que vous procure le petit goût acide du citron sur votre langue… En imaginant tout cela, vous avez probablement remarqué que vos glandes salivaires s'étaient au moins légèrement activées. C'est que votre corps essayait vraiment d'absorber l'acide citrique, même si ce n'est que dans votre imagination que vous dégustiez un citron.

Si votre corps réagit ainsi aux images dont vous le nourrissez, que dire de la réaction physique que déclenchera l'idée de faire votre déclaration de revenus, par exemple ? Aurez-vous en tête des images de facilité, de plaisir, de succès ? Probablement pas. Et ce sont en toute logique les personnes les plus créatives, les plus sensibles et les plus intelligentes qui éviteront le plus possible de penser à ce genre de travail. En d'autres mots, ce sont elles qui atermoieront le plus. Pourquoi ? En raison de leur sensibilité, elles associeront toutes sortes de scénarios catastrophiques à leur projet (dont celui qui consiste à ne pas le réaliser à la perfection). Résultat : elles paniqueront et abandonneront le tout.

À l'opposé, quelles sont les personnes qui atermoient le moins ? Ce sont souvent les lourdauds insensibles qui s'attellent laborieusement à leur travail sans jamais penser à ce qui pourrait mal tourner. Les autres ont tendance à se laisser freiner par toutes sortes d'obstacles.

« Faire ma déclaration de revenus ? Pas encore ! Ce ne sera pas facile, je le sens. Je suis sûr qu'ils ont encore tout changé cette année. J'ai vu les formulaires ; ils ont l'air différents de ceux de l'année dernière. Il y a sûrement de nouveaux règlements, il faudra que je me renseigne. Je dois lire la documentation, quelle corvée ! Formulaire complet, abrégé, intermédiaire ? Déclaration conjointe, séparée ? Nous pourrons probablement réclamer des déductions cette année, mais il faudra les justifier et, pour ça, nous avons besoin de tous les reçus. Les reçus… Je ne sais pas si nous les avons tous. Tant pis, on pourrait demander les déductions sans fournir les reçus. Oui, mais s'ils les demandent et que nous ne les avons pas ? Il y aura peut-être une vérification. Et dans ce cas, nous risquons d'avoir le fisc à nos trousses. Peut-être même d'aller en prison ! »

Et voilà comment tant de gens s'imaginent derrière les barreaux dès qu'ils regardent leurs formulaires d'impôt ! Leur seul tort est d'être trop intelligents, trop sensibles, trop créatifs... C'est une tendance que j'ai observée maintes et maintes fois durant mes longues années d'expérience : ce sont souvent les personnes les plus brillantes qui accumulent le plus de dossiers dans leur bureau, dans leur maison et dans leur tête. La plupart des cadres supérieurs avec lesquels j'ai collaboré laissaient traîner plusieurs projets importants sur une étagère ou dans un sombre recoin de leur psychisme. Il semble toujours qu'un diablotin tapi au fond d'eux-mêmes leur souffle à l'oreille : « Peut-être que si tu fermes les yeux sur ce problème, il finira par passer inaperçu... »

La suppression des images négatives provoque toujours une hausse de l'énergie.

Que faire, alors ? Vous pouvez toujours prendre un verre. Vous engourdir. Vous « abêtir ». Remarquez ce qui se passe très souvent quand les gens boivent un peu d'alcool. En tant que dépresseur, l'alcool devrait normalement réduire immédiatement l'énergie, mais il la stimule au contraire très souvent, du moins dans un premier temps. C'est que l'alcool *supprime* quelque chose ; il fait taire les voix intérieures chargées de reproches et éloigne les images désagréables qui traversent l'esprit. L'énergie augmente du fait que nous cessons d'être envahis par des images d'échecs et de projets inachevés. Mais la solution de l'engourdissement est au mieux temporaire. Les affaires en suspens ne disparaissent pas pour autant. Et puis quand nous choisissons de supprimer quelque chose en nous, nous supprimons tout le reste en même temps. Notre source d'inspiration, d'enthousiasme et d'énergie semble elle aussi s'éteindre.

L'abrutissement stratégique

Il y a une autre solution : s'abêtir astucieusement en déterminant les premières actions à exécuter. Vous vous sentirez invariablement moins stressé après avoir défini ces actions. Votre univers n'en sera pas bouleversé, bien entendu. Mais le simple fait de vous concentrer sur une tâche que votre esprit perçoit comme réalisable vous aidera à préciser vos objectifs et fera grimper votre énergie et votre motivation. Si vous avez vraiment consigné toutes les idées qui retenaient votre attention durant le balayage mental, relisez votre liste et appliquez une première action à chacun de ses éléments. Vous ne manquerez pas de constater une soudaine hausse de votre énergie.

Vous serez soit attiré soit repoussé par les éléments de votre liste. La neutralité n'existe pas dans ce domaine. Dans certains cas, vous aurez vraiment envie de vous mettre à la tâche. Dans d'autres, vous y répugnerez au point d'essayer de ne pas y penser. La différence entre ces deux extrêmes dépend bien souvent du fait que vous ayez décidé ou non d'une première action. Quand je fais le suivi des gens qui ont participé à mes séminaires ou qui ont été initiés à ma méthode, je découvre parfois qu'ils sont retombés dans leurs vieilles habitudes. Par exemple, ils auront lentement laissé leurs listes d'actions se transformer en listes de tâches ou de sous-projets. Même s'ils ont quand même une longueur d'avance du fait qu'ils font des listes, ils sont souvent ralentis par des blocages ou des hésitations parce leur liste d'actions comprend des éléments aussi vagues que ceux-ci :

Les affaires en suspens suscitent soit de l'attrait soit de la résistance. La neutralité n'existe pas dans ce domaine.

- Rencontre avec le comité du banquet
- Anniversaire de Jean
- Réceptionniste
- Présentation

Nous voici donc revenus au stade des projets « flous ». Ces notes ne renvoient plus à des premières actions claires, et l'auteur de ce genre de liste doit constamment se creuser la tête pour en décortiquer les éléments.

La décision sur la première action demande-t-elle des efforts que vous pourriez vous épargner ? Non, puisque cette décision devra de toute façon être prise tôt ou tard. Si vous voulez faire faire une révision de votre voiture, par exemple, vous devez forcément déterminer par quelle action il faut commencer. Le problème, c'est que la plupart des gens retardent cette décision jusqu'au moment où la seule action possible est de faire remorquer leur auto !

Quelle est la manière la plus efficace de cheminer dans la vie, d'après vous ? Décider de la première action qu'exige chaque situation dès qu'elle se présente, puis l'exécuter au moment opportun ? Ou différer cette décision jusqu'à ce qu'une crise surgisse, et courir ensuite de tous côtés pour rattraper votre retard et essayer de limiter les dégâts ?

J'exagère peut-être un peu. Il n'empêche que lorsque je demande aux membres d'une organisation à quel moment s'y prennent la plupart des décisions, ils répondent presque invariablement : « Quand il faut éteindre des feux. »

> Il est totalement improductif et inutilement stressant d'attendre une crise pour prendre une décision sur l'action à poser.

L'un de mes clients, qui occupe un poste de haute direction dans une société internationale, a commandité un sondage pour cerner les principales sources de stress dans son entreprise. Or, ce dont on s'est plaint le plus à cette occasion, c'était de devoir faire du travail de dernière minute dans un climat de crise constant, climat entretenu par des chefs d'équipe incapables de prendre les bonnes décisions à la source.

Et si la décision sur la première action devenait une norme opérationnelle ?

Plusieurs hauts dirigeants m'ont déclaré qu'en faisant de la décision sur la première action une norme opérationnelle de leur entreprise, ils ont réorienté radicalement la performance mesurable de leurs équipes. Cette norme a eu des effets marqués, permanents et bénéfiques sur leur culture organisationnelle.

Pourquoi ? Parce que cette décision force chacun à se responsabiliser, à clarifier ses objectifs et à agir de façon productive.

La clarté

Beaucoup trop de discussions s'achèvent sans que personne ne sache exactement qui a décidé quoi et qui va faire quoi. D'innombrables questions à régler sont alors escamotées.

On me demande souvent d'animer des réunions. Avec le temps, j'ai appris que, vingt minutes avant la fin prévue de la rencontre, je dois absolument lancer cette question : « Quelle est la première action à exécuter à ce sujet ? » En règle générale, les participants débattent pendant une vingtaine de minutes pour clarifier la question (et parfois prendre quelques décisions difficiles) avant de formuler une réponse.

C'est une question logique, mais aussi radicale. Radicale parce qu'elle amène les intervenants à un niveau de discussion plus profond auquel ils ne sont pas toujours accoutumés. Certaines questions surgissent : « Est-ce que nous sommes sûrs de ce que nous voulons ? » « Est-ce que nous savons vraiment ce que nous faisons ? » « Est-ce que nous sommes prêts à consacrer autant de temps et de ressources à ce projet ? » Il est très facile d'éviter ce type de questions, pourtant fort pertinentes. Ce qui les empêche de glisser dans la masse informe des affaires en suspens, c'est la décision sur la première action. Ces questions devront souvent être débattues, explorées et négociées plus tard. Dans un monde aussi imprévisible que le nôtre, rien ne nous autorise à faire des suppositions sur l'issue des situations. En revanche, tout nous oblige à clarifier les choses.

Il faut avoir vécu ce genre de situation pour vraiment comprendre ce que je veux dire. Si c'est votre cas, vous devez probablement avoir un petit sourire d'acquiescement en me lisant. Si vous n'êtes pas certain de ce que je veux dire, je vous suggère de conclure votre prochaine réunion en demandant aux participants de décider de la première action à exécuter. Vous verrez bien ce qui en sortira.

La responsabilisation

Le côté sombre des « cultures participatives », c'est la répugnance généralisée à tenir quiconque responsable de quoi que ce soit. Dans de nombreuses entreprises de ce genre, personne n'ose prétendre qu'il fait « son » travail et que vous faites le « vôtre ». Ce serait beaucoup trop impoli. « Nous travaillons ensemble » : voilà un énoncé très noble, mais malheureusement bien peu incarné dans le dur univers du travail quotidien. Dans cet univers, bien des gestionnaires quittent leurs réunions avec le vague sentiment que quelque chose doit être fait, et le ferme espoir que ce ne sera pas à eux de le faire.

Ce qui est vraiment impoli selon moi, c'est de laisser régner une telle confusion à l'issue d'une réunion. Dans une vraie équipe, tous assument une responsabilité commune : la définition et l'attribution des tâches de chacun.

Là encore, si vous avez déjà vécu ce genre de situation, vous savez sûrement de quoi je veux parler. Sinon, faites-en vous-même l'expérience. À la fin d'une réunion ou d'une discussion en famille, risquez-vous à poser la question suivante : « Quelle est la première action à exécuter ? »

La productivité

En adoptant le modèle décisionnel sur la première action à exécuter au tout début d'un projet, les entreprises deviennent tout naturellement plus productives. Pour toutes les raisons mentionnées plus haut, le fait même d'affecter des ressources concrètes à la réalisation d'un projet aussitôt que le but en a été clarifié permet d'obtenir des résultats plus rapidement et avec moins d'efforts.

> On ne peut améliorer la productivité sans élever la réactivité opérationnelle. Dans le travail du savoir, cela revient à clarifier les actions au tout début d'un projet, et non à sa toute fin.

Depuis des dizaines d'années, les entreprises cherchent à accroître leur productivité par tous les moyens possibles. Mais dans notre économie du savoir, tous les ordinateurs, progrès technologiques et ateliers de leadership du monde ne sauraient suffire si l'on n'accroît pas la rapidité de réaction du personnel. Pour atteindre ce but, chacun doit organiser les projets qui atterrissent dans son bureau *avant* qu'il soit contraint de le faire.

Les défaillances de la productivité les plus flagrantes que j'ai observées dans certaines entreprises résultent de l'absence des premières actions reliées aux projets dits « à long terme ». On confond souvent projets à long terme et projets à exécuter « un jour... peut-être ». Or, ce n'est pas parce que des projets sont loin d'être réalisés qu'on peut négliger d'en définir les premières actions. Dans les entreprises où on fait de cette question une priorité, la culture organisationnelle change du tout au tout.

L'assurance

La décision sur la première action a pour effet d'augmenter prodigieusement votre capacité de « faire avancer les choses », et de faire croître du même coup votre estime personnelle et votre assurance. C'est peut-être l'un de ses plus grands bienfaits.

Les gens s'affairent constamment, mais ils ne le font généralement que par obligation, sous la pression que les autres exercent sur eux ou qu'ils s'imposent eux-mêmes. Le sentiment d'accomplir quelque chose, d'être maître de soi, de collaborer avec les autres ou d'être en harmonie avec le monde qui les entoure leur est souvent étranger. C'est pourtant l'une de leurs aspirations les plus profondes.

En accomplissant le travail qui vous incombe de votre propre gré, plutôt qu'en réaction à des contraintes externes ou internes, vous jetterez les bases d'une « auto-valorisation » qui se propagera à tous les aspects de votre vie. Vous êtes, après tout, maître de votre propre existence. Agissez en conséquence, et votre situation ne pourra que s'améliorer.

Et quel meilleur moyen de vous opposer à la victimisation que de vous demander : « Quelle est la première action à accomplir ? » Ce faisant, vous affirmez implicitement que le changement est possible, mais aussi que vous êtes en mesure de le provoquer. Or de telles affirmations – qui sous-tendent des comportements – vous permettront de rehausser considérablement votre estime personnelle. Elles vous seront à tout le moins d'un plus grand secours que la récitation de litanies telles que : « Je suis une personne efficace, brillante, dynamique, magnifique », etc.

Vos collègues se plaignent trop souvent ? La prochaine fois que vous en entendrez un rechigner, demandez-lui simplement : « Alors, quelle est la première action au programme ? » Les gens se plaignent uniquement des situations qui, selon eux, pourraient être améliorées. Votre question les forcera à définir l'amélioration voulue. Si la situation peut être changée, il faut poser une action pour précipiter ce changement. Si elle ne peut pas l'être, il faut composer avec elle sur le plan stratégique ou tactique.

Si tant de gestionnaires se plaignent, c'est parce qu'ils ne veulent pas prendre le risque de faire évoluer une situation ou qu'ils ne veulent pas remettre en question des plans qu'ils ont décrétés immuables. C'est une forme de validation creuse et temporaire de ses actes.

Même si mes collègues et moi présentons rarement notre travail sous cet angle, nous remarquons combien les gens prennent de l'assurance, jour après jour, grâce aux techniques que nous leur enseignons. Leur regard devient plus pétillant, leur esprit plus vif. Certes, nous possédons tous le pouvoir de changer les choses. Mais le fait de se concentrer sur les actions concrètes requises pour y arriver semble rendre ce pouvoir *manifeste.*

Ce n'est que lorsqu'on commence à faire avancer les choses qu'on s'aperçoit qu'on en est capable. Et ça, ça fait avancer les choses !

13

Se concentrer sur le résultat

LE POUVOIR D'ACTUALISATION de l'exercice mental et de l'imagination a fait l'objet d'innombrables ouvrages, allant des premières théories sur la pensée positive aux récentes découvertes en neurophysiologie.

Je m'intéresse à ce principe du point de vue de son application pratique à la réalité de tous les jours. La visualisation nous aide-t-elle à concrétiser nos objectifs ? Et dans l'affirmative, comment en tirer le meilleur parti pour gérer les activités de notre vie ? Peut-on se servir de ces images pour provoquer ce que nous cherchons à obtenir avec moins d'efforts ? La réponse est sans équivoque : oui.

Se concentrer pour aller plus vite

Au fil des ans, j'ai constaté que l'application de la méthode GTD avait de profondes répercussions sur notre vie de tous les jours. Les gens qui s'en servent systématiquement (qu'il s'agisse de traiter leurs mails, d'acheter une maison, de structurer des réunions ou de dialoguer avec leurs enfants) ont vu leur productivité personnelle atteindre de véritables sommets.

Grâce à cette méthode, un grand nombre de cadres que j'ai accompagnés occupent aujourd'hui des postes beaucoup plus intéressants ou ont carrément changé de carrière. Quand on se prouve et qu'on prouve aux autres qu'on peut faire les choses de plus en plus vite et de mieux en mieux, il devient évident qu'on ne fera pas éternellement le même travail. Les pratiques préconisées dans ce livre donnent des résultats concrets à l'échelle des tâches ordinaires que nous devons gérer au jour le jour. Je me sens privilégié d'aider mes clients à prendre en main les réalités immédiates et à intégrer l'imagerie positive aux situations pratiques de leur vie quotidienne.

L'expression « aller plus vite », tel que je l'utilise dans le titre de ce paragraphe, n'est pas toujours tout à fait juste. Pour certains, le principal bienfait qu'a apporté la méthode GDT a été, au contraire, de mettre un frein aux courses contre la montre, d'adopter un rythme de vie plus lent et de prendre le temps de vivre. Normal : l'idée, c'est justement de prendre pleinement conscience de sa situation, et de se donner les moyens de provoquer les changements et les résultats voulus.

Supposons que vous cherchiez un moyen de passer plus de temps avec votre fille. Comme tout projet, celui-ci exige une première action. Il serait désastreux de ruminer l'idée que vous « devriez » faire quelque chose pour améliorer votre relation avec votre fille, mais de ne rien faire du tout. À l'instar d'un grand nombre de mes clients, vous devriez accepter de voir les problèmes de votre vie personnelle comme des tâches « incomplètes » et par conséquent prendre des notes, créer des projets concrets et décider d'une première action à leur sujet. Voilà, selon moi, un signe de productivité réelle et éminemment créative.

L'importance de la focalisation sur le résultat

Comme je l'ai montré plus haut, la décision sur la première action conduit à la clarté, la productivité, la responsabilisation et l'assurance. Ce sont les mêmes résultats que vous obtiendrez en vous astreignant à définir les résultats concrets que vous voulez obtenir et, plus précisément, les projets que vous devez concevoir pour les atteindre.

Mais tout est relié. Nous ne pouvons pas déterminer l'action à poser si nous ne savons pas quel résultat nous cherchons, et nous ne pouvons pas obtenir le résultat si nous ne savons pas clairement quelle action nous devons poser pour le matérialiser. Nous pouvons, et nous devons, aborder la question dans les deux sens.

Le summum de la productivité est de définir des projets et des premières actions qui amélioreront notre qualité de vie.

Spécialiste en approche holistique, mon ami Stephen Snyder résume la situation ainsi : « Il n'y a que deux problèmes dans la vie : 1) vous savez ce que vous voulez, mais vous ne savez pas comment l'obtenir ou 2) vous ne savez pas ce que vous voulez. » Si ce principe est vrai (et c'est ce que je crois), il n'y a alors que deux solutions :

- Imaginer
- Concrétiser

Ce principe peut se rattacher au modèle yin/yang, hémisphère droit/hémisphère gauche, instinct de vie/instinct de mort ou toute autre opposition qui vous plaira. En deux mots, notre énergie est duelle. Nous créons des images qui n'ont pas (encore) de réalité dans les situations que nous vivons et, par le même processus, nous transformons la réalité pour la subordonner à nos images.

Nous ne cessons jamais de concevoir et de réaliser des choses.

Tout ce qui retient notre attention suppose une *intention* : « Qu'est-ce que cela représente pour moi ? » ; « Pourquoi cela existe-t-il ? » ; « Que doit-il se passer pour que cela se produise ? » (en d'autres mots, « Quel est le résultat que je recherche ? »). Tout ce que nous appréhendons comme incomplet doit pouvoir se traduire en complétude.

Une fois convaincus de la nécessité d'un tel changement, nous nous demandons comment nous pouvons le provoquer ou quelles ressources nous devons mobiliser pour qu'il se produise (c'est-à-dire quelle première action nous devons exécuter).

Votre vie personnelle et professionnelle oscille constamment entre le résultat et l'action. Dès que vous adoptez des pratiques opérationnelles permettant de gérer cette dynamique, les actions s'alignent aux résultats. Votre productivité grimpe prodigieusement. Vous imaginez un projet, et vous le concrétisez.

La maîtrise du banal : un plaisir

Mes clients se demandent souvent comment je peux passer autant de temps à leurs côtés pendant qu'ils désencombrent leur bureau ou leur esprit de tout ce qui s'y est accumulé jour après jour, année après année. En plus d'être gênés par leur propre manque de rigueur, ils supposent d'emblée que je m'ennuie à mourir. Pas du tout. C'est au contraire l'une des activités les plus stimulantes que j'effectue avec mes clients. Je sais quel soulagement et quel sentiment de liberté ils éprouveront quand ils auront terminé ce travail. Je sais qu'il leur faudra du soutien, ainsi qu'une motivation à toute épreuve, avant qu'ils en récoltent les fruits – avant qu'ils s'approprient les normes et les comportements qui leur permettront de maîtriser au quotidien toutes leurs affaires en suspens. Je sais que ce travail va produire des changements importants dans leurs relations avec leur patron, leurs associés, leur conjoint, leurs enfants et avec eux-mêmes.

Je ne m'ennuie pas du tout. Je me délecte !

La gestion du résultat à tous les niveaux

La focalisation fait partie de mon travail. À titre de coach et de consultant, je pose des questions simples qui suscitent des réponses intelligentes et créatives chez les autres (et même chez moi !), et ces réponses apportent à leur tour une plus-value aux actions. Après avoir travaillé avec moi, mes clients ne sont ni plus ni moins intelligents qu'ils ne l'étaient avant. Ils apprennent seulement à canaliser et à exploiter leur intelligence de manière plus productive.

L'idéal, c'est d'appliquer les mêmes critères d'excellence à la gestion de notre quotidien qu'à l'organisation d'un grand projet. En définitive, les deux entreprises nécessitent le même type de réflexion.

La méthode GTD présente l'avantage tout à fait unique de pouvoir s'appliquer à tous les pans de votre réalité. Il y a d'innombrables sources d'inspiration pour saisir les grands enjeux de cette réalité (raison d'être, valeurs, mission, etc.) et tout autant d'outils plus modestes pour en gérer les aspects plus quotidiens (vérification d'un téléphone ou d'un rendez-vous, par exemple). En revanche, on chercherait en vain des pratiques qui englobent et relient ces deux sphères que sont l'idéal et le concret.

« Qu'est-ce que cela représente pour moi ? » « Que doit-il se passer pour que telle chose se produise ? » « Quelle est la première action à exécuter pour enclencher le résultat ? » Telles sont les questions que nous devons nous poser systématiquement en présence de toute situation. Cette façon de penser, ainsi que les outils sur lesquels elle s'appuie, vous sera d'un plus grand secours que vous ne pouvez l'imaginer.

Le pouvoir de la planification naturelle

La planification naturelle des projets nous dote d'outils souples, intégrés et coordonnés pour gérer toutes les situations.

En nous questionnant sur la raison d'être de tous les projets que nous entreprenons, nous faisons preuve de maturité d'esprit.

En visualisant des images de succès, nous nous dotons de capacités phénoménales pour provoquer le résultat voulu. En acceptant d'exprimer et de noter toutes nos idées, bonnes ou mauvaises, sans y porter de jugement, nous renforçons notre intelligence créatrice. En subdivisant les idées et l'information en composantes, séquences et priorités tournées vers un résultat précis, nous acquérons la discipline mentale indispensable à la résolution des affaires en suspens. Et en décidant de la première action à exécuter (c'est-à-dire en amorçant la matérialisation d'un projet), nous touchons l'essence de la productivité.

Si toutes ces composantes étaient réunies, avec le dosage et la synchronisation qui s'imposent, nous créerions ce qui pourrait être le pilier de la compétence en ce nouveau millénaire. Mais ces pratiques sont encore très loin d'être normalisées. Il reste beaucoup de chemin à parcourir pour convaincre les gens de les appliquer à tous les aspects de leur vie personnelle et professionnelle. Toutefois, même appliqué partiellement, ce modèle apporte d'immenses profits.

C'est du moins ce que m'a appris mon travail de consultation, d'enseignement et d'encadrement. On m'a maintes fois confirmé que la planification naturelle, aussi minime qu'elle soit, entraîne des améliorations notables. Certains cadres m'ont affirmé que le brainstorming est devenu leur outil de prédilection pour clarifier les divers aspects de leur vie. D'autres m'ont dit utiliser le modèle présenté ici avec grand profit pour structurer leurs réunions et leurs discussions stratégiques. Tout cela est extraordinaire et gratifiant, mais montre surtout que nous devons suivre notre mode de planification naturelle pour concrétiser nos projets.

Ce modèle est un simple principe de base pour déterminer les résultats et les actions reliés à ce que nous définissons comme notre travail. Quand le résultat et l'action deviennent les principaux points de focalisation de nos activités quotidiennes, la productivité monte d'un cran. Conjuguées au brainstorming, qui est le moyen le plus créatif d'exprimer et de capter les idées, les points de vue et les détails reliés aux projets, ces pratiques instituent des comportements fluides qui nous permettent de nous acquitter de nos tâches dans la détente.

Vers une culture organisationnelle positive

Nul besoin d'un changement radical pour accroître le niveau de productivité d'un groupe. D'après les commentaires que m'adressent mes clients, l'application à petite échelle de la méthode que je propose a pour effet immédiat de faciliter et d'accélérer l'exécution des tâches.

L'évaluation constructive des activités, de l'affectation des ressources, des communications et des politiques relatives aux buts et aux résultats visés joue un rôle de plus en plus important dans l'entreprise. Les défis que doivent relever les sociétés ne cessent de croître, surtout face aux pressions qu'exercent la mondialisation, la concurrence, les nouvelles technologies, la transformation des marchés et les normes plus exigeantes de performance et de productivité.

« Qu'attendons-nous de cette réunion ? » « Quelle est la raison d'être de ce formulaire ? » « Quelle serait la personne idéale pour faire ce travail ? » « Que voulons-nous faire avec ce logiciel ? » Telles sont les questions qu'on esquive encore dans de nombreux milieux entrepreneuriaux. Il s'y échange de bien belles phrases durant les réunions, mais il ne faut pas trop y compter pour faire avancer les choses. Ce qui fera *vraiment* avancer les choses, c'est apprendre à poser des questions aussi simples que celles-ci : « Pourquoi faisons-nous cela ? » « À quoi ressemblera le projet lorsque nous l'aurons réalisé ? » Il faudra ensuite appliquer les réponses à l'environnement opérationnel quotidien.

Quand les individus abandonnent leurs lamentations et leur mentalité de victime pour s'ouvrir aux résultats et aux actions qui donneront un sens à leurs tâches, ils se sentent responsabilisés. Et quand cette responsabilisation se généralise à un groupe, le milieu de travail et la rentabilité s'améliorent du même coup. La négativité et la résistance passive s'effacent devant la focalisation sur les résultats.

La manière dont chaque individu gère ses entrées, ses mails et ses communications avec les autres se répercute sur la culture organisationnelle et l'entreprise tout entière. Quand une personne néglige ses responsabilités, refuse de prendre une décision initiale ou gère mal ses affaires en suspens, le groupe en ressentira les effets à plus grande échelle : il s'établira une mentalité d'assiégé, avec tout ce qu'elle comporte de crises et de stress.

En revanche, si chaque individu applique les principes de la méthode GTD, la culture organisationnelle se transformera, de sorte que l'entreprise verra s'instaurer des normes de performance plus élevées. Les problèmes et les conflits ne disparaîtront pas pour autant. Mais, grâce aux comportements opérationnels décrits dans ce livre, vous serez en mesure de les gérer de la manière la plus productive possible.

Conclusion

J'ESPÈRE QUE CE LIVRE VOUS A ÉTÉ UTILE, et que vous commencez à récolter les fruits d'une méthode qui vous aide à faire plus moyennant moins d'efforts et moins de stress. J'espère aussi que vous avez déjà un avant-goût de la liberté qu'apporte « l'esprit comme l'eau » et de l'énergie créatrice que génère l'application des procédés exposés ici. Dès qu'ils mettent en œuvre ces techniques, mes clients s'aperçoivent qu'elles recèlent plus de ressources qu'elles le laissent prévoir. Je vous souhaite de faire de belles découvertes.

Je suis certain que ce livre a confirmé la pertinence d'un grand nombre de vos méthodes de travail. Et désormais, vous pourrez appliquer plus systématiquement ce que vous dictait le simple bon sens. Ce sera le moyen le plus sûr de vous frayer un chemin dans le monde de plus en plus complexe qui nous entoure.

En écrivant ce livre, mon intention n'était pas de grossir la somme impressionnante de publications dévoilant les dernières recettes du succès. J'ai voulu au contraire présenter une méthode de base qui traverse les époques et qui, bien appliquée, donne infailliblement des résultats concrets. Une fois que nous en comprenons le principe, nous pouvons agir de manière beaucoup plus efficace dans toutes les situations et à tous les niveaux. Ma méthode constitue peut-être un retour aux sources… au service des temps modernes !

Je vous invite à vous servir de *S'organiser pour réussir* comme d'une feuille de route, c'est-à-dire comme d'un document de référence que vous consulterez quand vous en ressentirez le besoin.

Pour maintenir le cap, vous devrez prendre l'habitude d'utiliser les pratiques suivantes : libérer votre esprit, déterminer les actions nécessaires et les résultats voulus aussitôt qu'une situation se présente à vous, et revoir et mettre à jour l'inventaire complet des affaires en suspens de votre vie personnelle et professionnelle. Ne vous étonnez pas, toutefois, que ces habitudes ne deviennent pas automatiques du jour au lendemain. Soyez patient et apprivoisez-les en douceur !

Voici quelques derniers conseils pour vous aider à progresser :

- Installez le matériel qui vous servira à l'organisation. Mettez de l'ordre dans votre poste de travail. Achetez-vous des plateaux de rangement. Créez un système de classement personnel au travail et chez vous. Procurez-vous un organiseur de gestion de listes que vous aurez plaisir à utiliser. Je vous suggère aussi d'oser faire tous les changements que vous avez pu envisager pour améliorer votre environnement de travail. Accrochez des cadres, achetez de beaux stylos, jetez les objets inutiles, réaménagez votre espace de travail. Prenez un nouveau départ.
- Donnez-vous un peu de temps pour désencombrer une section complète de votre bureau ; puis faites de même chez vous. Regroupez tous les éléments recueillis dans votre système d'organisation personnelle et suivez les étapes de la méthode GTD.
- Partagez vos expériences avec d'autres personnes. C'est la manière la plus rapide d'apprendre.
- Relisez *S'organiser pour réussir* dans trois à six mois. Je suis certain que vous remarquerez certaines choses qui vous auront échappé en première lecture et que vous aurez l'impression de lire un tout nouveau livre.
- Communiquez avec les personnes qui diffusent et étudient ces normes et ces comportements. (Nous sommes à votre disposition. Le site http://www.davidco.com présente une multitude d'outils d'aide gratuits, un forum de discussion sur les processus GTD, ainsi que des renseignements à jour sur les produits et services de soutien. Il vous permettra aussi d'accéder à notre réseau international d'échanges sur les pratiques exemplaires en productivité. Pour toute information, contactez The David Allen Company en écrivant à info@davidco.com ou en composant le (805) 646-8432.)

  Soyez heureux !

Index

A

Abrutissement stratégique, 255
Act!, 170, 171
Action physique, 27, 47, 69, 71, 140, 203, 254
Actions à exécuter, 26, 47, 52, 61, 69, 88, 136, 140, 154
Actions en cours, 64, 210
Actions en instance, 147
Affaires en suspens, 28, 30, 40, 42, 60, 106-107, 115, 207, 256
Agenda, 21, 59, 104, 106, 151, 153, 181, 192, 196
Aide-mémoire, 67, 90, 114
Altitude 10 000, 58, 199
Appareils de haute technologie, 41
Approche ascendante, 33, 211-212, 222
Archives, 176
Assistant numérique, 21, 41

B

Bases de données, 47, 171-172
Bibliothèque, 171, 176
Boîte d'entrée, 42, 115, 131
Boîte de collecte, 42
Bonne idée, 73, 225
Brainstorming, 68-70, 82, 85, 91, 224, 231, 268
Bureau à la carte, 103

C

Cadre moyen, 20
Calendrier, 52, 181, 195
Cartographie de la pensée, 83
Catégorie de base, 151
Ceinture noire, 35, 99, 209
Centre de contrôle, 101

Cerveau, 29, 69, 80
Chemises de classement, 106, 111, 169
Classeur rotatif, 176
Classeurs, 112
Codes de priorité, 21, 22
Cognition distribuée, 84
Collecte de données, 225
Collecte, 39-44, 115-129
Comportements de base, 26
Conserver et revoir, 180
Contrôle dans la détente, 34, 37, 67
Corbeille à courrier, 40, 104
Corbeille d'arrivée, 33, 134, 183, 209
Courrier électronique, 41

D

Dean Acheson, 250
Décoration, 118
Développement des cadres, 20
Diagramme de Gantt, 87
Disponibilité, 62, 203
Document d'accompagnement, 51, 122, 151, 169, 196
Document de consultation, 51
Documentation de référence, 117, 151, 174
Données non activables, 173
Dossiers suspendus, 112-113
Dossiers thématiques, 229

E

Échéancier, 57, 138, 180, 183-185
Économie du savoir, 19, 23, 247, 259
Éléments activables, 48, 123, 140
Éléments en attente, 160, 195
Éléments non activables, 48, 55, 58, 173
En attente d'exécution, 52, 59, 89
Engagements externes, 20
Engagements internes, 20, 25, 60
Entrées non activables, 137
Équipement, 118, 123

Espace mental, 124
Espace, 101-104, 124
Esprit comme l'eau, 23-25, 115, 271
Étapes activables, 63
Étiquetage automatique, 112
Étiqueteuse, 105, 112
Examen hebdomadaire, 59-60, 166, 194-199

F

Facteur de motivation, 77
Filtrage, 80
Filtres perceptifs, 81
Focalisation, 79, 263-264
Fournitures de bureau, 117

G

Gestion des actions, 31, 32
Gestion des mails, 162
Gestion des rappels, 107, 160
Gestion du flux de travail, 37, 61, 104, 161, 195, 229
Gestion du temps, 21, 243
Gestion horizontale, 33-34
Gestion verticale, 33-34
Grandview, 230

H

Hoteling, 103

I

Idées impromptues, 171
Incubation, 46-48, 55, 138, 178

L

Libérer son esprit, 34
Liste de projets, 47, 50, 151, 165-171, 179, 213, 232
Liste des premières actions, 151
Listes « un jour... peut-être », 55-56, 138, 151, 178, 179, 196
Listes de contrôle, 186, 188, 196, 214

Logiciels, 229, 231
Lotus Notes, 106, 163
Lotus Organizer, 129

M

Matière première, 47, 48, 50
Mémoire à court terme, 35, 242
Mémoire vive, 42, 244-245
Ménage, 60, 114, 120
Méthode GTD, 14, 108, 191, 197, 202, 213, 216-217, 222, 263, 267, 270, 272
Microsoft Project, 87
Mind-mapping, 83
Mise à jour de l'inventaire des projets, 107
Mise en condition, 23
Mise en veilleuse, 178
Mode productif, 25
Modèle traditionnel, 21
Money Microsoft, 138

N

Niveau d'énergie, 62, 204, 252

O

Objectifs professionnels, 65
Organiseur, 107, 120, 165, 172, 232, 272
Outils pour écrire, 227
Outils de collecte, 40
Outils externes, 35
Outlook, 21, 106, 108, 129, 133, 153, 163, 232

P

Panier de collecte, 26, 41, 129, 133, 153, 159, 177, 226, 232
PDA, 48, 108
Pensées aléatoires, 225
Perfectionnement professionnel, 20
Performance personnelle, 79
Peter Drucker, 28

Pistes de projets, 181
Plan de projet, 86-87, 168
Plan de vie, 66, 210
Planificateur personnel, 21
Planification anticipée, 73
Planification artificielle, 72, 85
Planification de projet, 34, 67, 221, 231
Planification informelle, 221
Planification naturelle, 69, 71, 75, 87, 92, 222, 267
Planification personnelle, 21
Planification réactive, 74
Poste de travail, 101-103, 272
Poubelle, 48, 55, 107, 137
Premières actions, 48, 52, 54, 63, 88-89, 140, 151, 164, 223
Prise de décision, 77, 105
Production en série, 19
Projections, 65, 210
Projets en cours, 64, 179, 210
Projets sous-jacents, 186

Q
Questions non résolues, 30, 52, 211, 240

R
Référence générale, 58, 110, 175
Règle des deux minutes, 142-143
Répertoire de contacts, 176
Responsabilités courantes, 65, 210
Résultats attendus, 159
Rolodex, 176

S
Schématisation conceptuelle, 83
Séquences, 71
Suivi des affaires en attente, 107
Supports électroniques, 41
Supports papier, 40
Supports vocaux, 41
Surface de travail, 121

Système alphabétique, 110
Système d'organisation personnelle, 23
Système de collecte, 37, 42, 178, 226, 247
Système étanche, 38
Système externe, 26
Système réticulaire activateur, 80

T

Tâches incomplètes, 39
Tâches prédéfinies, 63, 206
Techniques de planification naturelle, 75
Tenue de réunions, 225
Tony Buzan, 83
Travail du savoir, 28, 81, 259
Trous noirs, 39
Trucs et astuces, 97

U

Utilisation des ressources, 77

V

Vision d'ensemble, 22, 77, 199, 218

W

Word, 233

Z

Zone, 23, 244

Table des matières

SOMMAIRE 5
Préface 7
Avant-propos 11

Partie I
L'ART DE BIEN FAIRE LES CHOSES 15

1. NOUVELLE RÉALITÉ, NOUVELLES PRATIQUES 17

Le problème : des ressources insuffisantes pour répondre aux nouveaux besoins 18
Les frontières de notre travail s'estompent 19
Nos fonctions changent 20
Les modèles traditionnels sont inopérants 21
La vision d'ensemble et les petits détails 22
La promesse : l'état de « mise en condition » des praticiens d'arts martiaux 23
L'image de « l'esprit comme l'eau » 24
Pouvez-vous passer en « mode productif » quand il le faut ? 25
Le principe : gérer efficacement ses « engagements internes » 25
Quelques règles de base pour gérer ses engagements 26
Comment appliquer ce modèle 27
Ce qu'exige vraiment le travail du savoir 28
Pourquoi l'esprit reste préoccupé 29
Le cerveau : pas toujours très futé 29
Le traitement des « affaires en suspens » 30
Le processus : gérer l'action 31
Gérer les actions 32
La valeur d'une approche ascendante 33
La gestion horizontale et la gestion verticale des actions 33
Un changement essentiel : libérer son esprit 34

2. DIRIGER VOTRE VIE :
CINQ ÉTAPES POUR MAÎTRISER LE FLUX DU TRAVAIL 37

Étape 1 : la collecte 39
Recenser la totalité des tâches incomplètes 39
Les outils de collecte 40
La corbeille à courrier 40
Les supports papier 40
Les supports électroniques 41
Les supports vocaux 41
Le courrier électronique 41
Les appareils de haute technologie 41
Les conditions d'une collecte réussie 42
Videz votre esprit 42
Réduisez le nombre de vos boîtes de collecte 43
Videz vos boîtes régulièrement 43
Étape 2 : le traitement 44
De quoi s'agit-il ? 46
Une action est-elle nécessaire ? 46
Étape 3 : l'organisation 48
Les projets 50
Les documents d'accompagnement des projets 51
Les premières actions 52
Le calendrier 52
Les listes de premières actions 54
Les éléments non « activables » 55
Poubelle 55
Incubation 55
Référence 57
Étape 4 : l'examen 58
Ce qu'il faut revoir, et quand 59
Un facteur clé de réussite : l'examen hebdomadaire 59
Étape 5 : l'action 61
Trois modèles pour décider de l'action à entreprendre 61
1. Un modèle à quatre critères pour décider de l'action à exécuter à un moment précis 61

2. Un modèle à trois volets pour évaluer le travail quotidien... 63
3. Un modèle à six paliers pour définir la vraie nature de votre travail ... 64

3. METTRE EN ROUTE DES PROJETS : LES ÉTAPES DE LA PLANIFICATION DE PROJET ... 67

Améliorer l'approche verticale ... 67
Le modèle de planification naturelle ... 69
Un exemple simple : planifier une sortie au restaurant ... 69
La planification naturelle n'est pas forcément la planification habituelle ... 71
Le modèle de planification artificielle ... 72
Quand une bonne idée ne l'est pas vraiment... ... 73
C'est la faute de l'institutrice ... 73
Le modèle de planification réactive ... 74
Les techniques de planification naturelle : les cinq étapes ... 75
Étape 1 : l'intention ... 75
L'importance du questionnement sur le pourquoi ... 76
Les principes ... 78
Étape 2 : la vision et le résultat ... 79
Le pouvoir de la focalisation ... 79
La clarification des résultats ... 81
Étape 3 : le brainstorming ... 82
Capter vos idées ... 82
La cognition distribuée ... 84
Les principes du brainstorming ... 85
Étape 4 : l'organisation ... 86
Les rudiments de l'organisation ... 87
Étape 5 : les premières actions ... 88
La démarche de base ... 88
Quel est le degré de planification qui répond à vos besoins ? ... 90
Y voir plus clair ... 91
Agir plus ... 91

Partie II
LES PRATIQUES DE PRODUCTIVITÉ SANS STRESS 95

4. PRÉPARATIFS : TEMPS, ESPACE ET OUTILS ... 97

La mise en œuvre : une question d'astuces ... 97
Le temps ... 99
L'espace ... 101
Un espace de travail chez vous ... 102
Les espaces mobiles ... 102
Ne partagez pas votre espace ! ... 102
Les outils ... 104
Les essentiels ... 104
Les corbeilles à courrier ... 104
Le papier ordinaire ... 105
Les Post-it, trombones, agrafeuse, etc. ... 105
L'étiqueteuse ... 105
Les chemises de classement ... 106
L'agenda ... 106
La poubelle et les bacs de recyclage ... 107
Avez-vous besoin d'un organiseur ? ... 107
Un bon système de classement ... 108
Comment l'organiser ? ... 109
Une dernière chose… ... 114

5. LA COLLECTE : REGROUPER VOS AFFAIRES EN SUSPENS ... 115

À vos marques, prêts… ... 116
Partez ! ... 117
La collecte physique ... 117
Qu'est-ce qui ne bouge pas ? ... 117
Questions reliées à la collecte ... 119
La surface de travail ... 121
Les tiroirs du bureau ... 122
Les dessus de meubles ... 122
L'intérieur des armoires ... 123

Les planchers, les murs et les étagères ... *123*
L'équipement, le mobilier et les lampes ... *123*
Les autres espaces ... *124*
Balayer l'espace mental ... 124
La liste d'éléments possibles à activer ... *125*
L'inventaire des entrées ... 129
Tout ce vous avez déposé dans la boîte d'entrée doit en sortir ... 129

6. LE TRAITEMENT : VIDER VOTRE BOÎTE D'ENTRÉE ... 131

Lignes directrices du traitement ... 134
Commencer par le premier élément ... 134
Ne pas confondre traitement et dépouillement sélectif ... *134*
Quel est le bon ordre ? ... *135*
Un élément à la fois ... 135
Une exception ... *136*
Ne jamais remettre un élément dans la boîte d'entrée ... 136
Quelle est la première action à exécuter ? ... 136
S'il n'y a rien à faire… ... 137
Dans la poubelle ... *137*
L'incubation ... *138*
En référence : à conserver ... *139*
Et s'il y a quelque chose à faire ? ... 139
Les premières actions doivent absolument être tangibles ... *140*
Une fois la première action décidée… ... 141
1 - Exécuter l'action ... *141*
2 - Déléguer l'action ... *144*
3 - Reporter l'action ... *146*
Les actions en instance ... *146*
Définir vos projets ... 146

7. L'ORGANISATION : ÉTABLIR LES BONNES CATÉGORIES ... 149

Les catégories de base ... 151
Les catégories doivent être cloisonnées ... 151

Les listes et les dossiers sont les seuls outils nécessaires 152
L'organisation des rappels d'actions 153
Les actions à inscrire dans votre agenda 153
Trier les actions à exécuter aussitôt que possible en fonction du contexte 154
Les catégories les plus fréquentes de rappels d'actions 155
L'organisation des éléments « en attente » 159
L'utilisation de l'objet comme descriptif 160
La gestion du flux du travail sur support papier 161
La gestion des mails 162
Ne dispersez pas les rappels des premières actions 164
L'organisation des rappels de projets 165
La liste de projets 165
Une liste unique ou subdivisée ? 166
Les méthodes de subdivision des projets 166
Que faire des sous-projets ? 167
Le document d'accompagnement de projet 169
Consigner les idées impromptues sur les projets 171
Organiser les données non activables 173
La documentation de référence 174
Les divers systèmes de référence 174
Les actions à exécuter un jour... peut-être 177
Les listes « un jour... peut-être » 178
Les catégories spéciales d'éléments « un jour... peut-être » 179
Le risque des dossiers « Conserver et revoir » 180
L'utilisation de l'agenda comme calendrier d'activités possibles 181
L'échéancier 183
Des sources d'inspiration : les listes de contrôle 186
Clarifier en premier lieu les actions et les projets sous-jacents 186
Esquisser les principaux domaines de travail et de responsabilité 187
Plus la situation est nouvelle, plus elle doit être contrôlée 188
Des listes de contrôle à tous les niveaux 188

8. L'EXAMEN : GARANTIR LA BONNE MARCHE
DE VOTRE SYSTÈME 191

Que revoir et quand ? 192
Commencez par l'agenda 192
Continuez avec vos listes d'actions 193
Faites le bon examen dans le bon contexte 193
Mettre à jour votre système 194
La puissance de l'examen hebdomadaire 194
Qu'est-ce que l'examen hebdomadaire ? 195
Lieu et moment idéal pour effectuer
l'examen hebdomadaire 197
L'examen de la vision d'ensemble 199

9. L'ACTION : FAIRE LES BONS CHOIX 201

1 - Le modèle à quatre critères pour choisir l'action à exécuter
au moment propice 202
Le contexte 202
La disponibilité 203
Le niveau d'énergie 204
La priorité 205
2 - Le modèle à trois volets pour évaluer le travail quotidien 206
L'équilibre au jour le jour 209
3 - Le modèle à six paliers pour définir la vraie nature
de votre travail 210
L'approche ascendante 211
Cessez de raisonner en fonction des priorités 219

10. LA PLANIFICATION VERTICALE DES PROJETS 221

L'importance d'une planification informelle 221
Quels projets devez-vous planifier ? 223
Les projets dont la planification demande
des premières actions 223
Les principales étapes de planification 224

Les pensées aléatoires ... 225
Outils et structures utiles à la conceptualisation des projets ... 226
Les outils pour penser ... 226
Les outils pour écrire ... 227
Les papiers et les blocs-notes ... 227
Les chevalets et les tableaux blancs ... 227
L'ordinateur ... 228
Les structures de soutien ... 228
Selon vos besoins, créez des dossiers thématiques ou rassemblez des pages volantes ... 229
Les logiciels ... 229
Les notes d'organiseur numérique ... 232
Comment appliquer ces principes à ma situation ? ... 232

Partie III
LES PRINCIPES FONDAMENTAUX
ET LEUR IMPACT ... 235

11. L'IMPACT DES PRATIQUES DE COLLECTE ... 237

Les bienfaits personnels ... 238
L'origine des émotions négatives ... 238
Comment éviter de rompre les engagements pris envers soi-même ? ... 239
Ne pas accepter l'accord ... 239
Respecter l'accord ... 240
Renégocier l'accord ... 242
Une rupture radicale avec les conceptions traditionnelles de gestion du temps ... 243
Quelle quantité d'éléments devez-vous collecter ? ... 244
Le potentiel des pratiques de collecte dans l'entreprise et les relations interpersonnelles ... 245

12. L'impact de la décision sur la première action 249

L'origine de la technique 250
Se donner les moyens d'agir 251
Pourquoi les personnes intelligentes ont le plus tendance à atermoyer… 253
L'abrutissement stratégique 255
Et si la décision sur la première action devenait une norme opérationnelle ? 257
La clarté 258
La responsabilisation 259
La productivité 259
L'assurance 260

13. Se concentrer sur le résultat 263

Se concentrer pour aller plus vite 263
L'importance de la focalisation sur le résultat 264
La maîtrise du banal : un plaisir 266
La gestion du résultat à tous les niveaux 267
Le pouvoir de la planification naturelle 267
Vers une culture organisationnelle positive 269

Conclusion 271

Index 273

Achevé d'imprimer en janvier 2015
sur les presses de la **N**ouvelle **I**mprimerie **L**aballery
58500 Clamecy
Dépôt légal : mars 2008
N° d'impression : 412186

Imprimé en France

La **N**ouvelle **I**mprimerie **L**aballery est titulaire de la marque Imprim'Vert®

The
Catt
Concept
The New Industrial Darwinism

The Catt Concept

The New Industrial Darwinism

Ivor Catt

Illustrated by Frank Dickens

Rupert Hart-Davis London

Granada Publishing Limited
First published in Great Britain 1972 by
Rupert Hart-Davis Ltd.
3 Upper James Street London WIR 4BP

ISBN 0 246 10533 X
Printed in Great Britain by
Richard Clay (The Chaucer Press) Ltd
Bungay, Suffolk

The laws governing behavioural response to the New Reality (later dubbed the Catt Concept) were first published in *New Society*.

The book is dedicated to all those mystified, nervous employees who are subject to the New Reality in industry

Contents

INTRODUCTION xv

1.
THE NEW REALITY IN INDUSTRY 1

The New Reality 3
The New Reality in Action 5
A Question of Semantics 8
Origin of the New Reality 10
Beneficiaries of the New Reality 14
Guardians of the New Reality 17

2.
THE CATT CONCEPT 23

The Catt Concept 25
A Storm in a Teacup? 28

Inverse Firing Order 30
The Incompletion Gambit 33
Was Apollo Too Successful? 34
Secretiveness 37
Hire-and-Fire in the Electronic Age 38
Psychology of the New Reality 41
The Supremacy of the Prosaic 45
The Big Success 46
The Con Game 50
The Hodge-Dodge Project 51
The Domino Theory of Firing 53
The Consultants 54
Layoff Fodder 56
The Speedy Speech Trainer 57
Leapfrog 59
Advance Planning 61
The Come-On 65
The Semi-Blackmail 67
Application: The Catt Concept in Action 69

3.
EVERYDAY LIFE
UNDER HIRE-AND-FIRE 77

Customer-Oriented Research and Development 79
Quality Control in the New Reality 83
Myth and Ritual 85
Computer Worship 88
The White-Collar Union 89
The Reluctant Trade Unionists 91
The New Company 94
The Take-over 98
Death of a Company 100
The Individual's Career 104

Voyager into the Brave New Reality 107
Scientific Advance in the New Reality 112
The Superman Complex 115
Technological Advance in the New Reality 117
Behind the Glamour 119
The Geography of the New Reality 120
A Question of Integrity 122
Progress and the Family 124

EPILOGUE 129

Some Possible Remedies 131

APPENDIX 137

The Historical Precedent 139

Though you may be absolutely convinced that the techniques described herein are the sole inspiration of the firm you work for, please be assured that all companies, incidents and individuals are the product of the imagination of the author, who, unfortunately, has never had the pleasure of meeting your co-workers or your boss.

No men can act with effect who do not act in concert; no men can act in concert who do not act with confidence; no men can act in confidence who are not bound together with common opinions, common affections and common interests.

—Edmund Burke

Introduction

'At any rate I'll never go *there* again!' said Alice as she picked her way through the wood. 'It's the stupidest tea-party I ever was at in all my life!'

Just as she said this, she noticed that one of the trees had a door leading right into it. 'That's very curious!' she thought. 'But everything's curious to-day. I think I may as well go in at once.' And in she went.

—Lewis Carroll, *Alice in Wonderland*, 1865

After graduation in engineering from Trinity College, Cambridge, I went to work in Manchester designing computers. However, the United States was obviously the Mecca for someone like me, so that after I gained my preliminary experience in England, my family and I emigrated to the United States. From then on, half my time was spent on computer design and the other half on integrated circuit design.

I returned home to England after six extraordinary years in the U.S.A., working for five companies in three states. Since I had come from another working environment, I knew that what I experienced in America was not the only way things could be done. Also, I was much more interested in the details of what happened around me than other people seemed to be. This was probably because the experiences of my first six months were so bizarre I was sure I was on to something worth studying.

In my first two companies, twenty-six out of the thirty-nine people with whom I worked lost their jobs during a two-year period, and only five, or 13 per cent, stayed on throughout the two years.* One of the companies had seven layoffs in nine months and probably laid off more than 100 per cent of its staff. To do this it had to hire many replacements at the same time as it was laying off.

One chief engineer worked out at the gym every week lifting weights to improve his leadership qualities. Employing a logic all his own, he explained to his colleagues that it was right that he should be chief engineer because he could lift a heavier weight than anyone else. However, it didn't help. Like everyone else, he lost his job.

An engineer who intended to have an operation for a cataract at the completion of his project decided it was wiser to have it immediately, because perhaps there would be no job and no medical insurance at the end of his project. He was right, and it was a good thing he had already gone into the hospital before job and project were cancelled. Another man asked for time off to have a major operation and was told not to come back after-

* At least two of those fired turned out to be pretty lively deadwood, as they have since set up their own companies to do similar work and are now millionaires.

wards. He did get back, but his boss was fired.

Another engineer held his company to ransom by keeping his designs secret, so that no one else could take over his job.

Another man had a 10 per cent pay rise and lost his job four weeks later.

All this happening in the first year or two convinced me that this was no ordinary environment I had landed in. My family and I moved from Los Angeles to Phoenix and another company, in the hope that the electronics boys in L.A. were lunatic fringe, but that things would be better in Arizona.

They were not. Lunacy was all around me, madder and madder. Finally, after four years, we decided to come back to England. Instead, we drifted into another job in Connecticut. Surely, we thought, things would be quieter in New England. They weren't. New England was for us probably the craziest yet. The division I moved into in January added 30 per cent more floor space in August. In September I was still under strong pressure to hire more people for my group, and I hired a new man. Three weeks later he was laid off. In October I myself was laid off. In November the division was closed down, and the building and contents were sold. This was a commercial division of one of the largest companies in the United States.

We decided we really must clear out. However, while selling our house, I took a job with another company, and my experience there was even more bizarre.

All the companies I worked for in three states across America were in confusion, losing vast amounts of money as they stumbled from one mindless mess to another. Other companies where my friends worked, or where I visited on company business or to job interview, were the same. In all companies vast projects were under way, with enormous investment, and a little reflection showed that they could not succeed.

What was going on? What had gone wrong? Was this the way America had become the greatest nation on earth, the bastion of freedom? Had it always been like this?

I. C.

PART ONE

The New Reality in Industry

I

The New Reality

It became clear to me that attitudes in industry were fundamentally different from the traditional ones. What I was observing, I soon began to realize, was the New Reality of business, a phenomenon that might be called Industrial Darwinism, with its philosophy centred on the carrot and stick of hire-and-fire. Before describing the philosophy behind this New Reality, let us discuss the traditional organization which it had replaced.

The traditional management structure is like a family tree.

A man takes instructions from his immediate superior and directs those immediately beneath him. Loyalty within the group and within the company is regarded as important, and the company strives to achieve a feeling of identification with the individual and with itself. Each man works assiduously in the expectation of various rewards from his immediate superior, including increased pay, promotion and so on. (It is difficult to see how his immediate superior could promote him, but the conventional wisdom says that he can.)

He also works hard to avoid the converse, including, in the extreme case, loss of his job. The firing of a man is undertaken only after long and serious consideration. The firing of an employee tends to undermine the system as a whole. It reflects no credit on any of the parties involved. It tends to discredit the company, and companies that are in the habit of firing employees are boycotted by professionals.

The New Reality theory, by contrast, holds that in the vigorous, competitive, exhilarating modern world, where prosperous men are truly free to pursue their own interests, it is uneconomic and unnecessary to carry professional staff on overheads during slack periods. Attempts to soften the harsh edges of economic truth are wasteful and a threat to the ideological strength of economic man. Keeping on a redundant or ineffective man would be unfair to him, turning him into a parasite, keeping him from another job where he could be contributing to the common weal.*

* This idea is put forward in Robert Townsend's *Up the Organization* (London, Michael Joseph, 1970).

2

The New Reality in Action

The initial result of the New Reality, that pot-pourri of notions which masquerade as dynamic, modern management, was that companies frequently hired and fired staff at all levels, and professional labour came to be regarded as just one more commodity. A mechanistic view of human behaviour came back into vogue, re-enacting the misguided attempt in the nineteenth century to apply the doctrine of laissez-faire to labour, a *reductio ad absurdum* of what were thought to be the ideals of a free, capitalistic society.

Management was careful to tell the staff that it laid off only 'deadwood' (the other guy) or that layoffs were necessary if the whole company were not to go bankrupt. And the staff, particularly the inexperienced, believed it.

To attract employees into insecure employment, salaries had to be raised, but in spite of this, recruitment of graduates by the new kind of management fell dramatically. The raising of salaries had unfortunate effects, such as that during a slack period, when economies were being made, the professional salary bill became more and more prominent. This resulted in a vicious spiral of higher and higher salaries and more and more layoffs, which has now reached such a pitch that one mass layoff per year is commonplace.

There was disquiet in some industries. For example, the average stay of an electronics engineer with an employer, already less than two years in 1962, was heading towards the one-year mark. Various rationalizations were put forward:

1. Electronics, as a new, expanding industry, was bound to suffer growing pains.

2. There were plenty of other jobs available, so a man wouldn't suffer if you fired him. Why encourage a man who doesn't seem to fit in to remain where he is, when he would probably fit in very well somewhere else? If he cannot fit in elsewhere, then he must be no use anyway.

3. The threat of firing encourages a man to work harder and be more efficient.

4. This is a rapidly changing technology, and if a man does not keep abreast of the subject, he has only himself to blame.

5. Cross-fertilization of knowledge and experience is good for the industry.

6. How can one company compete successfully if it carries deadwood or full staff during slack periods, and no one else does?

Unfortunately, as the rate of firing increased, the groundwork underlying these rationalizations gave way. The Catt Concept had begun to formulate.

3

A Question of Semantics

The proliferation of words and phrases to describe a firing indicates that the subject is taboo. Fire. Sack. Give the boot. Terminate. Separate. Let go. Lay off. Drop. Make redundant. Dismiss. Discharge. Can. Axe. Resign. Leave. One might also include consolidate, reorganize and rationalize. Of the first group of words, all, in the author's opinion, boil down to a single meaning: Fire. The word is best because of its directness, although in virtually all cases he has come across, firings have been called resignations by the parties involved.

When an employee parts company with his employer, has he left or has he been pushed? In the New Reality, the distinction is difficult to make. For antique reasons, a man will leave his job because he thinks he might be fired, an event which under the old system would damage his self-esteem, his pride and his employment prospects. However, since nowadays he is frequently in

danger of losing his job, he will often feel the need to leave of his own accord first to keep his record intact.

This means he will transgress another of the old conventions, which is that a man who changes jobs too often is a bad risk.

4

Origin of the New Reality

The conventional wisdom says that as war becomes more sophisticated it becomes more electronic. We are approaching the time when the man at the console in the underground command headquarters stronghold fights the war by remote control.

Sputnik was a shock to the American government. It demonstrated that in those spheres where it mattered most—electronics, rocketry, computers and so on—freedom might be falling behind slavery and tyranny.

The American government decided it must foster a great leap forward in these fields. It took the obvious course and pumped in vast sums of money in the form of research and development contracts and fat orders. All sorts and conditions of men were sucked into the burgeoning industries, and there was a great amount of activity.

Sputnik was one of the factors which went into creating the New Reality. Another was fiscal policy. It has long been understood that in time of recession the government should spend more money, and in time of inflation, when the economy is overheated, it should cut down its spending. (Some administrations get it back to front, but this does not alter the present argument, which merely demands that the government should be erratic in its spending.) The traditional place to make the additional expenditure or to make the cuts, as the case might be, was in military spending and in primitive, heavy labour industries such as road building. The effect on the latter was not serious. Frequent go–stop–go with its resultant hire-and-fire is not so destructive to an industry using a large proportion of unskilled labour. During lean periods the company can probably hold on to its management, which represents only a small part of its total overheads anyway. However, if a company is trying to develop and manufacture sophisticated equipment, a lack of regular, reliable income is a severe handicap. When the money flows less freely, it must break up its teams of skilled workers. This means that it must pay them more when it wants them, to make up for the insecurity. Also, if the project is very complex, the proportion of senior staff is large, which is one of the reasons why the cost of developing and manufacturing a sophisticated piece of weaponry is so high.

Americans have come to accept as inevitable the high cost of development work for military purposes. They do not question whether an anti-anti-anti-missile really costs billions of dollars to develop.

So long as military work was separated from commercial industry, with the sole interaction caused by a piece of military development that would occasionally spin off into a commercial product, government contract work and ordinary commercial industry could jog along reasonably harmoniously. The mores of the latter were unaffected by the former. But as the American government tried to move commercial industry forward on a broad front, they began to fund the development of products which were ostensibly military when in fact the main interest was the subsequent commercial spin-off.

Private research and development could not compete with government funding of new development and so began to dry up. Research and development in U.S. industry became a creature of the federal government's largesse.

Such a system has much to recommend it. Private industry always finds it difficult to risk investment to develop new products. Had the government been consistent and reliable in its expenditure, all might have been well.

Unfortunately, expenditure was varied to suit the unrelated vagaries of the government's monetary policy. All the high-technology industries were treated like a luxury industry, to be funded when the government wanted to pump more money into the economy and to be starved when the economy was overheated. So the American government's response to the challenge of Sputnik became merely an added technique for the exercise of monetary control. The new technology-based industries came to look like part of the military establishment with all its nonsenses and wastefulness.

Meanwhile, the new industries, with their computers and so forth, were infiltrating the older, simpler industries. Systems analysts, chartists, computer programmers began to take high positions in the building industry, the retail industry and elsewhere. These plausible young men, lacking experience but with a vision of a brave new world of automation, had been schooled in the high-cost, artificial, dishonest, hot-house world of the new technology-based industries with their heavy, though concealed, government financial support.

5

Beneficiaries of the New Reality

> . . . the cook took the cauldron of soup off the fire, and at once set to work throwing everything within her reach at the Duchess and the baby—the fire-irons came first; then followed a shower of sauce-pans, plates and dishes . . .
>
> 'Oh, *please* mind what you're doing!' cried Alice, jumping up and down in an agony of terror. 'Oh, there goes his *precious* nose'; as an unusually large saucepan flew close by it, and very nearly carried it off.
>
> 'If everybody minded their own business,' the Duchess said in a hoarse growl, 'the world would go round a deal faster than it does.'
>
> 'Which would *not* be an advantage,' said Alice . . .
>
> —Lewis Carroll, *Alice in Wonderland*

Every cloud has a silver lining, or so we hope. Where is the silver lining to the sad New Reality of high-speed hire-and-fire at all levels? Obvious beneficiaries are the head hunters, as employment agencies are sometimes called; in some professions, there seems to be one head hunter to every few workers. Those who work in personnel departments also benefit, since they are given more to do.

However, these provide a very very slim silver lining to a big black cloud. We should look further and try to find a large group of people who might profit from the New Reality.

Government? An unstable, hysterical industry is not a good basis on which to establish a political and social system.

Right-wing theorists? To see free industry disintegrate into confusions does not help their cause.

Left-wing theorists? To see the jungle of job insecurity surrounding the blue-collar workers now enveloping the white-collar executive brings no gratification to those on the left. They had enough to do to develop protective arrangements for blue-collar workers, trying to get them the security that the white-collar workers are now losing.

The employees in industry? They degenerate from reputable, solid citizens into something reminiscent of migrant farmworkers.

The customer? The product he buys is ill designed, badly manufactured and late on delivery. He certainly doesn't benefit.

Shareholders? In spite of massive American government support in the form of research contracts and fat orders for new products, the high-technology-based industries have not provided a good return on investment. Many electronics companies have never issued a dividend. Many more have disappeared. Gross over-pricing of shares coupled with wild fluctuation in price has been the norm, a pattern one would expect from the New Reality.

Bankers? These gentlemen had the wool pulled over their eyes by the whiz kids of the new industries. They needed to put a portion of their money into the glamour enterprises, to show that they were keeping up with the times. Much of the money for new technology industries was made available by solid bankers who felt they took on a more dashing, modern appearance if at least some of their money was invested in electronics à go-go. This served as the modernistic fig leaf hiding an ancient approach to business.

An analogy can be seen here to the board of directors of a normal, reasonably logical company which uses a small percentage of its capital to buy a computer, ostensibly to modernize and streamline its accounting and stock control procedures but really to give the company that glossy, modern look. This will keep the shareholders at bay for a year or two more ('Profits were lower this year owing to the disruption caused by the introduction of computer control of documentation. This temporary setback will be more than justified by the increased efficiency which can be expected when the new system is fully operational') and also keep the young fellows off the board a little longer. After all, the whole of the Young Turks' message is 'computerize'; we must steal their thunder. Similarly, the vice-president of a bank who wants to keep ahead will invest a portion of the portfolio in an industry which he doesn't understand.

It is clear that no one benefits from the New Reality.

6

Guardians of the New Reality

Hire-and-fire receives virtually no mention in the literature on industrial management. The reader looking for mention of the subject will find that 'security' means security for the employer, not the employee, while 'lay-off', 'job security', 'termination' and so on are hardly ever discussed at all.

When one reads about the industrial situation today, two divergent trends of thought emerge, analogous to the 'steady state' and 'big bang' theories in astronomy.

The steady state men are the 'true' sociologists in the old sense, interested only in more or less stable situations. (They do not point this out too clearly, because this indicates a limitation in the usefulness of their work and thought.) None of their studies is relevant to the unstable situation of escalating hire-and-fire. Peter Drucker, for example, blandly states that there is virtually no mobility of professional labour in the United

States. Starting from this stable premise, he says that more mobility of 'knowledge' workers is needed. However, he does give us some crumbs of comfort. For instance, 'We need safeguards against arbitrary cancellation of the employment contract by the employer. The law has a duty to protect the weaker in a contractual relationship and to constrain the more powerful from the abuse of his advantage.'*

The big bang, or 'wave of the future', men regard frequent hire-and-fire, also called mobility, as a necessary element of an unstable future. 'Super-industrialism, . . . the next stage of eco-technological development, requires even higher mobility.'†

The main thesis of this book is exactly the opposite. Hire-and-fire, otherwise called mobility of labour, in its present intensity is incompatible with high-technology industries. However, since everyone has seen hire-and-fire increase at the same time as high-technology industries have grown, it is assumed that the two developments are mutually supporting. This is similar to deducing, after watching a man down his first two whiskys, that alcohol promotes happiness and more alcohol promotes more happiness.

Those familiar with John Kenneth Galbraith's idea of the conventional wisdom should heed with alarm the growing conviction that hire-and-fire, because it is increasing, is an integral part of progress, at least in the industrial sphere. Fortunately, people show an ability to distinguish between change in general and progress in particular. Just as most people see the rise of drug addic-

* Peter F. Drucker, *The Age of Discontinuity* (Heinemann, 1969).
† Alvin Toffler, *Future Shock* (Bodley Head, 1971).

tion and vandalism as alien to progress, we must get them similarly to regard hire-and-fire, or mobility. As with drug addiction and vandalism, it represents the

There is a hankering after the spirit of the Wild West, where men were men and one took misfortune and suffering without whimpering

failure of the individual (in this case the manager) to meet the demands made upon him by taking an easy course of action.

There is a sense of adventure in the air, a feeling that there is something grand, honest, brave and true about a new world where men are rewarded according to their deserts, and those who fail go to the wall. There is a hankering after the spirit of the Wild West, where men were men, and one took misfortune and suffering without whimpering. Unfortunately, life in the Wild West was miserable and exceedingly inefficient, and so will life be in the future if we throw away the restraints, checks and balances which enable a complex society to perform efficiently and productively. I myself can see no distinction between industrial progress and social progress. As the complexity of the demands made upon the employee continue to grow, so must his treatment be improved or he will not give the cooperation so necessary to progress. If at any time we might appear to be advancing faster by acting irresponsibly in the matter of employees' interests, we do so only by mortgaging the future. The highly sophisticated products of the future cannot be efficiently produced by cynical, suspicious, frightened workers, and any attempts by industry to circumscribe employees' freedom will encounter mounting resistance as they grow more affluent and, therefore, independent.

Dwight Skelton, trying to see some value in his own frequent firings, wrote a book (between jobs) called *Fired Again* published by Funk and Wagnalls, New York, 1968. The book is his attempt to come to terms with the vicious world he finds himself enmeshed in.

Dwight (a nom de plume) assures us that the permanent scars he carries from his firing experience are self-inflicted. His book, subtitled 'A guide to survival in the corporate foothills', is unwittingly a vivid tapestry of the psychological and moral collapse which follows in the wake of a firing. Dwight mentions many scurrilous and unproductive activities, such as steaming open a colleague's mail, that are used to further a company's growth and profitability.

He quotes a banking executive as saying, 'Any security built on the good will and common sense of others is worthless, as there is as little good and faithfulness in other men as there is in you (and you know how little that is).' This is a tragic cry from the heart. You might also call it the epitaph on a once profitable industry.

PART TWO

The Catt Concept

'In *that* direction,' the Cat said, waving its right paw around, 'lives a Hatter: and in *that* direction,' waving the other paw, 'lives a March Hare. Visit either you like: they're both mad.'

'But I don't want to go among mad people,' Alice remarked.

'Oh, you can't help that,' said the Cat: 'we're all mad here. I'm mad. You're mad.'

'How do you know I'm mad?' said Alice.

'You must be,' said the Cat, 'or you wouldn't have come here.'

—Lewis Carroll, *Alice in Wonderland*

7

The Catt Concept

> What remains indisputable is that labour turnover is costly, wasteful and unsatisfactory ... Excessive turnover in any industry or at any period is a bad thing socially, reflecting a poor state of morale or unsatisfactory relations between the parties in industry ...*

When management is misguided enough to hire and fire frequently at all levels for shortsighted economic reasons, the very nature of the industrial situation changes fundamentally. As a result, new behaviour patterns develop among those enmeshed in the New Reality. These behaviour patterns are governed by certain laws, and it is a wise employee who soon learns to adapt himself to them:

* C. H. Northcott, *Personnel Management* (London, Pitman, 1945).

Inverse Firing Order This causes a manager to lay off his best, rather than his worst, man. The reason for this is that in the future there will be a layoff at the manager's level, and a manager is more likely to be laid off if he has a good subordinate who can take his place. We should sympathize with the manager, who suffers much more from a layoff than a younger, more junior man.

The Incompletion Gambit The most secure project is the unsuccessful one, because it lasts the longest. Most layoffs occur at the completion of a project, so that only a fool or a brave man completes one if he is not already embarked on its successor. A wise worker will delay completion of a project and look around for another job during the last month or two.

Secretiveness The employee believes, rightly, that he is less likely to be laid off if there is uncertainty about his functions and how he performs them. This makes him secretive and ambiguous when discussing them. It is difficult for upper management to carry out a study of the way the place actually operates, because this is taken to be a prelude to a layoff.

The Supremacy of the Prosaic Any suggested major improvement in product or technology is primarily a threat to the security and livelihood of one's co-workers. In the reorganization that will be necessary to take advantage of the change, many employees risk being laid off 'in the interests of efficiency'. So all staff should unite to nip in the bud a suggestion which promises more than a marginal improvement in the technology.

The Con Game If a manager supports an idea which is unsuccessful, he is fired. (If his boss did not fire him, he himself would be fired for shielding uneconomic, incompetent units of labour.) So he must mislead his boss and make him think that the project is going well, until the investment reaches such a level that the exposure of failure would lead to the firing of his boss rather than himself.

The Domino Theory of Firing The project is going badly, and middle management must prove that it is dynamic and aggressive by firing someone as a scapegoat. The obvious target is the man at a low level who is closely involved with the details of the project. Unfortunately, when he is gone, a great deal of important knowledge about the project has gone with him, so the project gets into greater difficulties. A bigger scapegoat is now required, so his boss is fired.

Layoff Fodder Management ordains a 10 per cent layoff for every department once a year. This is supposed to get rid of deadwood, keep others on their toes and make them more efficient, and also keep bureaucracies from growing out of hand. How do middle managers react? They know there will be a layoff in the future, which will disrupt their department. So they hire 'layoff fodder', who are kept in reserve to be laid off when upper management demands some pruning. In the New Reality, a well-run department will carry some 15 per cent surplus staff, to provide for any eventuality.

Leapfrog C thinks his boss B is going to be fired or laid

off. To avoid being washed away with him and to try to get the resulting vacant position when B goes, he must try to withdraw as much as possible from B and leapfrog to B's boss, A. This means that if B is not in fact fired very soon, he in his turn fires C for trying to squeeze him out. The ostensible reason, as always, will be an attack on C's personality. A must support B in firing C; otherwise, B in self-defence must leapfrog A, and try to get on the good side of *his* boss.

Advance Planning Future plans should be grossly optimistic.

The Semi-Blackmail The only real route to security is the semi-blackmail. If a man knows that you can damage him if he tries to get you fired, you are safe.

Such are some of the subtle stratagems employed by those subjected to the stresses of the New Reality in a vain attempt to protect themselves from 'economic reality'.

These are some of the ways employees try to hang on to their jobs while everyone around them is losing theirs.

These are the laws of the Catt Concept.

A Storm in a Teacup?

> 'If any one of them can explain it,' said Alice, . . . 'I'll give him sixpence. *I* don't believe there's an atom of meaning in it.'
>
> The jury all wrote down on their slates, '*She* doesn't believe there's an atom of meaning in it,'

but none of them attempted to explain the paper.

'If there's no meaning in it,' said the King, 'that saves a world of trouble, you know, as we needn't try to find any. And yet I don't know,' he went on, spreading out the verses on his knee, and looking at them with one eye; 'I seem to see some meaning in them, after all . . .'

—Lewis Carroll, *Alice in Wonderland*

Objection: 'It's a psychosis, not a concept.'

Defence: If so, then Catt developed his psychosis while working in U.S. industry. In his new work situation, he found people moving from job to job frequently. New employees were 'on probation' and so justifiably nervous. On top of all this, they knew that layoffs occurred frequently. The nervousness of the newcomers affected the general atmosphere. The whole situation could have been designed for the maximization of paranoid tendencies.

Objection: 'It applies chiefly to industry. What about those of us in other lines of work?'

Defence: Catt's experience of the New Reality *was* in commercial industry, but such crucial questions as what incentive, if any, someone has to do his job properly, or even to do it at all, are not limited to industry, but to any type of work where modern management techniques are being applied. The more complex the work, the more unfortunate the results. This is the lesson of the New Reality.

8

Inverse Firing Order

'To begin with,' said the Cat, 'a dog's not mad. You grant that?'

'I suppose so,' said Alice.

'Well, then,' the Cat went on, 'you see, a dog growls when it's angry, and wags its tail when it's pleased. Now *I* growl when I'm pleased, and wag my tail when I'm angry. Therefore I'm mad.'

'*I* call it purring, not growling,' said Alice.

'Call it what you like,' said the Cat.

—Lewis Carroll, *Alice in Wonderland*

Inverse firing order causes a manager to lay off his best, rather than his worst, man. The reason for this is that in the future there will be a layoff at the manager's level, and a manager is more likely to be laid off if he has a good subordinate who can take his place. We should sympathize with the manager, who suffers more from a layoff than the younger, more junior man.

The manager will find it harder to get a new job, more difficult to sell his higher-priced, larger house, and the experience of yet again tearing up his roots and those

The high-flying recruit must bear this danger in mind and not show too much brilliance during the first year with his new company.

of his family will be more searing. Surely he is entitled to nip the danger in the bud, when the new recruit looks to be rising above his station.

The high-flying recruit must bear this danger in mind and not show too much brilliance during the first year with his new company. Unfortunately, this means that should he be fired for some other reason, perhaps in a company reorganization or a recession, he will depart without having established a reputation for good performance. So he has to decide which chance to take. If he survives the first year and has established his position more firmly by the laws of Secretiveness, Con Game and Semi-Blackmail, he might perhaps venture to use his capabilities more fully. However, innocuous performance stills seems safest.

9

The Incompletion Gambit

'Well, I'd hardly finished the first verse,' said the Hatter, 'when the Queen jumped up and bawled out, "He's murdering the time! Off with his head!"'

'How dreadfully savage!' exclaimed Alice.

'And ever since that,' the Hatter went on in a mournful tone, 'he won't do a thing I ask!'

—Lewis Carroll, *Alice in Wonderland*

The most secure project is the unsuccessful one, because it lasts the longest. Most layoffs occur at the completion of a project, so that only a fool or a brave man completes one if he is not already embarked on its successor. A wise worker will delay completion of a project and look around for another job during the last month or two.

Of course, a project should not be seen to slip in its

early stages, when the cost of dropping it would appear small. The best thing to do is to make every effort to make it appear that the project is going well until the last month or two and then let it slip little by little, while always promising completion within the next five weeks. This is one example of the way in which information fed to upper management is doctored to protect employees from their 'dynamism'.

'Was Apollo Too Successful?

'Nine months after the whole world watched Neil Armstrong climb down that ladder on the moon some Americans are "bored" with space, and we're breaking up the scientific team and mothballing the engineering complexes that produced what President Nixon called "the greatest event since Creation". What was the name of that movie last year? *Goodbye, Columbus?*

'The President put his name on the plaque Armstrong and Aldrin left on the moon and he telephoned them while they were there, but he cut America's space budget to the smallest total since John Glenn orbited the Earth. The Vice-President says on to Mars by 1985, but we won't make it by "stretching out" our effort. Perhaps NASA was too successful with Apollo. It violated the "Catt Concept", enunciated by Britisher Ivor Catt. According to Catt, the most secure project is the unsuccessful one, because it lasts the longest. Since most layoffs follow completion of a project, only a fool or a brave man completes one unless he is already entangled in its successor.'*

This lunatic enterprise is too grandiose to be taken as a typical example for the testing of any theory. That would be like discussing the efficiency of the Hiroshima fire brigade in responding to the atomic bomb. Portions of the lunar project should, however, confirm the Catt Concept, insofar as they occurred recently enough to be affected by the creeping cancer which slowly develops from irresponsible hire-and-fire.

The lunar endeavour symbolizes some of the tendencies of our society. Despite the excitement of the occasion I was horrified to see those two men happily stumbling around on the moon. I thought of the repercussions in dozens of space-oriented towns. Not only were those two men likely to lose their jobs, along with all their colleagues, but they would have to sell their houses at a loss and leave town, taking their families with them. The schools would lose pupils; teachers would be out of a job. All the parasite industries would be in trouble. And for what?

Apollo should never have succeeded. Too many people depended on its failure. Hundreds of thousands of people were betrayed by the top management in NASA, who were willing to see ghost towns in place of happy communities just so that a couple of men could take photographs of each other wandering over the wilderness. The top brass lost interest and so wrecked the space industry.

* From an editorial in the American magazine *Popular Mechanics* (May, 1970), based on the first premises of the Catt Concept, as enunciated in *New Society*.

Apollo also demonstrates the extremes to which a free country will go to keep alive the spirit of capitalism. It is in a different category from the Russian space effort, which is in the grand tradition of the Pyramids, another example of an enormous folly built by a totalitarian state for self-glorification. Such an explanation will not suffice in freedom-loving America.

The two justifications for Apollo are, first, that it diverts attention from the arms race into a less dangerous type of competition and, second, that it is a means to inject vitality into the economy. Neither of these arguments is satisfactory or healthy or even very credible. America has spent far more in recent years on arms than she did before the beginning of the space race. Besides, should Americans not have started to question the nature of an economy which requires such a large percentage of industrial effort to be siphoned off into pointless exercises in order to inject vitality into the economy?

A barely credible rationale surrounds an investment running to billions of dollars. If people are unable to think clearly and deeply about Apollo, then perhaps it is not surprising that they remain blind to the wasteful consequences of hire-and-fire.

10

Secretiveness

*The employee believes, rightly, that he is less likely to be laid off if there is uncertainty about his functions and how he performs them. This makes him secretive and ambiguous when discussing them. It is difficult for upper management to carry out a study of the way the place actually operates, because this is taken to be a prelude to a layoff.**

The employee strives to convince his managers that they are not fully familiar with the situation. He does this in a number of ways. One useful trick is to bring in new words to replace well-known ones. Mnemonics, particularly those which already have another meaning, are

* '... when a programmer left a project in mid-stream his work often had to be scrapped and started again from scratch. Sometimes the situation was worse—the new man would have to spend months unravelling what the old programmer had done before any further progress could be made.'—*The Economist* (February 27, 1971), p. xiii.

useful. It takes a very confident manager to ask his subordinates what the terms SOS, MNOS, SEM, CTL, CMS mean, because he then looks like deadwood, ready for the scrap heap. So in a dynamic company or industry, everything will be renamed frequently in an attempt to give pause to the hatchet man and so elude him.

When his boss asks him for a résumé of the current situation, the farsighted employee begins by defining about ten new terms and then uses these new, half-familiar terms, along with others undefined, in reply. He will also hint at a web of interdepartmental and inter-company agreements and understandings which would founder were he to be laid off. The intercompany agreement is particularly useful. A manager fears the repercussions from laying off someone who is the fulcrum of some intercompany plan. So the employee tries to make himself into a key element in the company's image-building efforts. However, time spent away from the company should be kept to a minimum.

Hire-and-Fire in the Electronic Age

Marshall McLuhan and others see a society of the future which has information as its main product and communication as its main activity. A large proportion of one's working life will be spent being educated, and most of the remainder will be spent in communication, discussion and teaching.

The high-technology industries of today are thus archetypal of the future.

'Today's organization ... is ... principally a knowledge organization. It exists to make productive hundreds, sometimes thousands, of specialized kinds of knowledge ... the bulk of workers are hired not to do manual work but knowledge work.'*

A designer may think and calculate for days before spending half an hour at the workbench, to be followed by more days deep in thought, discussion and debate. Similarly on the production line, in the repair shop and in the field, most of the time is spent consulting documents, thinking and discussing.

By 'knowledge', McLuhan and others probably mean both information and understanding. However, it is important to distinguish between them when discussing the Catt Concept. It is usually assumed that if a man is asked to hand over his knowledge of a certain matter, he will do so willingly and further that it would be easy to see if he were not cooperating fully in the operation.

In the New Reality, both assumptions are untrue with regard to understanding, although they may still have some validity with regard to information. Unfortunately, as all aspects of the business, including technology, production and marketing methods, become more complex, the bare information, or facts of the case, become less and less helpful on their own, since they resemble the unassembled bones of a skeleton.

Give a colleague all the information about what you have done and plan to do, and he is not much the wiser unless you are doing something simple. If you want to help him, you must also show him your way of perceiving the many details and implications of the situation, so that he will not fail to see the wood for the trees. We

* Drucker, *op. cit.*

have all had the experience of trying to get some understanding (rather than mere information) out of someone who is reluctant to hand it over. First you have to gain his confidence, get him to relax, and then he will talk around the subject, look at it from various angles, and you will have some chance of reaching his own level of perception of his speciality. However, in a dynamic company, where he may be fired next week, try as you will, you will at most get just the bare information. You have no grounds for complaint either, because the 'understanding' part of knowledge is too intangible to talk about. One cannot imagine someone saying, 'Sure, he gave me the information all right, but not the understanding,' unless he didn't mind having himself categorized as unable to relate well in a group situation and so ripe for layoff.

The conventional wisdom, derived from a previous, less complex, more leisurely age, assumes that given all the information, a self-respecting employee could rapidly generate the understanding for himself, but this is no longer true. Most of the work today—and most of the value—lies in understanding, not in information.

We now see how fragile the high-technology industries are, how susceptible to drop in morale among their employees. In the New Reality a dynamic company or even a whole dynamic industry takes on the appearance of a country in the Dark Ages, when each baron kept within his fortified stronghold, and in between forts the countryside was wasteland.

Psychology of the New Reality

> Economic security, as represented in steady work and regular compensation, is a basic need of the worker which must be considered in the formulation of personnel policies and practices in industry and business.*
>
> So far as industry is concerned, all the methods we have discussed in this book pre-suppose a factory and a society in which worker–management relations have not broken down beyond repair, in which there is some desire, however weak, to co-operate.†
>
> ... the job insecurity experience has, in time, so permeated employee feeling toward the entire job situation that the fear-shock has seeped like a toxic inhibitor into all job-related attitudes—with, perhaps, the original cause of the fear being manipulated stiffly in thought merely as a logic-tight symbol.‡

Always present in the New Reality in industry are such questions as: 'Is he telling me the truth?' 'Is he thinking of firing me?' and 'Does he think I'm thinking of firing him?' The result is a serious breakdown of communication in which any discussion is frustrated because the main elements of the situation usually cannot be mentioned. Like the cat after the ball on a string, each

* M. S. Viteles, *Motivation and Morale in Industry* (New York, Norton, 1953).
† J. A. C. Brown, *The Social Psychology of Industry* (London, Pelican, 1954).
‡ E. A. Grove and W. A. Kerr, *J. Soc. Psychol.* (1951), 34, 165–70.

time you pounce on what looks like a solid fact, it slips out of your grasp. Each person holds a bank of misinformation. When the situation looks as though it might gel, so that everyone will know what is going on, a new load of artificial fog is fired over the scene before anyone has a chance to rationalize it (and perhaps conduct a layoff).

'How can you lay off people if you don't understand what they are doing and how it relates to other people's work?' the subconscious argument runs.

Or: 'We are not sure how the activity is progressing, but we're working on it.' This is like calling an armistice. No one loses his job while the situation is being examined. Such an examination can take a long time—long enough for everyone to go job hunting and sell his house.

The important principle is that the less management knows and understands, the more secure the job is.

The density and complexity of confusion which obtains in a company run by modern methods cannot be explained merely by the ignorance of procedures, say, which result from frequent layoffs. The indication is that misinformation is being wilfully generated in large amounts. Whenever A gives information to B, he first reflects, 'Why should I tell him the truth?' And indeed, why should he? If the primary reason for management wanting information from A is to decide whether to lay him off, it is difficult to see why A should cooperate.

The ultimate nonsense is reached when you all know that you cannot believe each other, so there is little point in talking at all. However, a manager cannot tell his boss, 'They won't talk sense to me because they think I'm likely to fire them,' because by so saying he would immediately rate himself a poor manager. He has to cover up for his men. There are many ways in which people are constrained to cover up the madnesses of the New Reality, and this is one of them.

If during a reshuffle you are put in charge of a department, it's not wise to go to your boss and say, 'I can't do anything with them. Fear-shock has seeped like a toxic inhibitor into all job-related attitudes.' No departmental manager who wanted to stay in town would dare say that.

Further, the departmental manager is in no position to usher in a new era of job security. In one company, after working there for three months and seeing people going down like ninepins all around me (why did they have to add me to their overheads at such a time?), I complained to the departmental head, saying that surely management should realize that no one could work efficiently in the circumstances. He said, 'The management of this company is known to be ruthless, but I have told them I will not tolerate layoffs in my department. If any of my men go, I go.' And sure enough, a couple of years later he went, along with some of his men. Cold comfort for me.

One of the most unpleasant jobs is to coax a man to sell his house and move his family to come and work under you in your dynamic company in the knowledge that possibly weeks later he will be laid off. ('Will you come into my parlour?' said the spider's procurer to the fly.) In my case, a man I brought in was laid off three weeks later. Can one treat such an experience lightly?

The obvious reaction is never to hire anyone. This

practice is common. One appears to try to recruit staff but makes sure that nobody comes by offering too little money, warning them off in the interview (one interviewer said to me, 'I ought to warn you that the president of this company is mad'), or in some other way. The better the man is, the more reluctant the manager to hire him and so perhaps damage his career.

II

The Supremacy of the Prosaic

Any suggested major improvement in product or technology is primarily a threat to the security and livelihood of one's co-workers. In the reorganization that will be required to take advantage of the change, many employees risk being laid off 'in the interests of efficiency'. So all staff should unite to nip in the bud a suggestion which promises a more than marginal improvement in the technology.

The best way to defuse the inventive and therefore dangerous talent in the company is to direct it into lines of research which are likely to be unproductive. This is what causes such confusion in meetings where new ideas are being discussed. Support for an idea may be honest and sincere, or it may be offered by someone who wants to lead others off on a wrong track. It is difficult to get sense out of anyone.

Written appraisals of an idea are often worded so that

what appears to be one opinion really turns out to be another. The objective is to seem to support someone's quest for a red herring, although close reading of the report reveals an adverse recommendation.

The Big Success

Accidents sometimes happen, and occasionally a major step forward is made. This is usually the fault of one or more young, naïve, fellows who do not understand the subtleties and the fragility of the status quo. Also, in their youthful arrogance, they may not very much care. They are the honest Young Turks, who will soar to fame through honest effort, in contrast with the devious manoeuvrings of their elders.

The next step is to announce the advance at a technical conference. A paper is read on the subject at the next major conference in Philadelphia or San Francisco. The lecture is relayed by closed-circuit TV to other rooms, and a feeling of purpose and dynamism is generated. The lecturer shows a number of slides during his lecture, and these all are photographed by the Japanese delegates present, who have brought their cameras for the express purpose.

The speaker says that the new product, the Quidge, is better, faster, cheaper and more radiation-resistant than the item it is replacing. The prototype is already working. Small quantity production will start in two months' time, and they will be delivering five thousand a month by next January.

The Japanese and Germans will carry the doleful

news home with them, convinced that the United States has left its competitors at the gate.

Then all of a sudden, at question time after the lecture, something goes awry. An outsider of unsatisfactory appearance says, 'Pardon, I know I am speaking a little out of turn, but why should I believe that you will actually deliver the Quidge as you predict, since such predictions have never come true in the past? For example, IJI in 1962 announced their revolutionary new Jimble, said that the prototype was working, they would deliver their first units next month, and would be delivering a hundred a week in 1963. Where is the Jimble now? No one has ever seen an IJI Jimble. Similarly, what happened to the Klasp, and the Craje, and the MDTPQ?'

The lecturer then deals at length with the Jimble. First he points out that he had no part in the unfortunate matter, that the company that announced it went bankrupt in 1965 and that the industry, after divesting itself of such shaky organizations, was now firmly organized on proper businesslike lines. Such failures as the Jimble were very much a thing of the early, uncertain, experimental days. (In fact, his own company is in serious financial difficulty and will go bankrupt in three years' time.)

The lecturer is very happy that day because in the corridors of the conference hall he has received attractive job offers from two large competing companies, eager to buy his Quidge expertise. This provides a safe avenue of retreat should the Quidge prove unsatisfactory in production. The individuals who made the offers do not necessarily believe in the Quidge. However, they are under pressure to hire good men to fill vacancies that their recently occurred in their departments. Their prestige and power would rise if they appeared able to buy in the figurehead of the latest craze, the Quidge, the theory being that if you can hire a name, then your name must be even bigger.

Flushed with success at the convention, the lecturer and his co-workers return to work, eager to see the implementation of their Quidge and also to get the fruits of their success—promotion and a new challenging project. They are surprised to find they get neither. Although upper management, having heard about the Quidge in Philadelphia, may be keen, middle management will block further development. The young fellows who developed the Quidge have got above their station and threaten to upset the status quo. Middle management will report that there are serious production problems that the Quidge men, in their youthful enthusiasm and ignorance, overlooked. Also, middle management will advise upper management that certain performance claims for the Quidge are untrue. Upper management will not check with the young Quidge men themselves. After all, it is not in their interest either that the young bloods should get above their station. The Quidge men will never hear the criticisms and so will be unable to answer them.

Even if middle management had supported the Quidge, it would not have managed the difficult trip from the development division to the production division. Production has been consistently throwing back anything but minor changes to the product because it wants to show that the whole development division is wasting its time, producing only impracticable devices. The production division has started up its own development department (called Applications) which it hopes will replace the development division when they are all fired or absorbed into production. Meanwhile, development is interested in causing production to fail to produce any of the new products, so that development will be given the job of cleaning up production.

The Quidge men find themselves isolated. Were they so foolish as to continue to work for years on a product which could not in fact be produced? What is their future within the company if their Quidge remains a curiosity, so that they are regarded as unpractical backroom boys playing around with their whims?

The only course available to the Quidge boys is to leave. The curious paradox is that observers believe that they left to cash in on their success, whereas in fact their very success meant they had to leave. A company will not tolerate a big success but will close ranks against it.

Nine months after the departure of the Quidge men, middle management can, if it pleases, take hold of the project and push it through production in a proper, orderly manner. The disappearance of the Quidge men and the long delay have in a sense sterilized the Quidge, so that it is no longer harmful to the status quo. However, since no individual will benefit much from the Quidge, it is more likely to be forgotten.

12

The Con Game

If a manager supports an idea which is found to be unsuccessful, he is fired. (If his boss did not fire him, he himself would be fired for shielding uneconomic, incompetent units of labour.) So he must mislead his boss and make him think that the project is going well, until the investment reaches such a level that the exposure of failure would lead to the firing of his boss rather than himself.

When his boss finally finds out, he sets to work to mislead *his* boss. And so on. By this means, hopeless projects, in which no one believes, receive prolonged financing.

The Con Game is one of the reasons for the prevalence of Inverse Firing Order. When a phoney project has grown to large proportions, it is embarrassing to have a bright guy at a low level who can see through it. He may even try to convince the project manager that the project is doomed. The project manager already knows this, but cannot admit it, and will sometimes employ the clever manoeuvre of trying to fasten some of the blame for failure on to the young upstart. This usually stops the trouble. However, if he cannot do this, he has to fire the young man on some trumped-up charge, in order to keep the project alive.

The Hodge-Dodge Project

I was hired in London by an American company, who, in return for my signing a six months' contract, shipped out my family, furniture and me to Los Angeles. The saying was that the English were cheaper than monkeys and a little more intelligent. On arrival I was assigned to the (now-forgotten) Hodge-Dodge project, a machine started six months before and scheduled to be completed and delivered in another three months. The company was excited because it was thought to herald its arrival on the highly prestigious and (according to market projections) profitable computer scene.

Within a month, I decided the project was not only badly conceived and implemented but could not possibly be successfully concluded within another twelve months. A perfect Con Game if I ever saw one! My attempts to argue with others cut no ice; they shrugged me off with irritation and proceeded with all the appearance of knowing what they were about.

This gave me pause, but after four years in the business I had sufficient self-confidence (or arrogance) to persist. But trying to extract information and even documentation about it from the others was so difficult that in desperation I told Peachly, the head of the department, that I guaranteed to find four major flaws in the project within a week. Peachly took up my challenge, and ordered the rest to hand over the documents.

Unfortunately, Peachly was fired two days later. His subordinate, Bracket, took over, and when I showed him the serious design errors I had duly found, he told me to take apart the machine and rebuild it to my design.

That same day, however, I came across a progress report written by Bracket to the company president saying that the project was going well and would be completed in six weeks. I complained bitterly to him about this, not realizing that he was protecting my job, as well as his own.

Bracket was upset and felt I had let him down, and when the chief engineer asked him shortly afterwards how the Hodge-Dodge project was going, he said Catt was giving trouble. The chief engineer said, 'Say, there's a layoff coming next week. Why don't we start with Catt?' And so they did.

That night we had a hysterical telephone call from Bracket's wife, asking us please to come over because he was very upset. Although it was very late, we hastened over to his house to reassure the man who had just fired me. This paid off. Bracket was so full of praise that a company down the road grabbed me the next day at a 27 per cent increase.

That was how my first firing occurred.

13

The Domino Theory of Firing

The project is going badly, and middle management must prove that it is dynamic and aggressive by firing someone as a scapegoat. The obvious target is the man at a low level who is closely involved with the detail of the project. Unfortunately, when he is gone, a great deal of important knowledge about the project has gone with him, so the project gets into greater difficulties. A bigger scapegoat is now required, so his boss is fired.

This domino effect has been seen propagating itself upward through five levels of management, the firings taking place at intervals of one month. Each time someone is fired, observers are very satisfied and feel that the unfair dismissal at the lower level has been expiated.

When the dominoes begin to fall, a far-sighted employee will already have his résumés in the mail.

The Consultants

When the Hodge-Dodge programme was six months overdue, it seemed insufficient to go on blaming superficial difficulties, and a proper scapegoat had to be found. So the designer was chased out of the company that same evening. Unfortunately, he had a very odd way of formulating his ideas, writing them down in secret code words, which he called mnemonics. The only man who had been successful in cracking the code was Catt, but of course, he was no longer available.

Bracket brought in some high-powered consultants to help out on the project. The consultants played their cards well. They wanted to stretch the Hodge-Dodge job as far as possible, for while it was obviously a loser, their list of consulting assignments was uncomfortably short. So they assured everyone that they could put Hodge-Dodge into good shape quite quickly.

They struggled with the hieroglyphics for a couple of months before giving up, then decided they must restart the Hodge-Dodge project from scratch. They told Bracket but not his boss—the chief engineer. Bracket decided to keep his boss in the dark about the new turn of events as well, since the chief engineer was working on a vice-presidential assignment and the Hodge-Dodge project was the launching pad he hoped would project him into business stardom. Hodge-Dodge, the ideal Con Game, had to succeed, or appear to succeed, for a while.

The Hodge-Dodge costs continued to mount. Those consultants were fantastic; they seemed to live on vodka and caviare. However, the crunch finally came from higher up, from the company president, who for quite a while had wondered what was going on in the computer division. While all progress reports were optimistic, many customers were making nasty noises. What the noises meant he couldn't fathom, because computers had always been Greek to him.

The president finally put the screws on the divisional manager, who showed unexpected force of character by promptly firing the chief engineer (who, smelling trouble, had just dumped Bracket, blaming every shortcoming on him). When the president looked into the books of the computer division, he was shocked to find that nearly all the money supposedly going into various activities had in fact been pumped into the Hodge-Dodge fiasco. To add to his troubles, the customer for the Hodge-Dodge system folded.

However, this bitter blow he turned to good use. He first cleaned out the divisional manager and then reported to his major backers and shareholders that the customer had promised a number of follow-up orders for Hodge-Dodge, which had justified the massive investment. It was very unfortunate and unexpected that the customer had gone bankrupt; but business was business, and in hard times like the present the best-laid plans could come unstuck.

The president conned them so well he is still there. He hired replacements for the divisional manager, the chief engineer, Bracket and Catt and declared the new men were like a gust of fresh, clean air blowing away the cobwebs.

14

Layoff Fodder

Management ordains a 10 per cent layoff for every department once a year. This is supposed to get rid of deadwood, keep others on their toes and make them more efficient, and also keep bureaucracies from growing out of hand. How do middle managers react? They know that there will be a layoff in the future, which will disrupt their department. So they hire 'layoff fodder', who are kept in reserve to be laid off when upper management demands some pruning. So in the New Reality, a well-run department will carry some 15 per cent surplus staff, to provide for any eventuality.

The surplus staff is placed in peripheral spots in the organization—technical coordinator, librarian, administrative assistant, advance planning, training officer and equipment supervisor are typical stables for layoff fodder. The important thing is that when upper management demands economies, these people can be offered up without seriously disrupting the organization.

The employee should ensure that he is an integral part of the organization and not potential layoff fodder.

The Speedy Speech Trainer

Fred had worked for a technological corporation for three years, longer than any other employee, and had come to understand the psychology of its management, which in turn reflected that of its shareholders, some of whom he had met. The shareholders seemed a poor lot, unintelligent men who pumped all their spare cash into some unlikely enterprise or other—desert land speculation, high-flying stock, various other unlikely gambles.

Long ago the corporation had developed some machines which forced you to read more rapidly by shining a light on the next line. These had sold very well to government agencies, which calculated that if their clerks devoted one hour a day to the reading box, they could be expected to read twice as fast during the rest of the day and thus turn out much more work. The agency would be able to fire some of its clerks, more than recouping the cost of the reading boxes. However, business in these boxes tailed off when the clerks went on strike.

The company president followed up his success with the speedy readers by raising a lot more money, enlarging his offices and getting Fred, his chief engineer, to hire men to develop more sophisticated machines. One idea was a machine to train people to talk faster and so to trim burgeoning telephone bills.

Fred was worried about hiring new men. He knew his

limitations and feared that a take-over from below might destroy him. So he was careful to hire defective men—over forties, foreigners, women and so on—who could be fired at any time, using already available pretexts. Further, he persistently reorganized the department, putting a subordinate in charge of his former boss, so that everyone was kept in a state of uncertainty.

Superficially, the resulting organization looked ineffective with nobody achieving much beyond registering discord; however, it served Fred's purpose admirably.

Every autumn the company president, nervous about the lack of progress with the Speedy Speech Trainer, especially since the backers saw reading box sales continue to fall, would ask Fred to lay off some of his staff as a gesture to prove management also felt concerned.

Had Fred organized the company conventionally, so that each man was an integral part of a functioning whole, he would have been unable to sack some of his men without provoking a dangerous reaction from the rest. As it was, however, he could do so with impunity since by reorganizations and other devices he had generated so much rivalry and discord within the organization that each layoff as greeted with relief, and even acclaim, by all but the individuals directly concerned. He had set up an organization composed entirely of layoff fodder, and this would keep him secure for at least two years.

15

Leapfrog

C thinks that his boss B is going to be fired or laid off. To avoid being washed away with him and to try to get the resulting vacant position when B goes, he must try to withdraw as much as possible from B and leapfrog to B's boss, A. This means that if B is not in fact fired very soon, he in turn fires C for trying to squeeze him out. The ostensible reason, as always, will be an attack on C's personality. A must support B in firing C; otherwise, B in self-defence must leapfrog A and try to get on the good side of his *boss.*

To block leapfrog attempts against himself, a dynamic manager interposes himself between his subordinates and the rest of the company. In the extreme case, his subordinates are not allowed to communicate directly with anyone in other departments. Their manager acts like the herald in a medieval tournament. This means that his subordinates, cut off from the rest of the company, are rendered virtually useless, and the whole department stagnates.

In the less extreme case, his subordinates, though free to act, are instructed to inform him on every detail of their activities—sending him a copy of every memo or report received and sent out and so on. They react by trying to confuse him, rather than clarify his understanding of their work. The result is that our dynamic manager disappears beneath a mountain of paper, which he cannot hope to read and understand. His subordinates achieve freedom by overinforming him with more and more, ever longer reports and memos, rich in ambiguity and complex turn of phrase. The few reports which he really wants to see are given misleading titles and disappear into lost byways of the filing system.

16

Advance Planning

Sentence first—verdict afterwards.
—Lewis Carroll, *Alice in Wonderland*

Future plans should be grossly optimistic.

A man is judged not only on past achievements but on predicted future achievements. Past achievements successfully completed are usually muddied by hiatuses of layoffs, firings, changes of plan and intergroup conflicts. So in general all there is to go on in judging a man is his own prediction of future performance. If he is too optimistic, he is unlikely to suffer the consequences because those to whom he made the predictions will have left, and the new middle management will be unable to reconstruct past history. Alternatively, the man himself will have changed jobs to further his personal growth.

The main task for a dynamic employee, therefore, is to

devise plausible but highly optimistic predictions of future performance. He would, of course, be wise to make his most impressive predictions about the later stages of the project's development (such as design implementation, checkout of design and getting the product into production); however, he is influenced in the opposite direction, because the early stages (establishing the bounds of the problem and devising the overall plan) are under his individual control and a short time taken here to achieve success will redound more to his genius than will success in later stages.

We have, therefore, a basic contradiction. On the one hand, the man must make particularly gross claims of individual prowess in handling early stages of the project. On the other, it is safer to make gross claims about the later stages, when it will take longer for the chickens to come home to roost, and in an environment as dynamic as we are discussing, the whole kaleidoscope will probably have changed, and chickens, roost and all will have disappeared before the day of reckoning.

The way to solve this dilemma is to separate the actual date of completion of a stage of a project from the apparent date. The designer will claim that an early stage is complete but actually do the work when the schedule indicates that he is working on later stages. In this way he will meet, or appear to meet, his grossly over-optimistic claims in the crucial early stages and lose time in later stages, when it is easier to blame other factors outside the designer's control.

Middle management is in a situation similar to the individual designer. He is judged on the predicted future performance of his group, so he must make the amalgam of predictions for individual projects look as optimistic as possible. So it is in his interest to connive with his subordinates in painting a rosy picture.

As we work through the nervous, insecure hierarchy, we continue to find that everyone wants it to appear that work has advanced farther than it really has and that future prospects are much better than they really are. Finally, we reach the company president, and again the same thing is true. He will tell his shareholders and his bankers that things are more advanced than they really are and also that in the future they will progress faster than they actually will.

In the end, a product that is ill designed and badly manufactured is delivered to the hopeful customer. The customer works in another dynamic outfit where men who make mistakes—for example, by selecting the wrong product to buy—are quickly laid off when found wanting. The customer was scheduled to evaluate the article months before. Pressure of work probably led him to skip the process even at that late date. Also, he knows that should his project be seen to have met unexpected difficulties owing to substandard work by a subcontractor, his management will be forced to take action—and fast—to retrieve the position. They can either close down the project, or lay off some of the staff working on it, or add more staff to help the project over the hump. Even this last possibility is unattractive, since it will be preceded by an uncomfortably close scrutiny of the project which may show that it has not advanced as far as had been claimed. Also, the new men added to the project will not be safely restrained by the delicate checks and balances of semi-blackmails and other devices, so there is some danger that they may find out the true state of things. For these reasons, the normal procedure is to accept the faulty article quietly.

At lower levels the function of choosing which product to buy is separated from the inspection function of deciding whether to accept the faulty article when it is delivered. However, higher up in the hierarchy is someone with authority to overrule incoming inspection. If he doesn't want to leave town just yet, he will probably take the safest course and instruct inspection to accept the faulty product.

Occasionally the high-level manager has the courage to reject the faulty article. Back at the first company the inquest cannot begin in earnest for six months, because a confused semantic dialogue goes on between the two companies and among groups and individuals within each company. It is not uncommon to visit another dynamic company to discuss a problem and discover by chance that someone else posing as your company's representative is negotiating the same problem with a rival representative of the other company. Hire-and-fire causes a diminution in the flow of useful information within a company, so that it is difficult to find out who is dealing with what and what progress they have made. Anything unusual, like the rejection of a faulty article, generates all sorts of confusions and delays.

During this time, when a great deal of fog is generated by all parties interested in confusing the issue, some individuals who feel threatened go job hunting and set themselves up elsewhere. When enough have left, those remaining conclude that the men who broke cover were to blame. Middle management, company president, bankers, shareholders and all are gratified that some charlatans who were inflicting serious damage on the company are now gone, and the future can be expected to be much more rosy.

The Come-On

Shareholders and bankers like to have their money invested in a secure, steady company, but one which also has its eye on the future and has the possibility of high growth and profit. For this reason, to create the best image, a company needs to put some of its effort into a come-on—that is, a dreamy sort of a project, full of technical complexity and obscurantism, staffed by a bunch of enthusiastic young graduates hot from university with their heads still in the clouds, and often presided over by the resident genius. (A group usually has its resident genius, whom they create so that they can bathe in his reflected glory. He is thought of as being very difficult to understand, brilliant though undisciplined in intellect, devoted to science rather than to technology, indifferent to the mundane question of his own status and future in the company, but hankering for a reputation in academic circles. In the New Reality, by the way, he is fired far less frequently than anyone else. I myself have not usually been given the mantle, but once it did fall on me. It was a weird experience to see the glow in people's eyes as they listened to me, and to overhear the word 'genius' from a distance. However, it is much more bearable to be resident genius oneself than to see another quack with the title.)

The resident genius, when describing his come-on at conferences and presentations to customers, uses a peculiar language and turn of phrase unfamiliar to the audience. A heavy foreign accent or a speech defect is often added to confuse the listener further. He gets away with it because he has been so long in the business that everyone assumes he is using the correct, scientific approach and verbiage, rather than the sloppy colloquialisms with which they are familiar.

The most fruitful breeding ground for come-ons is the computer. Computer aided design, computer aided management, computer aided anything will go down very well with shareholders and customers. Lasers are good, too. In fact, anything new, expensive, complicated and cumbersome can be the nucleus of a come-on.

17

The Semi-Blackmail

The only real route to security is the semi-blackmail. If a man knows that you can damage him if he tries to get you fired, you are safe.

If you smell a Con Game, that one of your boss's projects is an obvious waste of money, take an interest in that project, enough to show him that you see that it is fraudulent.

Other obvious grounds for semi-blackmails are the normal sources of scandal—corruption, sex and so on. A complex web of illicit liaisons can stabilize the situation wonderfully.

One middle manager's wife spread word about that her husband's boss was after her and also after him. This was too gauche a semi-blackmail attempt, because whether true or not, it was extreme and so lacked credibility.

To organize a semi-blackmail based on sex is very difficult. Unlike corruption, you can easily appear to be involved yourself, and the whole thing backfires unless by some lucky chance you are a known eunuch.

A good way to develop a semi-blackmail centring on corruption is to study the company pension fund. Far from benefiting employees, these schemes often are a device for robbing them. There may be no practical means for ever extracting money from a fund once it has been contributed, and while some of the people involved in setting up a pension scheme are altruistic, others are hard-headed, dynamic businessmen whose techniques often carry the day.

In one company I worked for, the money in the pension fund was so inaccessible it had grown to stupendous proportions. Any employee who could survive within the company for ten years, let alone retire from it, would net a cool hundred thousand dollars. As a result, those who worked there did so on a very low salary but never seemed to last the ten-year course.

In another company where I worked, the life insurance premium in the company scheme was three times higher than normal market rates.

If you decide that your company's pension fund is crooked and point this out publicly, you have a semi-blackmail which should keep you employed for a minimum of six months.

18

Application: The Catt Concept in Action

The meeting at the Offshore Marine Plumbing Division (O.M.P.) of P.I.C., Inc., was convened to discuss whether to introduce computer aided design (C.A.D.) into the division. At present, all design in the division was handled manually. However, the head of O.M.P., Stan Vere, knew that modern dynamic managers must use advanced techniques like C.A.D. to help along the work of their design teams and so increase their cost effectiveness.

When Dr Gelski of the Solar Heating and Cooling Division (S.H.C.) of P.I.C., Inc., had approached Vere and suggested that his men could use Gelski's experience in this field, Vere knew that he could not dismiss the idea out of hand. Gelski's group had spent ten man-years of ADVANCE PLANNING researching into C.A.D., so that it was now a well-developed COME-ON. Gelski's boss, Art Claggart, head of S.H.C. Division, knew that from his own point of view C.A.D. had 'gone critical', but that his own division seemed to have little use for Gelski's expertise gained at enormous expense. He knew, too, that if he failed to get other divisions committed to C.A.D., not only Gelski but also he himself, Claggart, would be fired.

In fact, Gelski had Claggart cornered.

Gelski had mentioned that Cook, the president of P.I.C., should perhaps be asked to instruct all divisions to try to modernize and use the C.A.D. techniques developed by Gelski's group. This was a threatened LEAP-FROG attempt against Claggart. Both Gelski and Claggart knew that if the president became interested in C.A.D. and found out how much had been spent in research with no results to show for it, he might fire Claggart, as well as Gelski. So Gelski was consolidating his position by applying a SEMI-BLACKMAIL.

It is possible that C.A.D. was intrinsically a very useful tool for the groups in the same division, S.H.C., where Gelski had worked so long and so hard on the subject. However, his colleagues, staunch adherents of THE SUPREMACY OF THE PROSAIC, could not afford to make too much use of what might be a major advance, which must obviously be nipped in the bud, since a BIG SUCCESS for Gelski would seriously upset the balance of power. Claggart had tried to get them to use it but failed.

Another reason why other group leaders avoided making use of C.A.D. was that they saw it could turn into a big enough CON GAME to ditch Claggart. If they stayed clear of it, this would leave the way open for the advancement of at least one among themselves. Claggart had been there far too long.

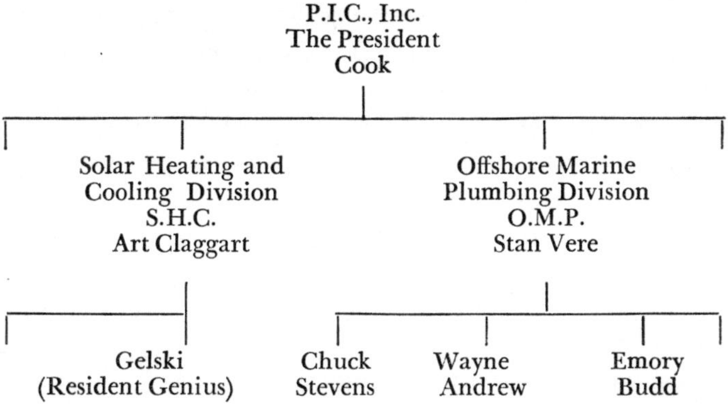

Stan Vere suspected that he might run into trouble over C.A.D., but he could not clearly see in what way. He just sensed a trap.

He was right. Wayne Andrew had already told Cook, the company president, that Stan tended to pick up fancy schemes without enough careful consideration. Wayne had been proved right once before. His LEAPFROG operation against Vere was going well. If he could get Stan to fall for the C.A.D. CON GAME, he had a good chance of replacing him. On the other hand, Chuck Stevens pushed the line that Stan was deadwood and wouldn't do anything dynamic and modern.

The meeting started with a lengthy, unintelligible report on C.A.D. by Gelski, with many charts and equations. He dropped the president's name frequently and gave figures showing that lots of money had been spent on C.A.D., and lots more was authorized. The main thrust of his argument was that since the company had invested a great deal of money in C.A.D. and seemed hell-bent on investing more, why, C.A.D. was the only way to go. This convinced everyone except Emory Budd, a new man straight from college, who seemed unable to understand that C.A.D. was a COME-ON for the shareholders. He kept harping on the technicalities of the problem until he realized that no one was interested in his arguments and stopped interrupting.

Vere said it all sounded fine and asked his men Stevens and Andrew to comment. They both thought it was fine. Vere then pointed out that there were some details which they must resolve before going further and suggested that one of his men 'liaise' with one of Gelski's men to clear them up—should the dimensioning of designs be metric, what size paper should they use and so on. He said, 'It may sound kinda small-minded, but we better get this thing off the ground in the right way. Meanwhile, why don't we defer the final decision until the details of procedure are tied up, so we can evaluate the situation better? Suppose we meet in the same place, same time, four weeks from now, and then decide how to play this thing?' Everyone agreed. Dr Gelski was the only one who didn't like it, but since he had no support, he had to accept this further procrastination.

A couple of weeks later, Vere sent Budd along to see Gelski. When Gelski saw him, he got mad and asked why Chuck Stevens hadn't come, since he had done the liaison on this matter in the past. Emory Budd had to advise him that Stevens was too involved in some other urgent work for the president of the company, which is why Vere had put Emory in charge of this matter for the future. (This was a good move and showed Vere's skill in company affairs.)

Gelski was getting tired of having to educate Vere's

new men on the subject of C.A.D. Vere had played this delaying tactic for a long time. Before Stevens there had been Monel, and before him Hopper, both of whom had since departed. Gelski suspected that one reason why Vere had edged them out was to delay work on C.A.D. He wondered how long Chuck Stevens would last. Perhaps he would be OK, since the hot potato had been passed to Budd. He wouldn't mind seeing the last of Budd either, for that matter. He should be able to work that one easily.

Gelski gave Budd a couple of long reports on C.A.D. and told him to go away and study them first, then come back and discuss them. Budd read the reports and became convinced that the C.A.D. project as Gelski had developed it was impractical. He told Vere, who said he should not worry about that, since his job was to 'liaise' on details, not to judge the whole project.

Vere was in a jam. This latest appraisal from Budd following similar ones from Monel and Hopper, convinced him that C.A.D. as Gelski proposed it was nonsense. However, he had to bear in mind Gelski's recent comment that Budd seemed to have difficulty understanding the complex aspects of C.A.D. (This was an obvious SEMI-BLACKMAIL defensive move by Gelski.) Vere thought Budd was bright enough—perhaps too bright*—and knew he must play this one care-

* He had just hired him after an exhaustive ninety-minute interview. This was longer than he usually managed to spend, with people moving in and out so fast. Interviewing the men who actually came to work was not a problem; the main problem was to interview the ten or twenty times as many men who had no intention of joining but only wanted a job offer to bid up their own position elsewhere, perhaps in their present job. At ninety minutes each, interviewing applicants was very time-consuming.

fully. He might even be forced to fire him later on in self-defence (INVERSE FIRING ORDER). With things getting tight, he could see trouble ahead for the company. He could use him as LAYOFF FODDER next fall and kill two birds with one stone.

He had always pulled off the trick before, getting Gelski bogged down attacking one of his men rather than himself and looking a little foolish in the process; however, he had lost a couple of men this way and had nearly lost a third, Stevens. Fortunately, he had been able to switch him on to the VIP work in time, because it was beginning to look as though he could not hold his men. However, Budd was pretty green. If he kept telling Budd he was the greatest, he would probably accept flak from Gelski for a number of months and even give some back in return. That would delay the dangerous C.A.D. decision even longer and would certainly weaken Claggart. Meanwhile, he could keep Stevens docile by threatening to put him back on to C.A.D.

In this way C.A.D. languished on for another year. It was useful in a way, as a COME-ON, because Gelski gave lectures to customers and conventions on the subject. But after five years or so, even this backfired, because the few customers with long memories began to point out that the situation described seemed much like last year and the year before.

This took some doing. Following the law of SECRETIVENESS, Gelski was always careful to keep the subject pretty foggy.

Gelski told them that if they understood the subject better, they would appreciate that a great deal of progress had been made, and the reason the schedule had extended was that as he came to appreciate more fully the value of C.A.D., he had increased the range of things they were doing with it. This had inevitably meant slippage in the programme, which would be fully justified by the much greater rewards they could expect when the payoff came. (This was not intentionally an INCOMPLETION GAMBIT, but it was very useful all the same.)

Gelski was getting worried. He had lived off this C.A.D. thing for so long he was beginning to be called the father of C.A.D. His main funding tended to dry up, and he had to work harder and harder to wring more out of P.I.C. Each time he threatened to resign unless they continued the support, he felt P.I.C. was more and more likely to let him go.

C.A.D. was making difficulties for P.I.C., too. Gelski had by now squeezed so much money out of the company with nothing really convincing to show, it was becoming harder to mollify the bigger P.I.C. shareholders. Gelski had even resorted to firing his most junior men as scapegoats, but had to stop for fear of a DOMINO THEORY runaway.

The crash finally came in the next Night of the Long Knives, in which Cook was dumped by the bankers who backed P.I.C. The new president's first assertion of power was to kill a sacred cow, and C.A.D., presided over by the resident genius, was just right. Gelski, denied any more money for C.A.D., was told to work on technical documentation. He holed up in a university, where he still lectures on C.A.D. Somehow Claggart managed to hold on. Vere, who still had his eye on Budd, was greatly relieved.

PART THREE

Everyday Life Under Hire-and-Fire

'I shall sit here,' the Footman remarked, 'till tomorrow——'

At this moment the door of the house opened, and a large plate came skimming out, straight at the Footman's head: it just grazed his nose, and broke to pieces against one of the trees behind him.

'—or next day, maybe,' the Footman continued in the same tone, exactly as if nothing had happened.

—Lewis Carroll, *Alice in Wonderland*

19

Customer-Oriented Research and Development

In the New Reality in management today there is no common interest between employer and employee. Employees at all levels change jobs frequently.

The farther an employee is removed from the production process, the more vulnerable he is when economic or psychological winds blow cold. Those working in research and development, where the bad effects of pruning will not show up for a long time, are particularly vulnerable. They see themselves as an exposed outpost of the company, and this weakens their feeling of reliance upon the company and their loyalty to it.

This fact undermines the idea that a company can steal a lead over its competitors by developing a new technology, a new technique or even customer good-will, since even this last is associated with individuals. With employees in research and development commuting between companies, developments are not secret. Also, even if a new development is patented, it is difficult for the patent to be an effective weapon for two reasons.

First, the man who conceived the idea has moved on to a rival company. Being a farsighted, inventive man, he originally conceived not only the patentable idea but also the way to circumvent it. Had he been unable to think up the latter, he would not have revealed the former, since this then would have restricted his future personal growth potential (i.e. employability). Also, by the time the legal conflict comes to the boil, the man who is supposed to generate the arguments justifying the claim of patent infringement is a new arrival from another company. He is still smarting from a sense of failure at not thinking up the idea himself. His personal growth is benefited most by minimizing the value of the patent.

The second reason why a patent will rarely stand up is that the company's legal department, like everyone else, has been smitten by the scourge of hire-and-fire and is in a confused condition. Most of the lawyers have moved in from other companies very recently and do not understand the technical details underlying the work and patents they are now handling. This is why they tend to play snap with lawyers from other companies, trading patents they do not understand. This leads them to exhort engineers to generate greater quantities of patents rather than quality, since in such a game quantity is what counts.

The cohesion and sense of common interest will be stronger between lawyers of supposedly rival companies than between a legal department and the management of its own company. Lawyers are exposed in the same way as research and development employees, owing to their being far removed from the production line. A dynamic or a frightened manager can dramatically improve the short-term profit picture by firing them all and so postpone his own eclipse.* As a result, the negotiations between lawyers of rival companies will be essentially feigned, with a draw the most comfortable result.

In this analysis we see how management, by behaving irresponsibly towards its employees, destroys itself as a functioning entity and loses its power. Other groups—packs of engineers, packs of lawyers, computer worshippers and so on—move like shoals of fish through a sea of coral (the companies). The company may try to reassert its power over its various departments with layoffs or other shows of force, but this merely exacerbates the vicious spiral by further alienating employees.†

The superficial result of all this is that people tell each other that research and development in the new industries is very expensive or that it is difficult and expensive to fight a patent case in the courts.

Management has begun to notice that investment in research and development does not seem to pay off. In fact, one mark of a modern, dynamic manager is that he believes that research and development is a waste of time, and in this he is shown to be correct by the preceding analysis. However, no manager can stomach going to the limit of this logic by closing down the research

* This point is made by T. S. McLeod in *Management of Research, Development and Design in Industry* (London, Gower Press Ltd., 1969).

† This thesis is somewhat allied to J. K. Galbraith's assertion in *The New Industrial State* (Penguin, 1969) that management relinquishes control of the company to the technocracy.

and development department completely, and for good reason. The customer would become worried if the company seemed to take no heed of the future. He must be reassured by the continued presence of an R and D department; otherwise, he might hurry off to a competitor which appeared to be handling its affairs in a more rational way. The customer himself will have needs in the future.

So we see that the function of research and development is to give the customer confidence that he is dealing with a solid rather than a fly-by-night outfit.

In the New Reality, therefore, the research and development effort is really a public relations function. Perhaps I should say pseudo R and D rather than R and D, because it is only necessary to promise future developments. One cannot help noticing that we are continually hovering on the brink of great technological advances, which figure prominently in the sales literature. This illustrates the general point that in the New Reality the main object of the exercise is image building rather than getting on with a real task.

20

Quality Control in the New Reality

As with so much else in a dynamic company, the main effort devoted to a product's quality and reliability goes into window dressing. In many companies, a Quality Control programme is inaugurated with impressive ceremonial. An astronaut comes along and gives a speech to the staff, and the event is well reported in the newspapers.

To head a Quality Control programme a retired general or Air Force chief is hired. This serves a threefold purpose:

1. He won't have a clue about how to improve quality, so he will draw his salary quietly and keep out of the way, minimizing the effect on the smooth flow of quantity through production. After all, quantity is where the money is.

2. The military like to be associated with quality, be-

cause this helps counter the bad press they get when their own equipment malfunctions.

3. The retired general in charge of quality will be well placed to pull in fat government contracts when he tours NASA and the Pentagon, lecturing his old friends on quality and reliability.

In the New Reality, where staffs at all levels are hired and fired frequently so that no one has the time or incentive to establish a clear picture of what his job is, the quality of the product obviously suffers. However, this will not seriously undermine sales if the company brays loudly enough about its quality programme and convinces the customer that it has quality as its first priority.

The ultimate absurdity was reached by a divisional manager who, every autumn, laid off about 20 per cent of his staff at all levels, including PhD's, only to hire fresh replacements every spring. This manager, realizing that something had to be done since quality had deteriorated so badly that the division was shipping very little usable product, instituted a quality programme and christened it AWARE (Always We Aim at Responsible Effort). But AWARE soon developed into a programme to increase the quantity produced, and the quality deteriorated further. Every girl on a production line which exceeded its monthly norm was issued with a small brooch to attach to her smock. On the other hand, the head of a delinquent department, which failed to deliver the scheduled quantity, was subjected to a humiliating 'Gold Brick' ceremony. The head of the division would hand over a painted gold brick while the cameras clicked for the house magazine.

21

Myth and Ritual

In any company you will hear stories about individuals and groups who, by incompetence or even malice, inflicted great damage upon the company before moving on, shortly before or after their malpractices were exposed.

Such stories tend to be recounted without conviction, leading us to wonder whether the narrator really believes what he is saying. Is the story really one of crime and punishment, as it superficially appears, or does it cloak a deeper meaning? The narrator certainly evinces satisfaction as he tells his story. Partly this is because he is glad to have seen justice triumph; however, on further questioning, he is likely to tell you that the malefactor went on to become very successful in his new job, even though it was similar to the position in which he failed so badly. He will make little attempt to explain this paradox and will refuse to dwell on it for long.

To try to explain this phenomenon, or rather to avoid an uncomfortable issue by confusing it, the idea has developed that an individual may work well in one group but not in another similar group. The phrase 'personality problem' is used in this context. 'More people change jobs in the United States for reasons of personality than for all other reasons put together' really means, 'Most people change jobs for reasons that we cannot and will not face up to and characterize.'

As the large organizations discussed here undercut and replace small businesses and other alternative sources of employment, they have more than ever before a duty to tolerate all types and conditions of men. Even if it were true that people were leaving their jobs frequently for reasons of personality, this would still support our contention that the New Reality in industry does not accommodate itself to the individual.

We always want to blame unfortunate situations on individual frailty. 'The moralists who so bitterly complain of certain forms of behaviour are, in fact, not infrequently those who have played a large part in bringing out the social circumstances which lead to the acts of which they complain.'*

'Personality clash' is an attempt to sidestep a problem which is at the heart of the structure of industry. It is as difficult to blame the system as a whole in industry as it would be to blame the car or the roads, not the driver, for road accidents. To avoid blaming the general scheme of things for a wrong, we deflect it to an individual, or call it a necessary part of a grand design beyond our comprehension.

* Brown, *op. cit.*

This notion of a grand design beyond our comprehension is deeply embedded not only in religion but also in the mythology of industry. 'They must be intending to do such and such', 'I don't understand what they are planning', 'They have very subtle ways of achieving their ends' and many other similar phrases are very close to the language of religion.

The analogy between religion and the New Reality in industry can be developed further. In both cases we are presented with a situation which we do not understand and which we therefore fear. Our reaction is the same. We feel that individuals are to blame for the difficulties, either by original sin or by something like personality clash or by personal weakness. The scapegoat who is blamed for the company's troubles is in a sense the sacrifice that is offered up on the altar of progress. He is no more guilty than was the fatted calf slaughtered and burned on the altar. He gives the company the opportunity to go through a ceremonial self-purification and rebirth. He himself senses the importance and grandeur of his role.

The ritual value of many frequent minor blood-lettings, ritual sacrifices and purifications would be small and likely to undermine confidence in the whole system. For maximum effectiveness and satisfaction, it is important that the catharsis, the Night of the Long Knives, should be infrequent—say once every two years—and overwhelming.

Computer Worship

The worship of aircraft and other manifestations of sophisticated technology, which has been observed among primitive tribes, has its parallel in industry today. I have found computer worship, in greater or lesser intensity, in a number of the companies in which I worked. Anyone who questions its ultimate value will receive a response analogous to a Christian's reaction on being asked if his religion was commercially viable.

In one company, the high priest of computer worship was appropriately head of research and development. He would lecture long and ardently on the similarity between the computer and the human brain,* to the dismay of heretics like me who thought the function of business should be to make a profit.

* 'God made man in his own image.'—Genesis, 1:27.

22

The White-Collar Union

Any book which discusses hire-and-fire inevitably must mention trade unions. I suppose everyone will agree that the present growth of unions for professional workers is primarily proof that we have a serious problem, rather than a solution. The idea of unionization at all levels at the present time is probably not very attractive to most people, because of the rigidity, jurisdiction disputes and so on that multiple-level unionization seems to imply. Possibly this could bring the whole trade union movement into disrepute. Certainly if management remains irresponsible, one of the results will be unionization at all levels in the hierarchy. This is one of the costly fruits of frequent hire-and-fire.

The migration now begins and within a few months most of the pack will have moved to the new company, carrying its deadwood with it.

23

The Reluctant Trade Unionists

The jungle of industry is obviously no place for an enterprising employee to venture on his own, no matter how intrepid and exceptional he may be. He soon concludes that everyone is his enemy and that he would be wise to join forces with others. Thus such individuals tend to hunt in packs. The wiser ones combine to form groups which are in fact trade unions, although such rugged individualists, wedded to the idea of greater reward for greater ability and performance, would hate to admit this.

When a particular pack is not making satisfactory progress, one of its members, usually one of the most senior, goes to work elsewhere. One of his selling points when he offers himself to his prospective employers is that he will be able to bring more talent along with him.

The migration now begins, and within a few months most of the pack will have moved to the new company, carrying its deadwood with it. The reason that such packs carry deadwood is that it is difficult for members of a pack to conspire together to dump some of their number. This would shake the solidarity of the pack. The pack, like a pack of wolves, feels strength in numbers, regardless of whether some of its members are incompetent. In any case, the object of the exercise is not efficiency, but security. A big pack can embed itself within a company more thoroughly than a small, though talented pack.

The ideal, most stable pack would probably have about ten members—three leaders and seven hangers-on. The leaders—highly capable individuals—are satisfied at having a place in the sun, without much competition within the pack. They are like officers in a military patrol. The remaining seven low-calibre hangers-on are the troops. They also are happy to be members of an élite, only ten strong. They each had a rough time getting and holding jobs before gaining membership of the pack, and they will repay the pack with loyalty in return for the security and feeling of identity within the group that the pack gives them.

When a pack moves to a new company, there may not be room to absorb all its members. It therefore becomes necessary for the leaders of the pack to create new jobs or drive out employees in the new company so as to make room for their henchmen.

This should not be too difficult. Target individuals will be assailed by adverse comment and obstruction, apparently from all sides, and will soon decide to change their luck by looking for work elsewhere. However, should the new pack attack a member of another, entrenched pack, the fur will really begin to fly.

In these intertribal conflicts a number of rationalizations for the debate will be thrown up. For example, one side might say it favours the use of plastic boxes while the other side argues for cardboard. Superficially, the disagreement will appear to be a healthy one about which type of box will maximize company profits and growth, so that observers are unlikely to see that in reality the battle is a territorial one between rival packs of employees.

This is an example of the way in which, in the New Reality in industry, legitimate subjects for discussion and disagreement are used to cloak the more sordid reality, which is a battle for survival between rival individuals or groups. One grotesque result exposes the other side of the Supremacy of the Prosaic. Sometimes a weak pack happens to propose a sound solution to some problem. The strong pack then proposes an inferior alternative and drives out the weak pack on this issue. In the skirmish and also afterwards, the winning pack must pretend that its inferior technique is working well, and it struggles on for a year or two with this unfortunate encumbrance. By that time the debate and the weaker pack will have been forgotten, and it can switch to the better technical approach.

A worker in a company who finds that many things are being done in what is obviously the wrong way, but that these methods are the result of recent conflicts which led the present dynasty to power, has to accept the fact that a waiting period is necessary before the methods are reformed.

24

The New Company

'They told me you had been to her,
  And mentioned me to him:
She gave me a good character,
  But said I could not swim.

He sent them word I had not gone
  (We know it to be true):
If she should push the matter on,
  What would become of you?

I gave her one, they gave him two,
  You gave us three or more;
They all returned from him to you,
  Though they were mine before.

Don't let him know she liked them best,
  For this must ever be
A secret, kept from all the rest,
  Between yourself and me.'

—Lewis Carroll, *Alice in Wonderland*

Each pack has a great, somewhat mystical, source of strength and unity. This is the new company that the members believe they will form in the future. They whisper about it to each other in their confidential moments. The troops wonder among themselves about what their leaders have in mind, what are their latest thoughts on the subject.

Meanwhile, the pack leaders play a double game which they themselves do not fully understand. On the one hand, they try to get their ideas and inventions adopted by their current company, but on the other hand, they hold back somewhat on their best ideas, saving them up for the company of their own in the future. This is why a man is so often elusive and inconsistent when he discusses his own ideas. He is not sure whether to push them forward or hold them back. Thus we see that often a company harbours a research and development effort which is directed not towards its own products but towards the young companies which will spin off it in the future.

Finally, the time appears ripe. The leaders are ready. First of all, the difficult matter of money raising must be undertaken. Various sources of stray, speculative money are tapped, on Wall Street and locally. A good source may be a firm of stockbrokers which is being pestered by its investors for a high-growth risky investment to give zing to the edge of a portfolio. A man who owns debentures in a utility can still hold his head high if 10 per cent of his money is (or was) invested in computers, antipollution gadgets or some other very modern notion.

The Wall Street financier does not comprehend the matter our geniuses are talking about, but he also realizes that no other financiers will either. His young, thrusting canvassers are obviously brilliant technocrats, and as far as he can understand them, their technical expertise and market projections are convincing. If they appear a trifle green at the finance end of the business, this merely gives him the chance to show his value as more than a mere moneybags. He can join the board of directors and give positive help and advice.

So the contract is signed, and our young whiz kids start up on their own. In such a complex business, conventional accounting methods are not very relevant. It soon appears that when it comes to deciding how the company is progressing, the financial backers must take the leaders' word for it. The accountants and auditors are lost as well.

Our young adventurer pack is admirably placed to manipulate its new company. Favourable years or even quarters can appear to alternate with less favourable in any desired sequence. In general, as indicated in Advance Planning, all progress reports and predictions will be grossly overoptimistic. However, when the company finally goes public to raise more money to 'finance the further growth needed to take advantage of its remarkably large market potential', this pattern changes. The founders of the company, by varying the tone of their shareholders' reports, can help generate violent variations in the company's share value, bolstered by the fact that glamour shares are traditionally unstable.

The founders of the new company soon realize that whether the company ever finally shows a profit and becomes self-financing is unimportant. They can make plenty of money by trading in and out of the shares which they themselves are well placed to manipulate. This is one reason why a new company makes one, and only one, great leap forward. It was formed to exploit a new product or idea (developed at someone else's expense) which could not be developed in an existing company. It exploits that single idea. It does not develop more products or ideas, because its energetic founders have disappeared into the twilight world of shares and other money manipulations.

Another reason why the new company rapidly lapses into a state similar to the parent company from which it sprang is that when it expands, it draws in staff from the old company in particular and from the industry in general. This new staff is well grounded in the New Reality nonsenses and behaves just as it did before changing jobs. So the New Reality virus is soon transmitted to the new company, which lapses into the state of effete decadence which is normal in the industry.

Before a further step forward in the product can be taken, a further new company must be spawned. So advance is very slow, since it takes a number of years and a number of errors and stillbirths before a new company is successfully formed.

It may have occurred to the reader that if the real aim, or at least destination, was share manipulation, then perhaps it was not really necessary to have a new idea or product to exploit, only something which will pass as such on Wall Street. This is true, and a number of new companies have been started with no other purpose than to exploit phoney expectations and provide the originators of these curious enterprises with opportunities for manipulation.

25

The Take-over

Top management in Company A decides to buy Company B in order to avail itself of its technical or production know-how or its goodwill. For the first year or so the merger is in name only, and the two companies operate more or less independently. Employees in Company B tend to hang together, fearful of the loss of freedom which might result from their being too open with the new parent company. However, in order to give them a feeling of security, the employees in Company B have been graded higher than they should have been compared with those of the parent company. It looks as though control has passed to Company B. Its staff begin to feel more secure.

Finally, after about a year, they are cooperating fully, handing over the know-how or goodwill that they had previously guarded so coyly. The cow has been fattened up and is now giving milk.

The lower-level staff in the parent company is concerned about the apparent growth to pre-eminence of the new acquisition. In order to deal with the common danger, it drops its internal rivalries and faces up to the threat from outside. When the staff of the new acquisition starts to cooperate, it avidly milks them of their knowledge and techniques.

After another six months, the parent company has learned all it needs from Company B. It lays off the staff of Company B, implying that its product etc. was not as useful as it had hoped.

The staff in the parent company is relieved to see the danger pass and now reverts to the internal rivalries which had been suspended for the duration. In eighteen months the cow has been bought, fattened up, milked, slaughtered and forgotten.

26

Death of a Company

A company is a living organism. Its chains of command are nerve fibres through which life-giving stimuli (instructions and reports) flow. A healthy company has healthy, vibrant parts and strong currents of information pulsing through it from one part to another. The organism differs from its human counterpart because it can grow—add more divisions—or contract. Also, it can link up with other organisms by way of merger or take-over. So a company resembles the growth of a tree or some other agglomeration of life, rather than life in its discrete human form.

Part of a company can die. After death, the dead limb sucks strength from the rest of the organism in the same way as a dead branch saps the strength of a tree. However, a tree does not lop off its own dead branches but leaves them to fall off of their own accord.

A layoff is a gross piece of self-abuse by such an organism. For a tree to look around at itself and lop off apparently unattractive or less attractive branches is a form of fratricide which would administer a traumatic shock to the whole tree. The organism will probably survive the experience, but its vitality will be impaired.

Regular administration of such self-abuse will put an intolerable strain on the heart of the organization, and it will finally die.

As with a tree, death will not be immediately apparent. Buds and leaves will still grow here and there. All will look much the same. There are cases when the whole body heels over on to its side, and it is clear that something has gone wrong. But usually the only signs of death will be a reduced flow of sap, reduced vitality and reduced outputs of new growth.

When the heart of a company gives up, instructions and reports diminish. The centre of the company appears dormant. The positions in upper management are still populated, but they do not seem interested in the outer reaches of the company. Rather, their energies are absorbed in watching each other and manoeuvring for the next layoff, trying to strengthen their own particular empire and so survive.

Employees at a lower level come to see that no control is being exerted at the centre of the company. They foresee disaster and so leave. Positions open, and new, young employees are hired. These come in, bustling and full of vitality and ideas and oblivious to the fact that the company is dead. They are like a massive blood transfusion pumped into the extremities of the company. As a result, these extremities spring into life and activity again, and some of this new vigour even penetrates to the centre. New projects are begun, customers are visited, and some production problems are dealt with. Because some of the organism believes that it is alive, in a sense it lives again.

However, after six months or so the new blood comes

These come in bustling and full of vitality and ideas and oblivious to the fact that the company is dead.

to realize that its efforts are in vain. It cannot make real progress in a dead organization. The new blood has become old blood and in its turn leaves the company. This makes room for a further, massive blood transfusion to be introduced.

In this way, a company which is dead at its centre, where top management long ago ceased to be interested in running the company but is only politicking within itself, may continue to function, or appear to function, for a long time. In some industries, all companies are in this state. No control is exercised from the centre. Rather, lower levels guess at what decisions upper management would have taken had it been alive, and act on these pseudo-instructions.

Some employees will convince themselves that the situation is normal, that top management never really controls a company. They will settle down comfortably in the middle reaches of the company, in the twilight-zone between the dead centre and the live extremities.

To justify and rationalize their position, they will develop theories on management after the fashion of Tolstoy's theory in *War and Peace*. Tolstoy suggested that Napoleon's armies advanced across Europe of their own accord, that the will to action was a mass will, and central control and direction was unnecessary. As they bask in their lethargy, they will remark that it was always thus, and that all was as it should be.

27

The Individual's Career

It would be satisfying to be able to describe the typical employee's progress through the New Reality in industry. However, there are many differences between one man and the next.

Since management has degenerated into irresponsibility only recently, there is a marked difference between the careers of two men of different ages. One will have experienced the old order as well as the new, and the other only the new. Also, since the New Reality is taking time to infiltrate industry, the experience of two men of the same age might be very different. In the present chapter we shall discuss careers up to the present in a general way. In the next chapter, an archetypal New Reality employee of the future will be described.

To see industry degenerating into its present hysterical confusion and bitterness is a sorry experience for everyone.

1. The older man had shown insight and courage when, at a late stage in his career, he grappled with and mastered the very difficult technicalities of the new industry. After showing success in the technical sense and also succeeding as a manager, he is horrified to realize that he is in the middle of a nightmare, a mad world where no one can follow a coherent career. He has reached for and captured nothing but a shadow.

2. The man of medium age saw the general degeneration at the same time as he himself progressed. Lacking a broad view, he confused the two observations, and thought that all he was learning was that the higher reaches of management were more degenerate and devious than the lower. He did not notice the downward trend occurring at all levels. This latter was much more difficult to see, since it involved looking at different groups of people at the same stage in their careers. It was much easier to watch the degeneration of one's own contemporaries as they grew older and progressed up the hierarchy. He is happy to decide that the general situation is static because it would be too disturbing to suspect that things were getting progressively worse.

In a sense the man of medium age is right in thinking that the higher reaches of management are more 'degenerate'. However, this is because being older and more experienced, they have a better understanding of the inherent contradictions in the New Reality than do the young, energetic, naïve employees in their first years of innocence. Also, whereas his contemporaries will be more realistic and honest when discussing the industrial situation, his juniors will always paint a brighter picture than they actually believe, so as to reinforce their own image of clean living, clean thinking, energetic, enthusiastic youth, which is obviously their proper role to play. It ill becomes a young employee to suggest to his seniors that they are grubbing around together on the pretty nasty dung heap. This would be regarded as an attempt to level out status and undermine the advantages and respect that professional seniority should command.

Thus we see the destructive effect of the New Reality upon the relationships between staff of differing age and position. In the New Reality these relationships are more strained than in the old, and communication is basically fraudulent. No one says what he thinks, and no one takes anyone else's remarks at face value. Everyone is role playing and image building, and everyone knows it.

28

Voyager into the Brave New Reality

'Then you keep moving round, I suppose?' said Alice.

'Exactly so,' said the Hatter: 'as the things get used up.'

'But what happens when you come to the beginning again?' Alice ventured to ask.

'Suppose we change the subject,' the March Hare interrupted, yawning. 'I'm getting tired of this.'

—Lewis Carroll, *Alice in Wonderland*

In 1984, employees will be of two types, the knowing and the unknowing.

Virtually all employees begin their careers as unknowing, ignorant of the New Reality. Someone with knowledge of the New Reality would not have gone into industry in the first place, since the New Reality has poisoned industry and made it impossible for anyone to have a rewarding career in it.

A young man leaves college and enthusiastically begins his first job. He is pleased that he is at last past the arduous learning stage and will now be benefiting the society that has invested so much education in him. He looks forward to earning a salary for the first time. This will be the creative stage in his life, when he will push forward the borders of knowledge. He hopes to make his contribution in a team of workers, but also to make a special contribution of his own.

He joins his first company and gets down to work. His first task is to understand the details of design, technology and organization of his new company. He is at this time very favourably disposed to the company. It has flattered him by making him the best job offer. It seems to him that it showed perception in seeing his sterling qualities. It does not occur to him that he might be merely a minor reinforcement (or provender) thrown into a complex, pointless jungle skirmish. His way of thinking is completely Old Reality—by hard and creative work he expects to earn promotion and acclaim. He is humble enough to accept that there are good reasons for many of the things that happen around him which are beyond his limited comprehension.

As time goes on, his experience increases, and he finds it more difficult to ignore events which appear to him illogical, not in line with the Old Reality. Also, as time goes on, his colleagues become less guarded when discussing the more unfortunate aspects of the company.

Our pilgrim will at first particularize, convincing himself that the troubles stem from one or two individuals. While concentrating on them, he will ignore other possible reasons. Perhaps he will change departments once or twice. However, this will not help. He then has three choices to explain away his ever more lurid experiences.

1. Blame the individual company. Classify it as a bad company.

2. Blame the industry. Classify the industry as a vicious environment (New Reality).

3. Blame himself. His personality or some other facet of himself is lacking.

This is a Hobson's choice. If he blames the individual company, he is denigrating the company that had the perception to put the highest value on his own services. He is also blaming the company which only a few months previously he had selected as the best. So Option One looks like Option Three.

If he blames the industry, he is blaming himself for choosing the wrong career, wasting many years preparing himself for a bad profession. So Option Two also looks like Option Three.

As an interim measure, our pilgrim may opt for blaming himself, because this is the thing that he can most easily remedy. He must find out his own problem and put it right.

Because of his good educational record, he feels reasonably sure that he is competent, in spite of the cliché he hears that even academic geniuses may not turn out to be good practical men in the real world. He is therefore forced to conclude that his shortcoming is one of personality. This will be reinforced by his colleagues' advice. Those who tell him that industry is all a big mess and not worth analysing he will discount as Option Two men. This leaves him with the others, who will feed him Option Three. They will ask him about how he gets on with his boss and his other colleagues. When he describes these relationships, they will wag their heads wisely and say, 'Perhaps you are taking too serious a line', or 'Perhaps you appear to them to be too casual', or 'Perhaps you are not putting in enough hours, and so other people are dissatisfied', and so on.

Our pilgrim will be supplied with enough food for thought and self-questioning to occupy him for a couple of years. The advice from his boss, who is himself struggling to survive in an environment he doesn't understand, will be particularly misleading, because he wants to foster the seeds of doubt in order to make it easier for himself to refuse a large pay rise at the next review. (He has to refuse it, because he has been allocated too little money for rises in his department.)

During a year or two of humble self-questioning, during which his fortunes seem to ebb and flow much like everyone else's, our pilgrim decides that the problem is not peculiar to himself. By now he is also unable to blame the individual company. He finally takes the fateful step and decides that he is enmeshed in a New Reality industry, where the way people act and think is different from what is described in all the books.

What can he do? Should he write off his four years of experience and start again in another profession? What assurance has he that another profession will be different and free of the New Reality he has experienced? Since he took so long to find this out in his own chosen profession, he knows it will take him even longer to answer this question in another profession.

Our pilgrim decides to sit tight. He looks forward to

many dreary years of worried, aimless endeavour and wandering. What will his wife think of it all? How can he explain it all to her? What about the children, when they grow a little older? He decides to call every event in his runaway career a further step forward. If a particular step cannot be called promotion, he will call it a diversification of experience, necessary for long-term personal growth.

He is on his way to becoming a knowing employee in the Brave New Reality.

29

Scientific Advance in the New Reality

Alice never could quite make out, in thinking it over afterwards, how it was that they began: all she remembers is, that they were running hand in hand, and the Queen went so fast that it was all she could do to keep up with her: . . .

Alice looked round her in great surprise. 'Why, I do believe we've been under this tree the whole time! Everything's just as it was!'

'Of course it is,' said the Queen: 'what would you have it?'

'Well, in *our* country,' said Alice, still panting a little, 'you'd generally get to somewhere else—if you ran very fast for a long time, as we've been doing.'

'A slow sort of country!' said the Queen.

—Lewis Carroll, *Through the Looking Glass,* 1872

In the New Reality, only a fool puts effort into becoming good at his job, particularly if that job is highly skilled.

Chronic job insecurity is in some ways more serious

for a highly qualified specialist than for the semi-skilled, because there are no other places of employment near by. Changing jobs means moving home and family and leaving his friends, social groups and clubs behind him. His whole life pattern hangs on a slender thread. The more affluent he is, the less sensible it seems for him to improve his ability and therefore narrow his employment opportunities, because his standard of living in real terms goes down. The specialist begins to feel like flotsam on the sea of society. When he ships into a new town, he is looked upon as a transient, considered an unimportant element in the community. He comes to realize that he is in fact a consultant, but without the high salary and status of an accredited consultant and without the kind of wife who expected, or agreed to, a consultant's transient way of life.

All these factors influence the specialist against developing a real mastery of his subject. He comes to realize that only a fool invests more time and energy in a subject than is necessary to gain a superficial grasp of it. Further work will have a double effect: (1) It distracts his attention from the more important problem of job protection; (2) no one will be close to him long enough (since both he and his observer are changing jobs regularly) to know to what extent he is a bona fide expert and to what extent a quack. Even if an observer does unearth a quack, it is of little interest or bearing on the observer's own chief preoccupation—that of protecting his job during the next three months until the property market improves and he can sell his house and move on more favourable terms.

This is one reason for the frightening lack of knowledge and understanding in depth shown by supposed experts in their fields. The technical side of industry begins to look like a large number of imposing individuals skating around on very thin ice. Ask a searching question, the ice cracks, and they all disappear. We have to realize that the billions of dollars spent on research and development, because they are dispensed erratically, produce individuals well versed not in technology but in skating on thin ice, skilled in the difficult techniques of layoff avoidance, advance planning, semi-blackmail and so forth. The comic but pleasant picture of the kindly egghead who didn't care whether his hair was combed or his coat crumpled becomes the malign picture of the selfish egghead who doesn't care how often his children have to change climate and schools and his wife has to get used to a new house and new set of friends.

With the native American alert to the perils of specialization, this leaves the field open for the importation of highly skilled specialists from abroad. They come in, attracted by the high salary and obvious need for their skills, get tossed around this vast country for a few years, and then either retire abroad, upset and confused, or else diversify and leave the specialized positions to the less experienced.

The regular disappearance of highly qualified people from each speciality means that the errors of five years before are repeated, and where we should have technological progress, instead we get technological cycles. The new blood is so inexperienced that it coins new names for what it thinks are new ideas, but which are in fact old mistakes. This semantic barrier makes it difficult to see that the discovery of the year is the old blunder of eight years ago dressed up in new terminology. In any case, whose interest is served by pointing it out? The only result would be to get lots of good, hardworking young men laid off and a great deal of resentment visited upon the man who undermined the new idea. The new discovery is usually not identical with the old blunder, but only similar. So if an old hand (left over from the previous technological dynasty) asserts that they are the same, it is immediately assumed: (1) that he doesn't understand the discovery of the year, or the old blunder, or both; and (2) that he is resentful of young blood discovering something he failed to think of.

'Personal growth', which is what a man thinks he is pursuing as he flutters from one type of position to another, is in fact a very necessary diversification of experience so that he will be less vulnerable to the lay-offs, rationalizations, separations, consolidations and terminations when they come in the autumn.

The Superman Complex

These are men who believe they are supermen, not subject to the normal laws established in time and motion study and so on. They work day and night without showing signs of strain and with their powers undimmed. Men of genius, drive, courage and vision, they are the frontiersmen of the age. Their wives, though a trifle lonely as they wait for the homecoming of their admittedly boring spouses late in the evening, are happy to enjoy the reflected glory.

'Surely they won't lay me off if I work day and night?' our heroes think. It is tragic when they are proved

All his work and his living are destroyed in a moment and he sometimes repairs to one of the local mental homes which are full of subdued supermen

wrong, and the psychological repercussions are disastrous.

In the San Francisco area they call it the Lockheed Syndrome. A man works day and night on a project he believes very important. Suddenly the company cancels both the project and himself. All his work and his living are destroyed in a moment, and sometimes he repairs to one of the local mental homes, which are full of subdued supermen, there to reassemble his shattered psyche and prepare for the next rendezvous with grandeur.

30

Technological Advance in the New Reality

'I told you butter wouldn't suit the works!' he added, looking angrily at the March Hare.

'It was the *best* butter,' the March Hare meekly replied.

'Yes, but some crumbs must have got in as well,' the Hatter grumbled: 'you shouldn't have put it in with the bread-knife.'

—Lewis Carroll, *Alice in Wonderland*

Business activity tends to run on a yearly cycle.

Dynamic presidents, managers and other executives who must show a favourable financial picture at the end of the year postpone or cancel new projects as the calendar draws to a close.

Some American states have a tax on inventory at the end of the year, so companies run down stocks at that time.

There are countless reasons for the downturn in business activity each year, but dynamic accountants and financial managers, quick to notice the downward trend, conclude that a large reduction of overheads is necessary as soon as possible (their recommendations limited, of course, by their unwillingness to recommend their own redundancy).

When the financial picture looks less rosy, research and development sticks out like a sore thumb. Every dynamic manager will say, 'Why put good money into developing next year's product so that we are more likely to fold this winter?' So development projects scheduled to run nine months or more before they make a profit are cancelled. From this it follows that only a very daring, or foolhardy, or unmarried individual gets involved in a long-term project. Even if for some reason he doesn't mind losing his job, he has to face the further difficulty that he will usually see the group he is working with broken up before it arrives at a fruitful conclusion to its work. This means that the full technical experience—development, production, delivery and performance in the field—rarely occurs, and his professional experience is seriously circumscribed. Little wonder that on the few occasions when something new is developed, manufactured, delivered and utilized, it falls apart while in operation. The likelihood of the designer having gone through such a full cycle before and learned from experience is remote.

Behind the Glamour

On the shaky state of one dynamic, high technology industry, the computer business, the February 27, 1971, issue of *The Economist* had this to say:

'The list of large, unsuccessful computer projects is seemingly endless. There are executives in the computer industry who say 90 per cent of business companies are disappointed with their computer systems. This is probably on the high side, but at least 40 or 50 per cent of companies are disillusioned, and perhaps 10 or 20 per cent consider their computer projects outright disasters.'

31

The Geography of the New Reality

If the economic picture of the latest month looks bad, dynamic management must take action—and fast—to reduce overheads and bring them more into line with the latest trends and projections in sales. It is helpful for them that even senior employees can be discarded with only two weeks' notice, so that the time taken to reduce the salary bill is small.

The measure of a dynamic manager is the speed with which he can reduce his payload. To do this more slowly might be more humane, but it would not be regarded as good business. As soon as the cost-production-sales-profit picture shows an unfavourable trend, a large number of employees are ejected from the company. This causes a temporary collapse of property values unless the company is located in a large city. So a wise employee will take a job only in a megalopolis, so that the vagaries of his employer will not affect his ability to sell his house when he needs to. He will be wiser still if he takes a job in an area with a large number of similar companies near by, so that he does not even have to leave town to change jobs. This is why concentrations of similar electronics companies have developed in Los Angeles and Boston and, to a lesser extent, south of San Francisco. We can expect to see this tendency gain momentum so that all the companies in one type of speciality will be strung out along one motorway. An employee can work for a year or two with each company, and when he changes jobs, he merely has to remember to take the next turnoff on the motorway.

Unfortunately, the tendency for companies to congregate in one area does not solve the problem of job insecurity, because when one company is laying off, it is often because of an industrywide recession, and no other neighbouring companies will be hiring at the time.

32

A Question of Integrity

> 'It was much pleasanter at home,' thought poor Alice, 'when one wasn't always growing larger and smaller, and being ordered about by mice and rabbits. I almost wish I hadn't gone down that rabbit-hole—and yet—and yet—it's rather curious, you know, this sort of life! I do wonder what *can* have happened to me! When I used to read fairy-tales, I fancied that kind of thing never happened, and now here I am in the middle of one! There ought to be a book written about me, that there ought! And when I grow up, I'll write one—but I'm grown up now,' she added in a sorrowful tone; 'at least there's no room to grow up any more *here*.'
>
> —Lewis Carroll, *Alice in Wonderland*

'We sure would like to have you come help us in Dallas. This is a big project, and we need your experience.' As I surveyed the American scene, looking for my next stop-over, the Dallas job looked like a real plum. I was to work on the biggest computer yet, 256 identical computers, assembled together to make a massive, fast, wave-of-the-future machine. Millions of dollars of federal money were going into it. A number of sophisticated new technologies were being employed for the first time.

The trouble was that the project could not possibly succeed. Any fool could see that. What about my integrity? Should I take a fat salary for working on something in which I did not believe, which would in my judgment turn out to be a waste of time? Even in the unlikely event that the technical problems were overcome, there was little chance of the government support continuing long enough for us to get the machine finished. If I did go, buy a house in Dallas and put the children into new schools, I was likely to find myself left high and dry in eighteen months or so when the project was cut back. It would be an embittering experience.

Obviously I should forget the Dallas job and go elsewhere. However, no other work situation I checked over looked any more viable. I concluded that I would either stay out of work and keep my integrity intact (but lose my reputation by appearing to be unemployable) or go and live off some Con Game or other.

I think this was the turning point, when we decided to drop out and return to England. I wonder how we would have resolved the dilemma if we had been American?

33

Progress and the Family

Thus grew the tale of Wonderland:
  Thus slowly, one by one,
Its quaint events were hammered out—
  And now the tale is done,
And home we steer, a merry crew,
  Beneath the setting sun.
      —Lewis Carroll, *Alice in Wonderland*

One thing is certain, that by whatever methods society seeks to improve its industrial efficiency, no one can benefit from having hordes of families careering about the country in pursuit of advantage, even if the company pays for the ride. For one thing, what happens to the possessions of a family, the animals, the parakeets, the tropical fish and the house plants while the members are hanging about in motels and such odd places during the trying periods before the next settling post?

The simple answer is to streamline the family so that it can steer its course uncluttered by pets and plants. It is much easier, of course, if it is not encumbered by children with their manifold problems. As children grow older, their resentment at having to move usually increases; they have more friends and societies to leave behind and deeper roots to tear up, since their lives have expanded beyond the family. We have known several children whose education has been badly affected by their having to adapt to too many different schools and methods. They are another sacrifice on the altar of progress.

Parents in the New Reality have many problems. One faced by the father is how to announce to the family that his company has let him go. He finds the situation awkward to explain, especially to older children, who tend to be critical of the older generation. His self-confidence is sapped both inside the family and out. This is because, with the laws of the New Reality far from generally understood, being laid off still retains its stigma of being not worth keeping or of being in some way deficient.

For the wife who has returned to her own profession, now that the children are older, there is the choice of having to give up her job and follow her husband's runaway career or to end the chase with a divorce. She may well decide on the latter.

Looking back a few years to the extended family of the less mobile agricultural community before industrialism, we see that all aims and energy were centred on a group of relatives whose common ambition was promoting its own well-being. The nuclear family of today still feels a sense of responsibility to one another, but in the

... no one can benefit from having hordes of families careering about the country ...

more complex world of the New Reality the members are continually letting one another down. Some sociologists say that the next stage of ecotechnological development will demand even higher mobility. This remains to be seen. The sad problem of today is that while clinging to our feeling of hope and responsibility for our families, we are unwittingly giving them the worst sort of treatment. In our attitude to hire-and-fire, mobility of labour, efficiency and higher productivity, we seem to have forgotten the original aim, the promotion of the well-being of the people, the pursuit of health and happiness, as well as of wealth.

'We are going to live in this house for ever, aren't we?' These were the words of Malcolm, our six-year-old son, after our third move in four years. Up to then, our house hunting had been a diligent search for the right home for our children. From a house in a grapefruit grove overlooking Camelback Mountain in Phoenix, we nestled into a wooded '2½ bath spacious split-level residence' in Westport, Connecticut. But by now we had become cynical enough to realize that this home would probably not be ours for long and had begun to choose our house primarily with a view to its quick resale value, rather than risk being stranded with a gorgeous, rambling oddity that might suit our particular way of life but not that of the average American on the move. We were unconsciously adapting ourselves to the nomad existence, standardizing ourselves.

What had attracted us to America was the opportunity to work in a sophisticated technology. When we came to believe that this opportunity no longer existed, we felt we were sacrificing the sort of life we enjoyed in pursuit of a mirage. It took a while for us to realize that although we had achieved a high salary and massive buying power, it was not worth the price of shattering our lives by commuting around the country.

Tucked away now in the Old World security of an English village not far from London, we are relieved to think that we can all stay put as long as we like, albeit on a far lower income. We have just planted some new apple trees, perhaps for our grandchildren to climb.

Epilogue

'Would you tell me, please, which way I ought to go from here?'

'That depends a good deal on where you want to get to,' said the Cat.

'I don't much care where——' said Alice.

'Then it doesn't matter which way you go,' said the Cat.

'—so long as I get *somewhere,*' Alice added as an explanation.

'Oh, you're sure to do that,' said the Cat, 'if you only walk long enough.'

—Lewis Carroll, *Alice in Wonderland*

Some Possible Remedies

> The most obvious facts are the most easily forgotten. Both the existing economic order, and too many of the projects advanced for reconstructing it, break down through their neglect of the truism that, since even quite common men have souls, no increase in material wealth will compensate them for arrangements which insult their self-respect and impair their freedom. A reasonable estimate of economic organization must allow for the fact that, unless industry is to be paralysed by recurrent revolts on the part of outraged human nature, it must satisfy criteria which are not purely economic.*

The subject of job insecurity and its ramifications attracts far too little attention. It is thought of as part of

* R. H. Tawney, *Religion and the Rise of Capitalism* (London, John Murray, 1926).

the problem of the welfare services, that the men who lost their jobs are the marginal, semi-employable. This book makes the claim that the problem is general, affecting all workers, and therefore grave.

The argument against hire-and-fire is twofold. First, it militates against that very efficiency and productivity it was intended to promote. Second, with increasing affluence borne of earlier progress, further increases in productivity become less and less valuable in themselves and so provide less justification for disrupting the lives of families in their pursuit.

The interlocking impasse of the present situation is intriguing. Irresponsible management indulges in hire-and-fire, causing great hardship to those involved, who react in ways which undermine productivity and technological progress—all of which is bad. However, if this were not so, we would face a different but no less serious problem, that of excess productivity.

Both these ills—hire-and-fire, on the one hand, and excess productivity on the other—are results of capitalism triumphant, which means capitalism rampant. In the first case, too strict attention to the short-term profit-and-loss account undermines the object of the exercise. In the second case, 'progress' continues unimpeded until we arrive at the objective, production unlimited, which turns out to be the nonsense of a country where people produce and consume more and more, in an endless race against themselves, and in the end destroy their environment with pollution and war material.

The world owes a great deal to the incredible flowering of the spirit of capitalism in the United States which finally solved the problem of production. I think that this American achievement is perhaps the greatest watershed in history. It means we must rethink almost everything—religion, morality, politics. The real productive capacity and growth potential of the United States, at present masked by the repercussions of irresponsible hire-and-fire, are vast, so that the problem of overproduction is pressing.

There is a danger that we will not recognize when we have arrived, when our aim should no longer be to produce more and more, and continue to increase our Gross National Product. We shall pass the point where an increase of GNP in the old sense necessarily means an increase in the wealth of the nation, and industry will begin to be suffocated by its own success.*

In Britain, careful consideration should be given to the risks involved in copying modern American management techniques. American industry grew to its present pre-eminence by its past methods and mores, not the current ones. The Dow Jones stock index is no higher than it was ten years ago; a country so rich in natural and human resources as America should have progressed rapidly, and one must wonder what has held her back.

Britain, with her limited resources, could be bankrupted both economically and morally by aberrations which America can take in her stride. It will be tragic if, in order to follow America's past growth, we continue to copy the methods of her stagnant present.

The story of the sorcerer's apprentice is a good analogy for the final implications of the spirit of capitalism. The first few steps of the process, when the broom did more and more of the hard work for the

* This point is emphasized in J. K. Galbraith's recent writings.

apprentice, were steps in the right direction. However, there was no way within the system to stop the progress before it got out of hand. The same is true of capitalism. It is a doctrine, born of material shortage, which destroys itself if it is successful and creates material abundance. When this point is reached, a new *modus vivendi* must be invented and embarked upon. Unfortunately, no sorcerer is going to return and put everything right for us. We shall have to do it ourselves, and if the task proves beyond us, we look forward to a messy, polluted world. The first task is to call attention to the seriousness of the present situation.

The government must stop using important, sensitive industries as dumping grounds for its mercurial financial policies. Sudden changes of government financing in any area must of themselves be adjudged reprehensible, as tending to introduce uncertainty and insecurity into society. As Galbraith maintains in *The New Industrial State*, the primary aim of any business is to make itself secure in every way rather than to maximize profit in the short term, and the government should help businesses do this for themselves and also encourage them to do the same for employees.

Governments have it in their power to pass legislation that would put the problem of job insecurity into proper perspective and compel everyone to take it seriously. This action would play up how expensive hire-and-fire can be to the employer. It already is expensive, but this is not apparent.

Any employee who loses his job would be eligible to receive redundancy pay, as is the case in Britain, Germany and many other countries. This would prevent a company or division from trying to show a supposed short-term improvement by laying off its staff. Also, employers would think harder before they hired employees and cease regarding them as machines which can be rented and disposed of at will.

The company's annual financial statement would be required to itemize the amount spent by the company during the year on redundancy pay. Again, this would bring home to the shareholders the importance of hire-and-fire.

The company's annual financial statement should contain an analysis of the percentage of employees in each salary range that left the company during the year. This would be a great help to prospective employees, as it would give them a measure of the level of security they could expect. An unstable company would then have to offer higher salaries to attract employees.

To remark that a clever accountant would be able to cook the books and make these statistics appear better than they really were would not completely negate their value. The very fact that the company was going to trouble and expense to try to make its record appear better would raise the status of the hire-and-fire problem, and that is what is necessary.

Appendix

The Historical Precedent

The notions which masquerade as dynamic, modern management in industry are a hangover from nineteenth-century laissez-faire, a sort of *reductio ad absurdum* of what are thought to be the ideals of a free, capitalist society. To show we seem to have forgotten the lessons learned during the last century, let me quote extracts from the book *Landmarks in English Industrial History* by George Townsend Warner, published by Blackie and Son, Limited, in 1899:

... it is not a little curious to notice how firmly the mischievous idea of laissez-faire established itself, and how hard it was to tear up the deep roots. Free-trade in goods was so simple, so easy, so refreshing, after the cumbrous system of Protection, that men argued that free-trade in labour between master and workman must be equally beneficial, and that the Factory Acts were hindrances to such freedom. Statesmen of liberal minds and wide sympathies, Peel, Bright, Cobden, Sir James Graham, Roebuck and Gladstone among them, opposed Ashley;* many of them later admitted that they had been mistaken. Indeed the argument as applied to commodities and labour does not really run on the same lines; commodities care not where they go, and most of them can be stocked and suffer little loss of value. But labour is less fluid; it is attached to a home and is not ready to go hither and thither in pursuit of every trifling rise in wage; it cannot be stored; a day's work not done is a day's work lost, and in this sense labour is more perishable than any commodity. And finally it is human; if a manufacturer hold a stock of goods which have become unsaleable the goods must be got rid of; they must go for nothing if no one will buy them at any price; but it is impossible for anyone to advise similar treatment for labour that is unemployed and cannot get employment. Hence modern policy draws a distinction, and while allowing freedom in exchange of commodities aims at ensuring fairness in the exchange of labour.

Man is of all kinds of baggage the most difficult to be moved. Economists, especially the earlier economists, were apt to be heedless of this fact. Man is classified as 'labour', and that is represented as 'flowing' where there is a demand for labour. Even now when railways have made it comparatively easy and cheap to go from end to end of the country, and when newspapers give abundant information as to where labour is wanted, how hardly, slowly, reluctantly does labour 'flow'! It is the viscous, tardy movement of lava rather than the mobile dash of water. 'Labour' is the aggregation of labourers, but in

* Lord Shaftesbury.

most cases the labourer is not a unit. He is married and has a family to hinder his movements. If he has grown-up sons and daughters, they have occupations which they will have no wish to desert because the head of the family finds work slack near home, and thinks he could do better elsewhere. If he goes, either the home must be broken up or their employments sacrificed. Friends, associations and that innate dislike of change which grows stronger as age advances, all combine to reduce labour to creeping rather than flowing.

[In his book *Wealth of Nations*] Adam Smith held that trade should be left free to go where and how it would; that so it would discover how it could go best, and having found that course it would hold to it; that on the principle of the division of labour each man would be best employed in doing what he could do best, and that his own interest would lead him to it; and therefore that all restrictions which interfered in the liberty of trade were not only useless, but injurious. In short, he argued that if freedom was granted to the individual to follow his own interest, he would by doing so advance also the interest of the community, that 'Man's Self-love is God's Providence'. Adam Smith's victory over the Mercantilist policy was slow in coming, but he made a complete and speedy conquest over the minds of those who thought and wrote about economic problems, those who would now be called Political Economists.

The fascination of his work, the simplicity and clearness which came from his plan of separating economics from politics, and isolating the study of wealth from other matters that were entangled with it, gave an enormous impulse to the study of economics; but the economists, revelling in the new simplicity, soon began to carry simplicity too far. If the problem of how best to forward industrial prosperity and the growth of wealth was to be solved by the simple plan of giving way to the individual, by allowing each man to do what he pleased, then it followed that all interference whatsoever was wrong. Hence the doctrine of LAISSEZ-FAIRE, 'let men do as they please'; and with this weapon the economist countered all proposals that Government should interfere in industrial concerns, and answered that such action would be wrong, for each individual in a state of liberty would, by following his own interests, advance the welfare of the whole . . .

The fact is that there was mutual misunderstanding. Adam Smith and his followers, tired of the trammels of Mercantilist restrictions, had cried out for liberty and free competition as a remedy. But the liberty and free competition which came with the Industrial Revolution, and was welcomed by the economists, was in part a sham. There was 'freedom' indeed between master and man, but it was freedom for power to compete with weakness; the cry of LAISSEZ-FAIRE merely protested against any interference with the liberty of oppression . . .

This idea of LAISSEZ-FAIRE, that all was going well in spite of all appearances to the contrary, prevailed for a time over the uneasiness caused by the condition of the factory hands. By degrees, however, under the stern logic of facts, apathy gave place to concern, and easy content to anxiety . . .

Things were going rapidly from bad to worse, and the entire race of artisans seemed to be sinking into complete degradation.